光绪传

董春燕 ◎ 编著

煤炭工业出版社
·北京·

图书在版编目（CIP）数据

光绪传/董春燕编著.--北京：煤炭工业出版社，2018

（中国著名帝王）

ISBN 978-7-5020-6794-6

Ⅰ.①光⋯　Ⅱ.①董⋯　Ⅲ.①光绪帝（1871-1908）—传记　Ⅳ.①K827=52

中国版本图书馆CIP数据核字（2018）第166517号

光绪传（中国著名帝王）

编　　著	董春燕
责任编辑	马明仁
编　　辑	郭浩亮
封面设计	盛世博悦
出版发行	煤炭工业出版社（北京市朝阳区芍药居35号　100029）
电　　话	010-84657898（总编室）　010-84657880（读者服务部）
网　　址	www.cciph.com.cn
印　　刷	永清县晔盛亚胶印有限公司
经　　销	全国新华书店
开　　本	710mm×1000mm $^1/_{16}$　印张　20　字数　300千字
版　　次	2018年9月第1版　2018年9月第1次印刷
社内编号	9674　　　　　　　　定价　39.80元

版权所有　违者必究

本书如有缺页、倒页、脱页等质量问题，本社负责调换，电话：010-84657880

目录

第一章　四岁入宫即帝位
出身显赫之家……………… 1
没落的清王朝……………… 5
确定皇帝人选……………… 10
帝位继统之争……………… 14
小载湉入皇宫……………… 18
塑造光绪皇帝……………… 28

第二章　忧患之中渐成长
慈安太后暴死……………… 39
确定傀儡地位……………… 43

第三章　婚事政事两茫茫
精心安排后妃人选………… 56
豪奢大婚专权未变………… 64
两党之间明争暗斗………… 70

第四章　甲午风云战火起
严峻考验面前……………… 88
正式对日宣战……………… 94
组织备战御敌……………… 107
争取主动地位……………… 114
海战遭受重创……………… 119
扭转战局无望……………… 127
抗战陷入危机……………… 136
有保留的妥协……………… 147
难启齿的苦衷……………… 154

第五章　深陷逆境倍忍辱
危机四伏的形势…………… 165
关注外面的世界…………… 178
救亡图存思变法…………… 185

　恭亲王奕䜣之死 …………… 192

第六章　变法革新绘蓝图
　《明定国是诏》 ……………… 196
　议定变法方略 ………………… 202
　推行变法新政 ………………… 211

第七章　艰难拼搏话浮沉
　步履艰难 ……………………… 217
　阻力重重 ……………………… 224
　进退之间 ……………………… 234
　纵深推进 ……………………… 243
　变法夭折 ……………………… 256
　深刻教训 ……………………… 270

第八章　惊涛骇浪难扬帆
　逆流汹涌 ……………………… 275
　废立风波 ……………………… 281
　阴谋决策 ……………………… 287
　双重灾难 ……………………… 297
　心系国家 ……………………… 302
　抱恨归天 ……………………… 310

　清朝职官表 …………………… 313
　光绪大事年表 ………………… 315

第一章 四岁入宫即帝位

出身显赫之家

1971年8月14日（同治十年六月二十八日），夜色一如往日，如期降临，偌大的京城笼罩在无边的夜色之中。白日喧闹了一天的京城渐渐恢复了寂静，但位于城内西南的太平湖畔的醇亲王府内却烛光通明，亮如白昼。只见人影在府内房间中出出入入往来穿梭。原来醇亲王福晋叶赫那拉氏，经十月怀胎，即将分娩了。

时近子夜，一声响亮的啼哭打破紫禁城的寂静，一个小男孩在醇亲王府槐荫斋内诞生了。这个小男孩诞生在天皇贵胄、钟鸣鼎食之家。他就是后来的光绪皇帝，名载湉。

醇亲王府

金龙玉凤双子瓶

见到儿子出生,做了父亲的醇亲王奕𫍽高兴万分,喜形于色,他急于盼子的心情终于得以慰藉。

其时,奕𫍽已三十一岁,是位极人臣的显贵,虽然自己春风得意,拥有无尽荣华,但见身后无人为继,顿觉心境悲凉。他曾有一子,但不幸夭折,犹如雪上加霜,幸得福晋叶赫那拉氏珠胎暗结,终于又得一子。

儿子的临世,醇亲王府上下一片喜庆气氛,虽夜半更深,却时时从府中飘出欢声笑语,奕𫍽一家人欢天喜地,彻夜未眠。

依照清朝皇室之规定,凡宗室子孙降生皆要录入皇帝的家谱《玉牒》,按辈分排定的命名用字规矩,由皇上赐名,而非父母做主。

所以,次日一早,喜悦之情有增无减的醇亲王奕𫍽匆匆进宫面见皇帝,请皇帝为自己新生的儿子赐名,他如愿以偿地给儿子请回了一个象征"风平浪静"吉祥的名字——载湉。

然而,后来并未如父亲所愿,载湉的一生并不一帆风顺,而是一波三折,几乎在惊涛骇浪中浮沉了一生。

载湉的家世并不复杂,然而却非常显赫。他的十世祖爱新觉罗·努尔哈赤时代,这个被称作女真族(后改称为满族)的家族就被神化为仙女的后人。

清朝从东北入关、逐鹿中原后近二百三十年来,爱新觉罗家族就成为一脉相传的皇族，世代相继，已有八代八个君主统治着中国。当今天子就是载湉的堂兄。载湉的祖父爱新觉罗·旻宁，就是道光皇帝。道光皇帝就是奕譞的父亲，道光皇帝驾崩后，奕詝即位，那一年奕譞十岁。但他身为皇帝胞弟，已注定了将来的荣华富贵和威势显赫。

奕譞，字朴庵，生于道光二十年（1840）九月二十一日。奕詝登上皇位不久，就赐封他为醇郡王，因他在兄弟中排行老七，所以人称"七王爷"。

他的少年时代，享受着轻裘肥马、安逸荣崇的王府生活。十九岁"奉旨"成婚，使他的身份也发生了令人侧目的变化。

身为皇弟，便足以令人刮目相看，又娶了皇帝宠爱的懿贵妃（后来的西太后或称慈禧太后）之妹为妻，这就更令人侧目而视了。

两年后，咸丰帝病死于热河（今河北承德）避暑山庄后，清廷随之发生的一场政变，使奕譞飞黄腾达、权势日隆，成了清王朝中举足轻重的人物。

咸丰十年八月（1860年9月），咸丰帝伴着英法联军的枪炮声，匆匆逃离北京。

次年七月，在内乱外患走投无路的困境中咸丰帝忧郁成病，在避暑山庄归天。继而，他唯一的六岁的儿子，载淳（懿贵妃所出）继承了帝位，改明年为祺祥元年（政变后改为同治元年）。

同时，母以子贵，懿贵妃叶赫

道光皇帝像

第一章 四岁入宫即帝位

3

光绪传

中国著名帝王

醇亲王像

那拉氏与皇后纽祜禄氏并尊为皇太后（叶赫那拉氏为西太后，纽祜禄氏为东太后）。

为扫除咸丰帝为幼帝安置的"顾命八大臣"，以便操纵朝政大权，西太后利用奕譞，回北京与恭亲王奕䜣（咸丰帝六弟）商定对策，内外合谋，发动政变。

当政变发动后，奕譞又亲率侍卫兵在密云半壁店捉拿协办大学士户部尚书肃顺。

奕譞为西太后日后登上"垂帘听政"的权力宝座立下汗马功劳，被西太后视为心腹。

因奕譞"有功"，在西太后得势后，于同治三年（1864），赐予奕譞"加亲王衔"，至同治十一年（1872），被正式封为清王朝宗室的一等爵位"醇亲王"。

这其间，奕譞官居正黄旗汉军都统、正黄旗领侍卫内大臣、御前大臣、后扈大臣、管理善扑营事务、署理奉宸苑事务、管理正黄旗新旧营房事务、管理火枪营事务和神机营事务等多种军政要职。

那时奕譞是一个二十余岁的青年，但他却成了备受西太后倚重的、清廷统治核心举足轻重的实权人物。

但是，奕譞已经参与和领略了残酷无情的政治斗争和权力争斗，也已深深体会到，把持皇帝、操纵政权的西太后的淫威。

奕譞虽然并不欲激流勇退，但是却深谙持盈保泰之策。高官厚禄、妻荣子贵，心满意足之余还不免心怀忧惧，处处小心，事事留意。

奕譞亲题醇亲王府的正堂为"思谦堂"；壁上的条幅为"福禄重重增福禄，恩光辈辈受恩光"。

此外，他还专门让人仿制了一只周代欹器，上面有自己亲笔写的"谦受益，满招损"铭辞。

奕譞虽然极示"谦恭"之态，力避"张扬"之嫌，但小王子载湉的降生也要隆重地庆贺一番。那些惯于趋炎附势、溜须拍马的官僚蜂拥而至，因为终于有了表现的机会，金银珠宝转瞬间便在醇亲王府堆积如山。

载湉就是在这种钟鸣鼎食、拥金堆玉的显赫家庭中无忧无虑地成长的。在他面前展现的是一个美好的世界，乳母和太监无微不至的关怀，对他温和恭顺，唯唯诺诺；王府里柳绿花红，莺声燕语，五彩缤纷，这是一个多么温馨幸福的世界啊！

没落的清王朝

顺治元年（1644），中国东北的满族日愈强大，在爱新觉罗家族的率领下，金戈铁马，以威猛之姿似旋风般驰骋在辽阔的中原大地上。经二十余年的南征北讨，浴血奋战，终于稳定了清王朝的统治。

在康熙、雍正、乾隆三帝励精图治的努力下，中国出现了边疆巩固，经济发展，人口日繁的盛世。

康熙帝和乾隆帝二人均在位六十多个春秋，为中国历史上执政时间最长的皇帝，爱新觉罗皇位继承者和家族都以此为最大的荣光。

但是，当嘉庆登基为帝之时，情况发生极大变化。国内持续数年的川、楚、陕白莲教大起义很大程度上动摇了清王朝的统治。

清政权中大小官吏贿赂公行，侵夺贪占，财政危机日趋严重。

第一章 四岁入宫即帝位

嘉庆二十五年（1820），嘉庆帝病逝于避暑山庄之后，旻宁（道光帝）即位，成为清王朝第六代君主。

他在位的前二十年，虽然国内阶级矛盾日益尖锐，并没有出现大规模的人民起义。

道光二十年（1840），历来为清统治者所不屑一顾的"英夷"却成了清王朝的致命挑战者。

英国人通过坚船利炮迫使清王朝皇帝签署了丧权辱国的中英《南京条约》，中国的大门被打开了。继而，法国、美国等列强也相继而至，从中国攫取了与英国享有的同样特权，给中国套上了奴役性的侵略锁链，开始将这个文明古国拖向半殖民地的深渊，人民也随之陷入水深火热之中。

咸丰元年（1851），广西爆发了持续十四年的太平天国农民大起义，起义军曾占据半个中国，一度进攻至北京附近。直到咸丰帝死于避暑山庄，中国东南部仍是烽火连天。

咸丰十年（1860），英法联军攻占北京，圆明园灰烬未冷，清政府又被迫向英、法、美、俄等国出卖大量特权，甚至割让了大片的领土。

在列强的帮助下，太平天国起义被镇压下去。

小载湉出生前后的这几年，他的父辈和在政变后垂帘听政的西太后终于获得苟延残喘之机，认为"心腹之患"已除，做起"同治中兴"的幻梦。

"同治中兴"，是旧史家对咸丰十一年（1861）政变后清政府在内政、外交等方面出现的变化和暂时呈现的"安定"局面的吹捧和标榜。这一切均发生于载湉降生前后的十余年间，对其一生影响颇大。

咸丰十一年（1861）政变得手后，西太后一方面为载淳登基做准备，同时鼓动亲信大造"垂帘听政"的舆论。

一时间，显贵权臣纷纷上书劝进。咸丰十一年十月初九日（1861年11

月11日），载淳在清宫太和殿举行了登基大典，改明年为"同治"元年，为两宫皇太后上"慈安""慈禧"尊号。两宫皇太后为名正言顺地"垂帘听政"以皇帝之名发出上谕，令南书房和翰林院之者臣查阅史书，诸臣忙碌之后，将查到的有关资料汇为一编，赐名为《治平宝鉴》。"垂帘听政"，终于有了历史根据。

随后在礼亲王世铎等人议定的"垂帘章程"批准后，十二月二日，两太后在养心殿正式垂帘听政。实际是皇太后批阅章奏、召见大臣、裁决政务和确定官员任免。

自此出现了所谓的"同治"朝局，最初是两太后、两亲王假以年幼无知的小皇帝名义掌管朝政。

在两太后中，东太后"和易少思虑""素宽和，殊无制裁之术"。

"虽东西两太后同训朝政，而实则处分一切，仍以西后意为可否。慈安素谨愿，各事每呐呐然不能出诸口者"。

在以后被召见的诸臣中，如曾国藩、郭嵩焘等人，其日记中都不乏类似的记载。

帘外两亲王，以恭亲王奕䜣权力为大。这是因为恭亲王为醇亲王之兄，且政变后，恭亲王尚有"议政王"的头衔。

咸丰十一年（1861），第二次鸦片战争失败后，因外国侵略势力的压迫，清政府迫不得已在

咸丰帝朝服像

第一章　四岁入宫即帝位

清代珐琅彩雉鸡牡丹

中央成立了"总理各国事务衙门"（简称总理衙门或总署）。

由奕䜣担任首席大臣，全权主持对外"和局"，包括各种外交事务：例如派出驻各国公使；兼管通商、海关、海防、订购军火；主办同文馆和派遣留学生等。

虽然有军机处为中枢机构，"总署"位不在军机立下，而在主持政务的六部之上，权力巨大。

奕譞尽管身兼数职，权力日隆，但权力毕竟在奕䜣之下。

西太后与奕䜣掌持内外大权，同治天下的局面却在不久便矛盾显露。同治四年三月（1865年4月），西太后以同治帝载淳名义明发上谕，指斥并罢免奕䜣。

此事一出，清廷顿时哗然，"而外国使臣亦询军机诸臣事所由"。加之诸王群臣，包括奕譞纷纷上疏，为奕䜣缓颊疏通。

在这种情况下，西太后又重颁上谕，还让奕䜣在内廷行走，管总署，但还是革去"议政王"头衔，这件事使奕䜣深知西太后之淫威，在召见时，"双膝跪地，痛苦谢罪"。

此后，在"天津教案"、谏阻修圆明园等事上，奕䜣又先后与奕譞、载淳、西太后发生矛盾，几乎被同治帝革去亲王头衔。

可以看出在同治朝，由于内廷权力之争，无论是"垂帘听政"之时，还是同治帝亲政之后，已基本形成西太后专权独断的局面。

在中央，外松内紧，矛盾叠加的朝局给人们一种粉饰太平的假象，看似两宫皇太后同两大亲王"和衷共济、共渡时艰"。

在地方上，慑于太平天国声势浩大的起义，清政府在政变后仅十余天，就一反过去"崇满抑汉"的传统政策，任命"曾国藩统辖苏、皖、赣、浙军务，节制巡抚、提督以下各官"。

在曾国藩的保荐下，李鸿章、左宗棠、沈葆桢、曾国荃等一大批汉族官僚崛起于屠杀太平军的战场上。

继而，这些人利用其对洋枪洋炮在镇压太平军时效力的认识，扯起"求强""求富"的旗号，接着办起了一些军事和民用性企业。并用从外国买来或自己仿造的枪炮舰船装备了部分陆海军，成为地方实力派（即洋务派）。

从此，清政府从中央到地方形成了一种与外国侵略势力"力保和局"、主张"中外和好"的对外政策基调。这些人企图利用列强的欲望暂时满足、国内起义相继被基本平息的时机，来修补清王朝千孔百疮的统治机器。

可以清楚地看到，清政府的所谓"中兴"，只不过是统治者饮鸩止渴的暂时自我感觉罢了。

第二次鸦片战争落下了帷幕，其代价是清政府分别同英、法、俄等国签订不平等的《北京条约》等。在清朝统治者大呼"中兴"之时，中国半殖民地的雏形也在步步深化。

载湉出生以后，侵略者的触角已伸向中国边疆，自此打破了"中外和好"的幻影。与此同时，以"反洋教"为主的反侵略斗争的运动也在全国各地展开。因此，载湉出生后，清王朝的统治正面临着新的危机。

确定皇帝人选

咸丰十一年（1861），当咸丰皇帝在避暑山庄想理顺一切烦乱的思绪时，不料烦恼未去，新病又添，于是在忧病交加中痛苦死去。

清代帝统一脉相传的皇位留给了他唯一的儿子，年仅六岁的载淳。

这似乎是清王朝不祥的预兆，因为汉、唐、宋、明数代王朝一旦国运衰败之时，也总是出现继统乏人的现象，而情急所逼，幼童执政，江山终难以稳固。虽然载淳在父皇留给他的"赞襄政务王大臣"和生母西太后的争吵中，吓得几乎哭晕，可他还是在母后的卵翼下渐渐成长起来了。

同治十一年九月（1872年10月），在两宫皇太后的主持下，十七岁的同治帝（载淳）大婚。十八岁的载淳开始亲政，两太后退居幕后。同治帝载淳为了满足母后归政后享受生活使其不再插手政事，于次年八月发出一道谕旨："令总管内务府大臣，将圆明园工程择要兴修，原以备两宫皇太后燕憩，用资颐养而遂孝恩"。

因为当时"军务未尽平定"，"见在物力艰难，经费支绌"，遭到众臣竭力谏阻，他只得收回成命。

但同治帝马上迫令群臣同意修"三海工程"（即今北京北海、中海和南海）。可三海修缮刚刚开始，在同治十三年十月二十一日（1874年12月10日），这个年轻的皇帝却抱病在床，一个月以后"崩逝"于养心殿东暖阁。因同治帝没有儿子，大清朝一脉相传的帝系到此中断。

因事出意外使清王朝亲贵勋戚、上下官员陷于不知所措的慌乱之中，不知同治帝病情的朝野臣民为之困惑不解。同治帝年富力强之时，因何病而一命呜呼？至于真正死因，成了清宫一大疑案。但查证清史有关记载，同治帝死于天花可能性很大。

同治十三年十月（1874年11月）下旬，皇帝生病（"偶感风寒"）。

同治帝陵墓

按常人来说，这也称不上什么大病。但身为万乘之尊的皇帝生病，龙体微恙，也会影响日常政务，且在朝诸臣却不能不十分关注。

在同治帝生病之初，他的老师、重臣翁同龢在其日记中写到：

连日圣体违和，预备召见者皆撤。廿一日（1874年11月29日）西苑受凉，十一月朔（12月9日）巳初访绍彭，据云今日入值，知圣体发疹问安。

若说这里所记同治帝患之症为天花，也只是听说而已。数日后的记载已是亲见亲闻了：

初八日（12月16日）巳正叫起，先至养心殿东暖阁。两宫皇太后俱在御榻上持烛，令诸臣上前瞻仰，上舒臂令观，微语曰："谁来此伏见"？天颜温陣，偃卧向外，花极稠密，目光微露。瞻仰毕，略奏数语皆退。

初九日（12月17日），辰初一刻又叫起，与军机、御前同入，上起坐，气色皆盛，头面皆灌浆饱满，声音有力。

第一章 四岁入宫即帝位

既然同治帝所患确为天花，在情急无奈之际，清宫内的迷信活动也全面展开。十一月十二日（12月20日），在西太后的命令下，将发病以来就已供奉在大光明殿的"痘神"娘娘迎供到了养心殿，宫内到处是红地毯、红对联，"一片喜气"，期望痘神娘娘早点儿将撒下的"天花"收回。

供奉三日之后，又以隆重的礼仪和纸扎的龙船、金银玉帛恭送痘神娘娘于大清门外，举火焚烧。

然而，痘神娘娘虽然在飞腾烈焰中升天而去，同治帝的病情却仍然有增无已。

据现存于故宫，从为同治帝看病的太医李德立等人留下的《万岁爷天花喜进药用药底簿》每一天的病情和用药记载来看，"娘娘"送行后第二天，即十一月十六日（12月24日），天花表面看去"痂渐脱落，惟肾虚赤浊，余毒挟湿、袭入筋络。以致腰软重痛，微肿不易转坐，腿痛筋挛，屈而不伸，大便秘滞"。

十九日（27日），竟至"腰间红肿溃破，浸流脓水，腿痛筋挛，头顶肱膊膝上发出痘痈肿痛"，病情加重。

载淳刚开始患病时，西太后看了就十分焦虑，但认为小病可治，不会有大事发生。因此，初由帝师、都察院左都御史、军机大臣李鸿藻代阅章奏；满文

南山积翠图（清）

折件命恭亲王奕䜣代为拟答。

到十一月九日（12月17日），"命内外奏牍呈两宫披览"。刚刚撤帘的西太后又重掌大权，她似乎已觉察到事情不妙，宫中的气氛日益紧张。

从十一月十九日（12月27日）起，两宫太后常常召见御前诸臣亲贵，且以泪眼相对。御医李德立考虑到皇帝如有不测连及身家性命，更急如热锅蚂蚁。

此时，同治帝痘毒形成总发作趋势，腰部溃烂成洞，脓血不止。

随后"臀肉左右溃孔二处流汁，渐与腰部串连溃烂"，一发不可遏止。

至十一月二十三日（次年1月6日），皇帝"腰间溃汁出多，阴亏气弱，毒热上亢，以致少寐恍惚，口干晡热，牙胀面肿，馈杂作呕。此由心肾不交，正不制毒所致。症势日进，温补则恐阳亢，凉攻则防气败"。

到了这时，御医已束手无策，无可救药了。

同治十三年十二月初五（1875年1月12日）傍晚，当落日敛起最后一抹余辉，凛冽的寒气已蔓延到了紫禁城的每个角落，弥留数日之后的同治帝终于耗尽了他生命的最后一丝活力，死于养心殿东暖阁，时年十九岁。

动人心弦的哭号声震宫掖。在一片肃穆之中，大臣摘下帽缨，太监卸下宫灯，一切器物鲜艳的颜色迅速尽被遮盖。转眼间，养心殿内外一片玄素。

从亲贵到权臣，从太监到宫女，看上去仿佛都在为同治帝的丧事悲涕奔忙。但是，每个人的心中又似乎都在思忖着一件事：同治帝无子，谁会登上皇帝的宝座呢？

中国著名帝王 光绪传

帝位继统之争

养心殿东暖阁中的哀声和骚动已渐渐平息了，人们把目光紧张地转向了西暖阁。

按照西太后和几个亲贵的吩咐，一张御前会议参与者的名单迅速拟定。在寒冷的暗夜中，一些尚在睡梦中的亲贵和重臣被火速召集到养心殿西暖阁。

毋庸置疑，会议的中心内容将是确定皇帝继承人选。

十余年操持王朝大政，经历了内外的风风雨雨，使西太后这个年近四十岁的女人具有了在朝内应付各种变故的能力。

咸丰帝死后，她不甘权柄落入他人之手，不失时机地抛头露面，替儿子载淳稳固了皇位。并利用皇太后的地位，奋力排斥一切政敌，使所有的皇亲国戚俯首听命。

载淳之死，她当然有丧子的切肤之痛，然而更使她不能忍受的是，苦心经营和操纵的皇位即将因此离她而去。

在同治帝病入膏肓、陷于不治的日日夜夜，使她焦虑不安的除了权力的归属还能有什么呢？

但是，在同治帝"宾天"的最后一刻，西太后决心奋力挽回希望。西太后需要的不是悲痛和眼泪，而是立即镇定和果断的动作，她要再一次显示自己作为皇太后的威严和绝对的支配地位，拿出自己的"成算"。

在向天下臣民公布皇帝的死讯之前，西太后第一步先要解决的是，按自己的意愿确定"立嗣大计"。

在同治帝弥留的数天之内，无人敢明言继统问题，但在宗室亲贵之

养心殿东暖阁

中，也并不是对"嗣皇帝"人选一事毫无计议。同治帝无子，皇位不能一脉相传已是最大遗憾，加之清朝皇统一直是父死子继，按惯例和中国古来的皇位继承制度，继承同治皇帝的人选，应该从比他低一辈"溥"字辈近支宗室中挑选，算是为同治帝立嗣承祧。

虽然这是一个没有办法的办法，但却顺理成章。可当时"溥"字辈只有两人——溥伦和溥侃（时生8个月），是道光皇帝长子奕纬之孙。

但溥伦的父亲贝勒载治却不是奕纬的亲生子，而是由旁支过继来的继承子，血统疏远，不能算为近支宗室。因此，"溥"字辈能否继立，似乎很成问题。

据李慈铭《越缦堂日记》中载，同治帝死前数日间，确实有这种议论。在这斟酌中，似乎又有是否可以从"奕"字辈中选立的说法，当然这种可能性极小。人人都知道，西太后的丈夫即为"奕"字辈，如"奕"字辈再有出任君位者，咸丰、同治父子将位置何处？那么值得考虑的恐怕还是"载"字辈。

当时在近支"载"字辈中已有数人（奕纬过继之子载治除外），即恭

第一章 四岁入宫即帝位

15

中国著名帝王 光绪传

亲王奕䜣之子载澂、载滢（时刚过继给嘉庆帝之孙公奕谟为嗣）；醇亲王奕譞之子载湉（时不足4岁）等；其他皆为远支。但是大权在握的西太后究竟会拥立谁为太子呢？

帝位继统之争是最大的权力之争。就清朝而言，乾隆帝继位前的每一次继立都伴随着一场争斗。特别是康熙末年，诸皇子争立，各树党羽。雍正帝取得皇位后，一面对诸兄弟党羽大开杀戒；一面总结教训。遂立下一项制度：皇位继承人由在位皇帝于诸子中选任，密书其名，藏于盒中，置放在乾清宫"正大光明"匾额后。皇帝死后，由诸臣取下，按所书之名拥立新君。乾隆、嘉庆、道光、咸丰四帝均由此法继立，故无争夺之事。

现因同治帝无子，其身后所留下的帝位只是个未知数，争夺的危险难保必无。

各怀心腹事的亲贵权臣迅速集于养心殿，并各将疑惑的目光投向西暖阁——那里将决定那个至高无上的权力的归属。

景泰蓝花瓶

从当时形势来看，奕䜣父子确是帝位的有力竞争者。因为奕䜣父子与皇统血缘最近，况且父子两代于所在辈分中均为长者，所谓"国赖长君，古有明训"；更因为恭亲王历练政务，一直为皇室宗族中最有权势的人物，并且有一大批拥护者；他本人似乎对此也心知肚明。但是这段资料却很难令人相信。

以同治十余年的政争观察，恭亲王之权力数次遭到西太后和同治帝的摧抑，甚至在同治帝亲政和重病的情况下，还"语简而厉"地警告他"当敬事

16

如一,不得蹈去年故习(指谏阻修圆明园一事)"。怎么有可能在病重之时,又让李鸿藻写类于传位遗诏性质的诏书,传位给恭亲王奕訢呢?且就在他斥责恭亲王这一天,明明还说"拟求太后代阅奏报一切折件,俟百日之喜余即照常好生办事"。

从是日起,李鸿藻"代为批答章奏"之权已由西太后取代,再无"草诏"之机会;同治帝还想望自己病好理政,岂能想到身后之事?同治帝死时,恭亲王就在现场,他一直就在养心殿,何谈"回避"?更不要说,以他对西太后的了解,也根本不会摆出一副皇位非己莫属的姿态。

按"清同治帝脉案"记载,当同治帝病危,不仅不能召幸后妃,已很少能与诸臣对话,更何况"千余言"。且此处又说同治帝对载澍心有所属,不仅其说不一,即就载澍之身份而言亦绝无可能,故可知,这种同治帝立有遗诏被毁的说法纯属子虚乌有。

究竟谁是皇帝的人选,西太后早已成竹在胸。会议如何争论,最终结果必须如此,不容置辩。即使"溥"字辈人选不是血统疏远,一旦选立,就必是为载淳立嗣。

这样,同治帝皇后阿鲁特氏就成为皇太后,而西太后只能为太皇太后,从而实行"垂帘听政"的将不再是西太后而是阿鲁特氏了。而立"载"字辈年长者的载澂,则又势将很快归政,不仅仍不能使西太后久持权柄,且会使奕訢因其子为帝而大权在握。

诸王群臣对于西太后这样一个毫无思想准备的决定,面面相觑,瞠目结舌。突然,人群一阵骚动,跪在地上的醇亲王奕譞,听到皇帝的人选落到儿子载湉的头上,大吃一惊。立时爬伏于地上,连连碰头,继而失声痛哭,以至昏迷倒地。因醇亲王失态,众人上前搀扶,结果竟"掖之不能起"。

这个年仅三十岁、权倾朝野的"七王爷",此刻的心情没有人能准确

第一章 四岁入宫即帝位

的理解,一定是语言难以形容的。也许是因为"喜从天降",使他过于激动,自己的儿子顷刻间就已成为万乘之尊的大清朝皇帝。也许是奕譞已深悟到这一决定将是"祸从中来",他深爱的儿子将从此离开父母,像同治帝一样身不由己地被西太后作为操纵权柄的工具而已。

另外,自己既为皇父,从此却需与儿子执君臣之礼,言行举目不仅将为万众瞩目,也将被西太后密切注视。或许是二者兼而有之。无论如何,奕譞仿佛在风平浪静的湖中,刹那间遇到一个湍急的旋涡,一时间手足无措。

既然"诸王不敢抗后旨",加上醇亲王昏厥所引起的混乱,当太监将醇亲王扶掖上轿,返回醇亲王府后,西暖阁会议便告结束。继而,便是鱼贯而出的王公亲贵和元老大臣按西太后的指挥,一面准备大行皇帝的"遗诏"和新皇帝即位诏书;一面准备仪仗前往醇亲王府迎接新皇帝载湉入宫即位。

小载湉入皇宫

浓浓的夜幕笼罩着紫禁城,一切景物看上去都是那样的朦胧。高大肃穆的保和殿在星空的映衬下好像一道山岭,寒冷的北风掠过它的重檐间发出"呜呜"的鸣叫。在这宫殿后西北的一排低矮小屋里却灯火通明,军机大臣们正按西太后的旨意在紧张而又谨慎地忙碌着"国家大事"。

潘祖荫和翁同龢等人再三斟酌:西太后的意思大致是,新君承续为咸丰帝之子,其皇位又是继同治帝而来。按此,在西暖阁会议结束约一个小时之后,一道"懿旨"和一道"遗诏"便匆匆拟定。然后,诸臣赶往养心殿。

"亥正(晚10时)请见面递旨意,太后哭而应之"。与此同时,"戈什爱班奏迎嗣皇帝礼节大略,'蟒袍补褂入大清门,从正路入乾清门,至养心殿谒见两宫,方与后殿成服'。允之。遣御前大臣及孚郡王等以暖舆往迎"。

在当时留下的文献中,关于小载湉是怎样被抬入宫中的均无详细记载。但已可以想见,当迎接载湉的大队人马来到这所"潜龙邸"的大门,孚郡王高声宣读两宫皇太后的"懿旨"时,跪伏在地,悲喜参半的醇亲王夫妇也许刚刚擦去脸上的泪水。

年方四岁的小载湉在睡梦之中被叫醒,穿上"蟒袍补服",打扮得整整齐齐。虽然此刻他还不明白眼前忙乱而又谦恭的一群陌生人到底想要干什么,但人们都在围着他转,为他服务。

清代马背上的文物

他哪里知道,自己已经摇身一变成为大清国的皇帝、一统天下的"万岁爷"了。对于他的堂兄、原来的皇帝载淳,小载湉虽然没见过,但却早就得到过其恩宠。现在,这位皇帝哥哥已"龙驭上宾",把皇位留给了他。

小载湉很不情愿,可无论怎样哭叫,还是被抱上暖轿。一路人马在寒风中直奔紫禁城而去。

两宫皇太后也是通宵未睡。当新皇帝接入养心殿后,人们揭开轿帘,小载湉"舆中犹酣睡也"。他被弄醒后,"趋诣御榻(同治帝停尸处),稽颡号恸,擗踊无算。扈从诸臣遵奉懿旨,请上即正尊位"。

就这样,载湉成了清朝统治全中国的第八代第九位皇帝,同治时代已成过去。

第一章 四岁入宫即帝位

中国著名帝王 光绪传

烟波致爽殿

次日，一道新皇帝即位诏书向全国通报了同治帝驾崩的噩耗和新皇帝继立的喜讯。这时，举朝亲贵权臣，无不忙于为同治帝治办丧事和为新皇帝登基大典做准备。而西太后则正在加紧策划实现第二次"垂帘听政"。

西太后终于达到了自己的目的，她的第二次垂帘听政又从此开始了。但是，这场政治游戏也只是刚刚拉开帷幕。

第四天，宣布以明年（1875）为光绪元年（小载湉因此而被称为"光绪皇帝"）。

第六天，公布潘祖荫、翁同龢等人所写的同治帝"遗诏"，其中说，朕（同治帝）非常欣赏两宫皇太后所选的这位新皇帝，因为小载湉"仁孝聪明，必能钦承付托"，"并孝养两宫皇太后，仰慰慈怀"。

光阴似箭，新的一年到来了。小载湉除了几次到观德殿同治帝灵牌前"行礼"外，也没有什么事，一切都在按西太后的时间表顺利进行着。正月二十日（1875年2月25日），是钦天监择定的上吉之日，天气果然"晴朗暄和"。

清宫太和殿前礼仪威严，新皇帝登基大典正在举行。在诸臣一片叩头和万岁的高呼声中，小载湉登上了"金銮殿"的宝座。

但是，在诸王臣子的叩拜队伍中却没发现一个权势显赫的人，即皇帝的父亲醇亲王奕譞。

西太后宣布载湉为嗣君起的那一刻，这个举足轻重、经多见广的亲王竟至哭晕在地。对西太后的决定，奕譞未置可否，他知道自己的命运也掌握在西太后"因揽权之一念，虽牺牲一切而不顾"的无冕女皇手里。

也许奕譞确实被吓坏了，因为他知道自己的儿子哪里会成为什么皇帝，不过就是西太后手中握着的一个任她揉捏的面团。且自己从此将再也无法参与中枢政务。这不仅因为儿子当皇帝，自己不能上殿面君，无法叩拜如仪；主要是出一言、建一策，一不小心便会被视为冒以"皇父"或"太上皇"的威势。

再说，自己既然是皇帝之父，但这之后，西太后倒成了儿子的新"额娘"。这种关系恐也很难处置，弄不好引起西太后的疑心，甚至会危及身家性命。他太了解这位妻姐了。

儿子被抬走了，他心里像打翻了五味瓶，不知是什么滋味。思来想去，无计可施。在既成事实面前，他只好明智地预为地步，赶快于次日上折表态，辞官不做。

九天后，两宫太后对奕譞要求"量为体恤，拟将该王所管各项差使均予开除"，"嗣后恭遇皇帝升殿及皇帝万寿，均拟请毋庸随班行礼"。

但是，赏给"亲王世袭罔替，用示优异"。奕譞上折请太后将所示"优异"收回成命，未获允准。可他告诫自己，一定要小心谨慎，谁在强权之下能掌握自己的命运呢？光绪帝入宫后就住在养心殿。他逐渐明白，自己已经是"万岁爷"，还是"皇帝"，又是"天子"什么的了。出入之时总有一些太监前呼后拥，但行动已不自由。想醇亲王府，想阿玛和额娘，可是高墙深院、宫殿重重，他身不由己。

每天小皇帝都由太监领着到两个新的"皇额娘"住的钟粹宫（东太后居处）和长春宫（西太后居处）请安叩拜，或是隔几日到观德殿在穆宗皇

帝的"梓宫"前行三跪九叩礼。

意外的事情还是真的发生了,而且接连不断。然而,这些事并未使醇亲王有什么太多烦恼,反倒惹得西太后大为不悦。

西太后利用幼君,自己垂帘听政,独断专行,在王公亲贵及朝内诸臣中引起了不满情绪,不过大家也只是敢怒不敢言而已。

对此,醇亲王的心里是很清楚的,故立即表态,急流勇退。西太后也心知肚明,她可利用的唯有东太后和自己是刚刚死去的皇帝的亲娘这一身份。

在西太后看来,只能以此对臣下采取说服加强制与引导加威胁,以求稳住局面。尽管如此,诸臣中的私议还是日渐明显。

诸臣深知,西太后这种做法并非首创,只不过是历史上野心家的故技重演。但如公开反对,必遭杀身之祸。于是,他们便利用忠于同治帝的旗号,力图以维护帝位承继传统的名义与西太后一争高低。

光绪元年正月十五日(1875年2月20日),时为光绪帝登基典礼举行的前五天,内阁侍读学士广安上了一个奏折,对西太后立嗣之事提出了疑议。

不难看出,大臣们对西太后专断独裁的不满和挑战;尽管择立懿旨中说载湉如将来"生有皇子,即承继大行皇帝(同治帝)为嗣",但广安还是要求为同治帝立嗣必立"铁券"为凭据,表明了对西太后是否能真为同治帝立嗣的怀疑。

这一怀疑的根本之处,还在于即使将来真为同治帝立嗣,此嗣子究竟只是皇子,还是以嗣皇子身份承继皇位;此建议旨在保证接承光绪的一脉相传。此外,这个挑战信号似乎还有弦外之音。

西太后与同治帝的母子关系一向糟糕,已广为人知,西太后待同治帝一向严厉。因此,导致同治帝与东太后关系相当融洽。

另外，同治帝杀西太后宠信的太监安德海；在同治帝大婚时，西太后一直不满意同治帝选择阿鲁特氏为皇后；同治帝亲政后，西太后仍暗持权柄，多所干预引起的不快等，母子关系几乎发展到相仇的程度。在立嗣问题上的含糊其词，有没有西太后对同治帝不满的感情色彩掺入？臣下的疑问是不是正因此而发？无论如何，广安此奏，确实使西太后大为恼火。两天后，一道懿旨发下：

前降旨"俟嗣皇帝生有皇子，即承继大行皇帝为嗣"。业经明白宣示，中外咸知。兹据内阁侍读学士广安奏请，饬廷臣会议，颁立铁券等语，冒昧渎陈，殊堪诧异。广安著传旨申饬。

紫檀嵌百宝福禄寿文具盒

此事件表面上看，算是暂时被西太后压服下去了。

二月二十日（3月27日），光绪帝即位一个月，同治帝皇后，年仅二十一岁的阿鲁特氏突然香消玉殒，死于储秀宫。

皇后阿鲁特氏，是蒙古正蓝旗人。其父崇绮出状元，官任翰林院侍讲。同治十二年九月（1873年10月），同治帝大婚，他属意于阿鲁特氏。东太后也因阿鲁特氏"淑静端慧""容德甚茂""动必以礼"而赞成这一选择。然而西太后却看中了侍郎凤秀的女儿，再三示意同治帝尊重她的看法。结果同治帝按己意选择了阿鲁特氏为后，封凤秀之女为慧妃。这

第一章　四岁入宫即帝位

中国著名帝王

光绪传

慈禧太后像

使西太后心中很不高兴，并很快将这一恼恨转移到刚刚入宫的新皇后身上。她常常告诫同治帝：慧妃"虽屈在妃位，宜加眷遇"，而皇后则"年少，未娴宫中礼节，宜使时时学习"。

当皇后向这个皇太后婆婆请安时，每每横遭白眼和冷淡。所以为示抗议，同治帝常独宿养心殿。

因此，同治帝可谓是皇后的唯一希望和安慰。现在皇帝撒手归西，可以说是对处境本已相当艰难的皇后的致命打击。

而西太后又不为同治帝立嗣，更将皇后置于难堪的境地。她不过得了一个"嘉顺皇后"的封号，这将意味着只能以新皇帝寡嫂的身份在深宫冷寂中默默无闻地悒郁终生。她受不了这种双重打击和令人不寒而栗的前途，又不敢有所申言抗辩。思来想去，唯有一死。

据说，阿鲁特氏曾"以片纸请命于父崇绮，父批一'死'，字，殉节之志遂决"。

又说，她"以孝钦（西太后）不为穆宗立后，以寡嫂居宫中，滋不适，乃仰药殉焉"。

又说，"上崩，后即服金屑欲自杀以殉，救之而解，然自大丧后即寝疫，屡闻危殆，竟以弗疗从先帝于地下"。

皇后之死，朝野震惊。其为何而死，因宫闱禁严无从确知，但从皇后的处境，已可略知大概。因此，时人不免多所猜疑和怨谤。

光绪二年（1876）五月，御史潘郭俨还借口岁旱上言，公然声称："后（当时称孝哲毅皇后）崩在穆宗升遐百日内，道路传闻，或称伤悲致疾，或云绝粒殒生，奇节不彰，何以慰在天之灵；何以副兆民之望"？

请求表彰阿鲁特氏的"潜德"，更定谥号，以此发泄对西太后不为同治帝立嗣的不满。

对此西太后当然毫不客气，传出懿旨："该御史逞其臆见，率行奏请，已属糊涂，并敢以传闻无据之辞登请奏牍，尤为妄谬。潘郭俨交部严加议处"。

广安被申饬，潘郭俨被议处，可余者之心岂能臣服。五年以后，吏部主事吴可读竟甘愿一死，再议为同治帝立嗣，马上引起朝野震动。

吴可读，字柳堂，甘肃皋兰人，道光三十年（1850）进士，同治年间任御史。

吴可读在左宗棠镇压甘肃回民起义时，乌鲁木齐提督成禄在肃州杀百姓冒功。左宗棠逮捕了成禄，并上书朝廷，请求处分成禄。经刑部议罪为斩立决，恭候钦定。

吴可读义愤填膺，马上上疏历数成禄十条罪状，奏请将成禄立正典刑以谢甘肃百姓。

因其耿直激昂、言辞激烈，触怒了西太后，以"刺听朝政"为名将其革职。

光绪帝即位后，大赦天下，起用曾被罢斥官员，于是重被召来京师，任为吏部主事。

吴可读虽官场受挫，可刚直之性不改。当时吴可读不满西太后不为同治帝立嗣，更怀疑西太后含糊其词，压制异议，别有用心。

然而，广安之奏已成废纸，潘敦俨议处罢官，再谏其后果可想而知。

他早在光绪帝登极之前就"拟就一疏,欲由都察院呈进,彼时已以此身置之度外"。可五年来,言者先后获罪,不言又如骨鲠在喉,思来想去,唯有拼得一死,决然以极端的"尸谏"抨击西太后。

光绪五年闰三月(1879年4月),同治帝和皇后于惠陵安葬,吴可读"请随赴惠陵襄礼。还次蓟州马伸桥三义庙",怀遗疏服毒自尽。

在这篇长达三千余字的奏疏中,公然指责西太后,既不为同治帝立嗣;又新皇帝承位是奉"两宫太后"之命,而非同治帝之意;再"将来大统之承,亦未奉有明文,必归之承继之子",实属"一误再误"。指出:懿旨内"承继为嗣"一语,即所谓"大统之仍旧继子,自不待言",其实是未必("罪臣窃以为未然")!继统之争,史有明鉴。

西太后虽恼怒万分,也不得不小心对待。西太后清楚与其与死人一争高低,无如示活人以己为事"宽容",于是将"遗疏"下发廷臣拟议。

经徐桐、翁同龢、潘祖荫、宝廷、黄体芳、张之洞、李瑞棻、礼亲王世铎等人一番讨论,不敢让西太后过分难堪。

于是,以自雍正皇帝起,清朝就不再事先公开择定皇位继承者为依据,解释原来只说光绪帝生子即承继同治帝为嗣,不说承统,符合祖制家法。

西太后就顺水推舟,声言自己正是这个意思。最后命将吴可读原奏及王公大臣等人所有有关折奏另录一份,存毓庆宫。她假惺惺地声言:"吴可读以死建言,孤忠可悯,著交部照五品官例议恤"。

西太后依然我行我素。

然而,虽然此后在清廷统治集团中再没有人敢于公开提出皇位皇统问题,然就清廷最高权力的归属而言,斗争也只是暂时的平息而已。一则,朝臣虽有阿附于西太后的权势而希求荣显富贵者,然而毕竟不惧西太后淫威者也大有人在,反对其专擅乱权者未必尽皆俯首听命;次则,西太后重新垂帘听政,玩弄小皇帝载湉于股掌之上,再演同治朝政治格

26

局，以为得计，然随着小皇帝的长大，势必再次形成帝、后权力的矛盾对立。

因此，这场持续五年多的帝位归属之争虽告结束，然其余波仍在暗中推演，为后来在清廷统治集团中逐渐分离出帝、后派系埋下了伏线。

其时皇帝载湉对这些与己有关的争执一无所知，知道他也无法理解。人们并不是对这个小皇帝有所非议。但对西太后的攻击，却不能不把醇亲王及其家庭的将来会不会转移皇统当作话

光绪帝像

柄。这已使奕𫍽吓了几身冷汗，不过奕𫍽也只好更加机警、谨慎罢了。

自从奕𫍽上疏自请辞职被允准后，已处于"顾问"地位。谁知即使如此，潘敦俨上疏请为皇后改谥又把他捎带上了，请其"开除亲王差使"，以为"防微杜渐"之议，被西太后斥为"持论致多失当"。吴可读在遗疏中也把他折腾一番，说醇亲王在新皇帝继立时所上辞职一奏，"令人奋发之气，勃然而生，言为心声，岂容伪为"？意即，按理醇亲王将来肯定不会干出转移皇统之事。

其实，奕𫍽怕的就是人们起这样的疑心，特别怕西太后做如此猜忌。以潘、吴二人本意，不在醇亲王而在西太后的变乱祖制，然而却不能不陷奕𫍽于进退维谷的窘境。正因为有此一番折腾，有此一怕，所以心力交瘁的醇亲王，此后遇事更是小心翼翼了。

第一章 四岁入宫即帝位

奕譞知道，儿子入宫为帝，尽被西太后掌握已成事实。自己的行为不管怎样都要符合西太后的意愿。既不能消极退缩，示之以不知"栽培"的"高厚之恩"，或被疑为有不情愿之意；更不能兴奋张扬，不知自忌，引起朝臣或恭亲王等人，特别是西太后的猜疑。否则，难以立足于朝事中，甚或会导致家破人亡的危险。如果说醇亲王本已处于清廷混浊流急的政治旋涡之中，由于载湉被扶立为皇帝，就使他更处于旋涡的中心，稍有不慎就有被吞噬的危险。

塑造光绪皇帝

一切都以西太后的意志为转移，她心里感到非常得意，小皇帝的选择实在是一举多得的好事。西太后认为，这不仅可以保证自己稳操"听政"大权；也可以此提高和昭示醇亲王在宫中的地位。虽然奕譞已不在枢机之任，但也可以使恭亲王奕訢明白自己这一安排的意向，不敢再公然违忤抗言。

而醇亲王的"谦恭"已在意料之中，既然选其子为君，即或不对自己感恩无尽，谅也不能不俯首帖耳，唯命是从。

在整个立嗣过程中，诸臣工还算忠诚无违，招之即来，挥之即去，言听计从。剩下的只是如何塑造小载湉，使之成为知恩图

恭亲王像

报、得心应手的"儿皇帝"了。

渐渐地,小载湉熟知了宫中的环境。但他毕竟还是个四岁、不谙世事的小孩子。其实这个小皇帝,仍然很不习惯那些"奴才"的束缚,更不明白:既然成了"万岁爷",为什么还要受那么多"规矩"的限制,甚至不能随便地哭闹。

他离开了父母,来到了一个新天地。这里既无亲情的温暖,失去了其他儿童所应享有的自由。皇额娘(东太后)和"亲爸爸"(西太后在载湉入宫后即让他这样称呼自己),虽然对其很关心,但他一见到"亲爸爸"就有一种说不出的恐惧,感到很紧张。除此,小皇帝还经常地被群臣接来送去:到观德殿给先皇帝梓宫叩头;到奉先殿给列祖列宗牌位跪拜;去慈宁宫给长辈女眷拜年;往寿皇殿及大高殿祈雪、祈雨。

稍长大一点儿,每年春天还要到丰泽园去行耕藉礼,等等。所有这一切活动,诸臣都以他为中心,三跪九叩,毕恭毕敬。当时,小皇帝载湉虽然还不理解这些事有何用,但他却逐渐知道只能这样做。

从载湉入宫为帝起,一直到他十八岁(1889)亲政之前,虽有太后"垂帘听政",可小光绪帝也非常辛苦。每逢太后于养心殿召见臣工,时间或长或短,他都必须到场,正襟危坐。在十几岁之前,奏对时间稍长,他即有"倦色",甚至"欲睡",却又必须强打精神。

两太后在其身后,有时垂帘,有时不垂帘;虽然他用不着说一句话(当然他也听不懂奏对的事都是什么),可却被要求有"帝王之风"。

前有群臣跪对,后有太后的盯视,只有规规矩矩按礼法而行,当载湉懂得一些事理后,更对此感到无奈,因为稍有不慎,必招致"亲爸爸"的一顿"教训"。

每次召对,西太后的目光几乎如芒在背。对于臣而言,他是至高无上的皇帝;但对西太后而言,他只是唯命是从的"儿臣"。国家大政方针虽

第一章 四岁入宫即帝位

中国著名帝王

光绪传

然表面上都是以他的名义作出决定发出诏旨,但却都冠以"钦奉懿旨"。

实际上,当初载湉小皇帝确实无能为力。然而只有这样,才最适合西太后的需要。他自登上皇帝宝座,就完全被置于西太后的掌心之中了。光绪帝能出现在清王朝的政治舞台上,自一开始就是清廷统治集团内部矛盾纷争的结果,就是西太后重握最高权力的政治工具。

按西太后的意愿,她不仅要在光绪帝年幼无知时利用并以他的名义号令群臣和掌管天下,还希望光绪帝能"德如乃父",秉承奕譞恭顺知进退的赋性,变得比自己亲生儿子还亲的、即使长大以后也是顺从己意行事的"孝子"。

从个人关系而言,载湉是西太后的外甥(也是侄儿),他们之间存在着密切的亲缘关系。但是,在封建社会等级分明的宫廷政治中,权力大于亲情,一切无不以权力得失的利害关系为依归。在历史上,骨肉相侵、父子相杀、兄弟相残司空见惯,从来不讲什么血缘亲情。

光绪帝四岁入宫,可以说他很小就失去父母之爱,但说西太后对他"绝不以为念"倒还不至于。因为载湉的存在,与西太后政治命运攸关。

然而,却也很难想象西太后之"衣食饥寒"的关照会真正等于母爱。光绪帝入宫时身体确实很差,瘦弱多病,经常感冒,腹痛头疼。说话结结巴巴(口吃),且胆小怕声,雨天打雷会吓得他大喊大叫。

把这样一个孩子养大并培养成一个符合西太后意愿的"皇帝",确实不易。

西太后后来宣称对光绪帝"调护教诲,耗尽心力",恐怕主要还是"教诲",而不是生活上的体贴入微。入宫后,小载湉的生活主要由太监一手护理。他们对于这样一个还不大懂事的小皇帝,很难敬心诚意。

最初负责光绪帝生活起居的总管太监叫范长禄,贪财好利。他见从小皇帝身上无好处可捞,反而责任重大,因此曾多次向西太后提出不干,均未获允准。他经常对小载湉很不关心，甚至有时连其吃不吃饭也不管。

不仅如此，有时太监还为一些琐事到西太后那儿告小皇帝的状，使小光绪帝经常"受责"挨骂。

光绪六年至七年（1880—1881），西太后重病，新换的任姓总管太监，乘西太后无力过问，更是得过且过，让小光绪帝自己动手铺炕，结果手指弄

清代瓷器

出血；吃茶要自己倒水，结果手上被烫起水泡；天气已热，还让小皇帝身穿狐皮大衣；有病也不及时找太医诊治，气得帝师翁同龢在日记中写到："若辈之愚而悖矣"！皇帝"左右之人皆昏蒙不识事体，任尤劣"！"近日若辈有语言违拂处，上屡向臣等述之，虽未端的，渐不可长，记之"。

以天子之尊，尚且如此，怎谈得上母爱和关怀？

实际上，这是西太后按己之需在塑造光绪小皇帝。

西太后在塑造光绪帝的过程中，首先就是企图以驯化（而非感化）的方式，在她和小皇帝之间逐渐建立起一种特殊的人身依附关系。其目的，是以便于实现对光绪帝的长期控制。

为此，当载湉一进宫，她即不顾骨肉之情，强行切断了小载湉与其生身父母的日常联系，致使"他（载湉）的父母都不敢给他东西吃。"同时，为了使光绪帝彻底忘记醇亲王府，西太后又采取了断然措施。

载湉入宫仅十八天之时，就以两宫太后名义降懿旨，规定今后光绪帝

第一章 四岁入宫即帝位

31

中国著名帝王

光绪传

"所有左右近侍，止宜老成质朴数人，凡年少轻佻者，概不准其服役"。所谓"老成质朴"之人，无非是能顺从（但也未必）地按照西太后的旨意行事的宫内太监、用人。

在光绪帝初入宫的时候，西太后还嘱咐服侍光绪的那一班人，让光绪只知以后只有她这个"母亲"，此外没有别的母亲。

西太后想通过潜移默化的办法，让光绪帝那小小的心灵中，逐渐树立起他与西太后之间的所谓"母子"关系。然后再以封建伦理孝道，从思想上牵拢住光绪帝。

每天问安中，西太后的威严表情和"垂帘听政"时从背后发出的不可置辩的声音，都在光绪帝的头脑中渐渐形成西太后具有的绝对权威的形象。

清朝官帽

光绪二年二月二十一日（1876年3月16日），拂晓时分，凉风微拂，翁同龢乘肩舆入东华门，来到朝房。今天他的心情既复杂而又激动，第二次出任"帝师"的重任又落到他的肩上。畏难的紧张和荣耀的兴奋兼而有之，这个四十六岁的朝臣竭力抑制着一阵掠过全身的颤抖。

原于当年元旦（旧时称农历正月初一为元旦，即春节或新年）一过，光绪帝六岁了，已到了入学读书的年龄，对这一点西太后早已记挂在心上。既然"皇帝尚在冲龄，养正之功，端宜讲求"，不失时机地对其进行有目的的系统教育，西太后深知尤为重要。

因此，西太后思来想去，在元旦前便为光绪帝选好了"师傅"。翁同龢一大早赶来宫内，正式准备给载湉小皇帝举行"开学典礼"。

在历史上，任何一个阶级的统治者，为了培养自己需要的人才，都注意教育，特别是对皇位继承人的教育，尤为重视。以往的朝代，因实行预立嫡长子为皇太子的制度，都为皇太子设有专职的老师（三师）。

清朝自雍正朝始因实行秘密建储制度，不公开选立继承人，于是对所有皇子普遍实行教育。宫中设有"尚书房"（位于乾清门内东庑，道光以后改称上书房）和上书房，师傅教习满文、蒙文、汉文与进行骑射之处。课读时间和纪律要求严格。对此，清前期朝臣早有感慨。

同治朝，即位的载淳时年六岁，登基就是读书年龄，因此设帝师，读书地点改在弘德殿（位于乾清门外）。现在轮到光绪帝读书了，如何把自己费尽心机扶立起来的光绪帝培养成称心如意的听话国君，已成为西太后思虑的头等大事。"要在慎选帝师"。在西太后看来，翁同龢是非常合适的人选。

翁同龢（1830—1904），字声甫，号叔平，晚号松禅，江苏常熟人。翁家"为苏常望族"。其父翁心存早年通籍，中进士后步入仕途，官至大学士，曾为同治帝"师傅"。

其兄翁同书，曾任安徽巡抚；翁同爵官至陕西、湖北巡抚、代理湖广总督。可见翁家既为"书香门第"，又是"官僚世家"。

翁同龢更是博学多才，咸丰六年（1856），以一甲第一名进士及第（俗称状元）步入仕途，为詹事府右中允。

其父去世后，在同治四年（1865）年底被西太后选中授命为"弘德殿行走"，成为同治帝的汉文师傅。父子同启一帝，实属"儒生非分之荣"。

从而他"尽心竭力，以图报称"，受到两宫太后的嘉奖，不久升为署侍郎、内阁学士。在同光之交的政治风浪中，已成为参决机要的重要人物。

第一章 四岁入宫即帝位

33

光绪元年十二月十二日（1876年1月8日），翁同龢从惠陵工程回京，一连数日都在排比家中书房散乱的书籍。这日早晨，军机处官员给他送来一道懿旨，任命翁同龢为著派署侍郎、内阁学士。

翁同龢面对这突然任命，涕泣失声，可以说是喜忧交加。他思前想后：在同治帝身上，其曾花费了大量心血，渴望塑造一代英主贤君。然而事与愿违，竟受制于母后，英年早逝。今再获任命，两授帝师，实为生平难遇殊荣。虽可证明自己仍宠眷不衰，然而他对西太后实在太了解了，"性极无恒，今日爱是人，翼日则恨之如毒。存心深。而街人辄不得其当"。加之能否把这样一个非同一般身份的孩子培养成符合要求的君主，不仅难上加难，且干系实深，弄不好后果不堪设想。他当即上折，言辞谦恭，婉言拒任。

次日，宫中批复，要求他"懔遵前旨，毋许固辞"。两天后，在清宫养心殿东暖阁，西太后垂帘召见奕䜣、奕劻、景寿、翁同龢、夏同善。当翁同龢再申前意，只见西太后帘内"挥涕不止"，仍要求他"尽心竭力，济此艰难"。事已至此，夫复何言！

西太后之所以选中翁同龢，"有学问"固是题内应有之义。此外，原曾为同治帝授读，尽心尽力，效果之佳在人耳目；性格宽忍，为人平和，当能与小皇帝关系和谐。

而最主要的，恐怕还是在处理同治帝丧后和拥护光绪帝继立两件事上，对太后忠诚不二，甚为"得力"之故。

帝师人选已定，钦天监奉旨择定吉期为四月二十一日，这一日小皇帝便可正式入学。

但"开学典礼"（见师傅）还是提前举行了。

当时，在养心殿东暖阁内，小光绪帝面南坐在一张小桌后，一脸严肃之相。翁同龢、夏同善等侍学诸臣叩拜后，翁同龢在皇帝面前的小书案上铺好纸张，以墨濡笔，端端正正写下了"天下太平"和"正大光明"八个字。

然后他把着皇帝的小手，在红仿格纸上重写一遍。接着又领认读满语字母，解说《帝鉴图》。"上甚会意"，"若甚喜者"。

当光绪帝跟随师傅读"帝德"两字后，忽让翁同龢写一遍。于是，翁书完"帝德"二字；恭亲王奕訢按其后写"如天"二字。小皇帝仔细看了一阵儿。到此，"见面"即算结束了。

小光绪像

翁同龢"俯仰身世，不觉汗之沾衣也"。此后，每次约三刻钟在养心殿识字、描仿，至四月二十一日（5月14日）正式进毓庆宫（位紫禁城斋宫右侧）读书。

自这年起至光绪二十三年正月（1897年2月）书房裁撤，光绪帝另有师傅数人，如孙家鼐、孙诒经、孙家襄等人，但只有翁同龢自始至终。

他共为光绪帝师二十二年，成了光绪的长者宗师。

"典学"头两年（光绪二、三年），光绪帝的功课只上午到书房，主要是认字、听讲书、读生书、背熟书。数量不多，但反复遍数一多，小光绪便不耐烦，有时甚至离座逃学。

在这种情况下，翁同龢使出浑身解数，有时也难免灰心丧气。

在第一年，醇亲王奕譞有时到书房"管束"一通，多少起点作用，但仅能维持数日便又故态复萌。

第一章 四岁入宫即帝位

中国著名帝王 光绪传

再后，奕谟为了"避嫌"，逐渐减少了来书房的次数。从而翁同龢的压力更大了。

光绪四年（1878）以后，改为全天上课。这对身体较差的光绪帝来说，压力的增加，使他更难忍受。翁同龢等人为鼓励他坚持读书，除了关怀体贴，还千方百计地激劝、引导。

尽管这样，光绪帝也大闹了几次。直到光绪八年（1882）以后，才总算走上正轨，并开始养成了读书的兴趣。这也使光绪帝在枯燥无味的宫廷生活中，终于找到寄托。

例如逢宫中节日、庆典时，西太后偏爱看戏，而光绪帝却对这些不感兴趣，很少坐陪，常常在这时独自一人到书房读书写字。

这位"冲龄践阼"的皇帝逐渐长大了。虽然有诸多不如意造成的情绪不稳定，尽管仍时有孩子气和身体不适的"倦怠"。

朝夕相处的典学过程，使光绪帝对师傅的依赖和感情日益亲密。翁同龢也将自己的一片爱心倾注在小光绪身上。在学习上耐心细致、不厌其烦地开悟，在生活和情趣上也无微不至地体贴照料。太监们如对小光绪稍有不敬，小皇帝就向师傅陈诉，要师傅做主。

光绪三年（1877），翁同龢回籍修墓，小光绪很不愿让师傅离去，读书遍数也日渐减少，且不出声。

翁同龢回来后，他第一句话就是："吾思汝久矣"！然后一遍遍大声读书。对此，太监说

紫檀嵌金丝楠木 多宝格

道:"久不闻此声也"。光绪五年十一月(1879),快到元旦了,小皇帝端端正正地用朱笔写了"福""寿"两个大字,送给师傅。

至光绪帝亲政前,仅翁同龢给光绪帝讲过的书就不下数十种。主要内容大致为封建政治理论、帝王之学、历史、地理、经世时文和诗词典赋等。另外,还学看折件、写诗作论、汉译满、骑射等。当然,光绪帝自己也开始主动读了一些书籍。

作为传统的、正统的封建知识分子,翁同龢履行着"至君于尧舜"的理想和责任。在他看来,为"帝师"者之所以"关系至重",必须将千古帝王的仁政爱民、君明臣贤的品质用以塑造小皇帝的言行举止,不得有任何疏忽重大过失。

他因此而呕心沥血、恪尽职守,数十年如一日。在光绪帝面前,既"于列圣遗训,古今治乱反复陈说,其阐明政要以忧勤为先,尤能直言极谏"。同时他还"频以民间疾苦、外交之事",诱勉载湉。

还是在光绪帝读书不久之时,有一天,光绪指着书内的"财"字对师傅说:"吾不爱此,吾喜'俭'字"。翁同龢喜不自胜:"此真天下之福矣"。

可以看出,光绪帝虽生于天皇贵胄的帝王之家,又贵为天子,但在其早年的教育中就有"爱民"思想的初步认识。

随着小皇帝身体的成长,其思想也在潜移默化中逐渐走向成熟。

"帝德"到底是什么?此时的小光绪当然还不清楚。可在师傅的心里,那个"圣君明主"的具体形象是清晰鲜明的,这就是言行举止、胸怀政风要像康熙皇帝那样。翁同龢为帝师后,他多么希望自己的皇帝弟子将来成长为乃祖康熙帝那样雄才大略的君王,重温大清王朝"郅治"盛世的旧梦。

所以,翁同龢不仅注意以书本启沃皇帝的心灵,更注意结合实际进行

第一章 四岁入宫即帝位

"帝德"的培养。他经常随侍光绪帝进行一些祭天祀祖、朝贺拜寿、祈雨演耕等礼仪庆典，嘱咐光绪帝要有天子风范，庆典要庄重威仪，祭祀要诚敬严肃。

在这些活动中，还是孩子的小皇帝喜玩耍、好奇多动的天性一再显露。对此，师傅马上劝谏制止，并有针对性地加以解释和指导。

在这个塑造过程中，西太后的"帝德"，是要求"宜涵育德性，俾一言一动，胥出于正，以为典学之本"。而她所谓"正"，即为对自己尽"孝"。因此，西太后十分关注光绪帝的典学，经常召见翁同龢等人，询问光绪帝的学习情况，勤加指示。她特别注意从太监处了解情况，在光绪帝请安时对他时加一训责，有时甚至声色俱厉。

小光绪帝初入学的三四年间，有时情绪极"抑郁""精神殊逊"，大致都与这种训斥有关。西太后在"关怀"之余，还是相信"棍棒出孝子"的古训的。

西太后为使光绪帝在将来长大成人后能够"孝顺她"，在典学期间，她特地再三叫人去传翁同龢，要他尤其注重孝的教育。

除掉把启蒙时所读的"二十四孝"不断地继续讲解之外，《孝经》那部书，也是最注意的。

一切这些清规戒律加之枯燥乏味的艰涩说教，完全剥夺了光绪帝幼年时代应有的天真烂漫。他本能的一点儿"反抗"也是不允许的。

对此，受命对书房事务"妥为照料"的，他的父亲醇亲王奕譞，想方设法，也只能按西太后的意思加以"关照"。既然如此，那就对儿子不能客气，有时他"辞色俱厉"地进书房管束小皇帝，绝不敢动以父子之情。

最后，奕譞认为"避嫌"是上上之策，渐渐地减少了去看小光绪的次数，后来，很长时间在小光绪的书房中也见不到他的身影。

第二章　忧患之中渐成长

慈安太后暴死

光绪小皇帝，在老师翁同龢的精心教育和呵护下，奋力读书，学习成绩大有进步，与昔日相比判若两人，给人感觉大有"少年老成"的风范。在逐渐成长的过程中，先后遇到了来自内外对他触动颇大的两件事情。

1881年4月8日（光绪七年三月十日），在清廷统治集团里又发生了一起突然事件，即东太后的暴死。

慈安皇太后，"体气素称强健"，死时年仅四十五岁。她在死去的当天早晨（当时西太后正在"病"中，未能临朝），还曾"召见军机"，是时，众王公大臣又都感到她"御容和怡无疾色"。不料于当日下午竟突然死去。

此外，在有关的一些材料中又都记述，当东太后死去之后，西太后当即传命枢府及其亲属诸人到她的寝宫，略经"瞻视"，就对尸体匆忙"小殓"。

按照清宫的惯例，凡是帝、后发病无论轻重，都要立即通知军机处命太医就诊。

慈安皇太后

39

中国著名帝王 光绪 传

山水图（清）

但是在东太后死之前，不仅军机处毫无所知，也"未闻传太医耶"。

由于在东太后之死的问题上存在着种种疑点，因此在她死后便出现了各种传说，成了西太后执政时期的又一疑案。

东太后之暴死，是否为西太后所谋害？此案可留待以后详考。但是这一事件的发生，却与西太后"益纵恣无度"和光绪帝的地位日益显露有着密不可分的关系。

在权势欲和施展阴谋诡计方面，东太后的确不能与西太后相提并论，在她们共同"执政"期间，在公开处理政务当中，东太后比较"谦谨"，对西太后多以忍让处之，她"不轻发言"。

然而，东太后也绝不是一个毫无私欲的人。可以说，她在与西太后共同控制清廷的二十来年的期间里，基本是处于貌合神离的状态中，她对西太后越发揽权专断和培植私人势力等事情，是早已怀恨在心的，并且时有摩擦。

早在1869年（同治八年），西太后的心腹太监总管安德海，在奉命外出路经山东时被山东巡抚丁宝桢正法，其实此事的策划者却是清宫中的东太后和恭亲王奕䜣。

安德海之所以被杀一方面是由于其人依仗西太后的权势"干国柄"、横行霸道，激起朝野上下的愤慨；另一方面，这也是东太后等人利用上述情况为削剪西太后的羽翼采取的一种反击措施。因此，通过这件事使东太后"与慈禧积有深嫌"。

此后，东太后又以自己原是咸丰帝"正位"皇后的优越地位，通过祭礼等活动，力图把原为咸丰之妃、后以其子（载淳）继帝位尊为皇太后的慈禧压一等，而经常引起"争端"。这些事实说明，在东、西两太后之间，围绕着权势也在进行着明争暗斗。不过，因为东太后的"势力极为薄弱"，不敢与西太后进一步公开较量；而西太后鉴于实权在握，在未受到东太后的直接威胁时，也不愿冒犯"惯例"悍然打破两太后"垂帘听政"的局面，所以她们在表面上仍保持着貌合的状态。

但到同治帝死后，载湉继帝位，尤其是当光绪小皇帝随着其年龄和见识的增长，也促成东、西两太后之间的关系出现了更加复杂、紧张的趋势。

东太后对光绪帝是否有某种个人的企图，未见任何材料以资说明。但从现有的材料来看，东太后之所以与年幼的光绪帝"相亲"，主要是从维护清王朝的延续性出发的，当然也有感情上的缘故。

东太后在病危时曾留下《遗诰》，在其《遗诰》里说，"体气素称强健"和自己的发病时间及病情突然恶化等情形，与有关材料的记述相印证，就其基本情节来说是相吻合的。同时，她对自己的"不意""病势陡重"，东太后自己也提出了置疑（或是她出于某种顾忌，未便把内情托出）。

但值得强调指出的是，东太后预嘱光绪帝，在她死后"务当勉节哀思，一以国事为重，"却是倾吐了她与光绪帝"相亲"的目的所在。

东太后在《遗诰》中说自己"薄德"以及先后受到同治和光绪帝孝敬的表白，显然不能认为只是出自自谦；加之她在此处突出强调光绪帝应

"仰慰"西太后对他的"教育之心"云云，可以认为在这些话里都是有其寓意的，流露了她的难言之隐。

参照濮兰德、白克浩司所说的情况，不难看出，东太后在她的这个《遗诰》中的字里行间，也流露出围绕光绪帝她与西太后存有矛盾的蛛丝马迹。

东太后在世期间，虽然她对西太后在朝中独断专行等并未构成多大的阻力，但在封建等级森严的清宫之中，东太后毕竟有着咸丰帝"正位中宫"的尊位，这对清廷统治集团里那些坚持封建正统观念的人说来，对东、西两太后不免怀有正、偏之念。

这种观念上的罗网，又必然成为权欲熏心的西太后一种难以摆脱的无形压力。另外，"两宫垂帘听政"，固然已成为西太后专权的一种形式，而这种形式，在西太后看来也逐渐成了对她的一种束缚。

因此，东太后慈安的死去，对西太后来说似乎是消除了一大"隐患"，给她带来了彻底的解脱。从而，"慈相（太后）可以唯己独尊，以专执国政"，打破了清王朝从1861年形成的由东、西"两宫垂帘听政"的统治格局，最终在清廷确立了由西太后一手遮天的统备局面。

从此以后，西太后不仅在实质上、而且在形式上也使她登上了权力的顶峰，她被人称之为"老佛爷"，完全由其一人控制了清王朝。

此后，她为了巩固"独尊"自己的地位，便加紧了对光绪帝的驯化和控制。

同时，通过东太后的暴死事件，对于客观事物有了一定的辨别能力的光绪帝，也在清廷统治集团的内部进一步嗅到了一些不同的气味。特别是东太后之死，使光绪小皇帝失去了一个身边的同情者和保护者，给他的处境带来了更为不利的后果。

无疑，这一切，对于成长中的光绪皇帝都是无情的冲击。随着西太后控制力的加强，光绪帝身上的懦弱性愈益深化的同时，在他思想中的"反作用力"也在迅速滋长。

确定傀儡地位

光绪帝还处于学习阶段的19世纪80年代前期，在清王朝的家院里风波迭起的同时，国家又面临着新的危机。原来清朝统治者吹起的所谓中外"和好"和曾一度高歌赞颂的"中兴"大业也随之而烟消云散。

从19世纪六七十年代以来，随着一些主要资本主义国家起步向帝国主义阶段过渡，当它们在世界范围内"开始了夺取殖民地的大'高潮'"的时候，帝国主义列强也加紧了从四边对半殖民地中国的争夺。继1874年（同治十三年），日本军国主义者武装侵犯中国台湾以来，1876年（光绪二年），英国通过强迫清政府签订的中英《烟台条约》和《入藏探路专条》，又把它的侵略势力伸入到我国西藏、云南、青海、甘肃等边远的内陆地区；接着在70年代末80年代初，沙俄也对中国的新疆进行蚕食。

到1883年（光绪九年），法国侵略者又加速了以侵占越南进而向中国西南和东南沿海地区扩张的步伐。

于是，在中国辽阔的边陲地区上空又卷起了漫天的阴霾，整个中国狼烟四起，受到更加猛烈的冲击。

铜方手炉

第二章 忧患之中渐成长

中国著名帝王 光绪传

　　法国侵略者的魔爪，早已伸进了越南。至1883年秋，它的侵略矛头便更加露骨地指向了中国。法国侵略者在继续大肆搬兵、极力向越南北部推进的同时，又利用"外交"手段向清政府进行讹诈，力图在军事的压力下逼迫清政府满足它的一系列侵略要求。

　　当中、越两国都遭到资本主义、帝国主义列强侵略和蹂躏的时候，中、越两国人民也就进一步处于命运与共、"辅车相依"的境地。

　　正因为这样，从1873年（同治十二年）法国向越南发动大举武装侵略以来，越南政府即连续两次派使请求清政府支援抗法。同时，驻在中越边界一带的起义队伍黑旗军，已自发地伸出援助之手，以自己的鲜血有力地支援了越南人民。

　　面对着法国对友邻越南的猖狂侵略和对中国西南边疆的严重威胁，并鉴于越南政府的求援，在清朝统治者当中，上自清庭的翁同龢、奕䜣等官员，下至地方的两江总督左宗棠、两广总督张树声、山西巡抚（后升任两广总督）张之洞，驻法公使曾纪泽等人，他们出自"固守边界"的目的，认为对法国的侵略活动"断无坐视之理"。主张采取坚决的对策，拒绝法

故宫的护城河及角楼

国的无理要求，准备迎击法国侵略者。

在这些主战的人当中，有的属于封建守旧官僚，有的属于当时或后来的洋务派要员（如左宗棠、张之洞等人）。

在民族敌人面前，他们的这种坚决态度，显然是反映了中越民族为了维护两国切身利益的共同要求。

作为清王朝在实际上的最高主政者西太后，在中法关系日趋紧张的1883年5月1日（光绪九年三月二十五日，），又把处理这一严峻局势的全权委任给李鸿章，命其"相度机宜，妥为筹办"。

很明显，西太后的这个旨令十分含混，表明她对中法交涉是怀有极大的侥幸心理的。李鸿章对西太后的旨意似乎已经心领神会，他也认为对法国不战则已，"战则敌兵或更舍越而光图我"，如"陈师远出，而反戈内向，顾彼失此，兵连祸结，防不胜防。"

在李鸿章看来，对法国侵略者是万万抵抗不得；友邻越南可以任人侵吞；中国的边疆无须顾及，这当然是赤裸裸的妥协投降方针。

因此，他既无视越南政府的求援，也不顾国内主战官员们的强烈呼声，对军事防御漫不经心，"即欲言和"。

当西太后委任李鸿章处理这一事件之后，他便迎合法国侵略者的需要，从当年九月开始，即与法使脱利古展开了所谓的谈判。

在谈判过程中，脱利古的侵略嘴脸暴露无遗，提出了清政府必须承认把越南置于法国的"保护"之下，消灭黑旗军；在中国云南开辟与越南相通的通商口岸等无理要求。

特别是，脱利古还以扩大战争相威胁。很明显，如何对待在谈判中脱利古提出的这些无理要求，对中越两国都是至关重要的。

第二章 忧患之中渐成长

在这个时候，光绪帝还是一个挂名皇帝，而且他的主要任务是集中学习，对于国家的军政大事还摸不到把柄。

虽然如此，风云变幻愈剧的政局，也触及了这个小皇帝的心神，他开始表露一些自己的看法了。

当脱利古提出的那些蛮横条件传出以后，如张树声等主战官员，纷纷表示了抵制的态度，在清廷又引起了一场争论。

翁同龢在教授光绪帝之余，不时地透露一些对局势日益严重的关切之情。起初，正是通过翁同龢这条渠道，使光绪帝逐渐了解到一些外界的形势，并在翁同龢的直接影响下，从当年九月下旬以来，对法国的步步紧逼和"战事不修"等情况，光绪帝也流露出"（忧）虑"的情怀。

从而他对张树声等人反对议和、要求出兵抗击法国侵略者的主张"意以为然"，对其表示了支持的态度。到九月末，当光绪帝得知脱利古提出的"胁越之约"的内容后，更是无比气愤，他当即主张"令总署坚持不许"，鲜明地表达了反对对法妥协的严正立场。

脱利古提出的那些侵略条件，李鸿章有意接受，但在整个的清朝统治者当中却遇到了很大的阻力。

同时在法国方面，也未以此而满足，所以这次谈判又很快被法国在越南发动新的军事进攻所取代了。从这以后，法国侵略者对清政府继续施以软硬兼施的策略，打打谈谈交错进行，于是风风雨雨一起向中国袭来。

在这种情况下，李鸿章得到西太后的支持和纵容，坚持推行妥协的方针，任人摆布，处处挨打，使清政府进一步陷入法国侵略者设下的重重圈套之中。

可是，随着中国与外国侵略者之间的民族矛盾日益尖锐，年轻的光绪皇帝和那些主战的官员们紧相呼应，为了"固守边界"维护国土，也加紧了抵制妥协投降势力的斗争。

1884年7月23日（光绪十年六月初二日），当总署官员向光绪帝陈说，在法国新任驻华公使巴德诺与两江总督曾国荃谈判中，法方又提出，清政府必须"赔款"（曾国荃企图退让）等条件时，光绪帝立即指出"预禁之"，"减亦不可许"，进而主张"坚定不允偿款"。在此阴风迭起的紧要时刻，光绪皇帝又表现了初生的锐气。

时至当年8月4日（光绪十年六月十四日），法

清代 紫檀木喜鹊闹福插屏

国认为条件成熟，便公然把侵略战火引进中国本土，派出兵舰侵入中国的台湾基隆。

随后于8月23日（七月初三日），法军又突然攻击福建马尾军港。由于清政府派往马尾主持防务的署都察院左副都御史张佩纶等守将，与李鸿章之辈沆瀣一气，事先不做认真的战备，则使法军得逞，经左宗棠自1866年（同治五年）在这里建起的福建海军"师船尽歼，全闽大震"。

实际上，马尾的惨败，不仅震动了闽省，也使举国哗然，要求执法卫国的呼声迅速响遍全国上下。

翁同龢在他的《日记》中记载，在法国海军侵入中国台湾基隆以后，

第二章 忧患之中渐成长

47

进犯马尾前夕的8月22日（七月初二日），"上（光绪帝）意已决定主战，若不赔款即撤兵可讲（即谈判），否则令（向）关（镇南关）外进兵。"

到此，光绪帝已明确而坚定地站在了主战的一边。这时的光绪帝，虽然年轻，又未操实权，但在关系到国家利害的重大问题上，他却一再表明了自己的严正态度，这无疑为清政府中的主战势力增添了分量。

迫于来自内外的强大压力，西太后不得不决定，于1884年8月26日（光绪十年七月初六日）对法宣战，中法战争正式爆发。遂即清政府起用了善战将领，派出重兵，做了一些比较认真的抗战部署。

开赴抗法前线的中国广大官兵，与在越南坚持抗战的黑旗军一样，发扬了中国人民传统的爱国精神，向法国侵略军展开了气壮山河的英勇反击，镇南关（今友谊关）告捷，谅山克复，临洮大胜，其他战场也捷报频传。

到1885年（光绪十一年）春，中国军民在越南人民的积极支持下，打

镇南关

出了一派令人鼓舞的大好局面，既清除了中国在西南的边患，也为越南收复了其北部的整个地区，给法国侵略者以沉重的打击。中国军民反击战的辉煌胜利，不但打乱了法国侵略中越的阵势，也震撼了法国首都，策划侵略中越的茹费理内阁当即倒台，巴黎陷入一片混乱之中。

中国的执法战争所以取得如此振奋人心的重大胜利，当然是站在正义一边的中国广大爱国军民以自己的英勇顽强的战斗打出来的，但是这种大好形势的出现，包括光绪皇帝在内的整个清政府的主战力量，也起到了很大的促进作用。

然而在当时，无论是光绪帝还是其他主战官员，都不是清政府中实际上的决策者。他们的主战言行，虽在一定的条件下对清政府组织抗战起到了积极的椎动作用，但却还不能从根本上控制正朝实权、捆住妥协势力的手脚。因此，当中国的抗法战争全胜在望之际，西太后的态度又很快地缩了回来，李鸿章趁机展开了露骨的投降活动。

1885年6月9日（光绪十一年四月二十七日），李鸿章与法国代表巴德诺签订了《中法会订越南条约》，满足了法国的侵略要求，断送了中国广大军民用自己的鲜血赢来的胜利成果，演出了中外战争史中罕见的惨剧，在胜利中落了个屈辱的结果。

这一触目惊心的事实，充分地暴露了清王朝当权者的腐朽面目，又给中国带来了愈益深重的民族灾难。

中国的抗法战争，当然是一场正义的反侵略自卫战。这场战争对于当时的光绪皇帝来说，即使他首次见到了中外战争的场面，也会深深地触及他的思想和观念。

在这场中外战争的波涛当中，光绪小皇帝还不可能扮演多么举足轻重的角色，他在其间的一些表现，也只能说是初露锋芒。

但是，这种风云变幻的严酷现实，却使这个正在成长中的光绪皇帝受

第二章　忧患之中渐成长

到了一次深刻的触动,激起了对朝政的关切,一种政治抱负的幼苗开始孕育在这个年轻皇帝的心中。

由此看出,在特定的时代和特定的环境中成长的光绪皇帝,在他的身上确实具有一种新的生气。此后,正在成长的光绪帝,在经历了宫廷内部的变迁,又受到中外战争的冲击,他的思想在沿着其自身的轨道,加速了发展、演变的进程。

到了中法战争后的1886年(光绪十二年),光绪帝十六岁,已进入了青年时代。同时,他的学习生活也历经整整十个春秋。

这时的光绪帝,不仅"六经诸史,数年前即能举其词,然经义至深,史书极博",对封建时代的经史都已学到了一定的程度;而且在阅章奏,论断古今,剖决是非的分析判断能力方面,同样得到了极大的提高。

与此相应的是,他对朝政的兴趣也日益浓厚。

特别是通过个人感受的中法战争,又促使光绪帝的政治思想得到长足的进展。

这一切均表明,中法战争后,光绪小皇帝已逐渐地成长起来了。所以从此以后,光绪帝作为一个国君的身影,便在清王朝当中越发明显地凸显出来了。

说起来,在当时,光绪帝的年龄虽然尚轻,但其影响却在不断扩展,这在清廷统治集团里已成了无法否认的事实。

西太后,在十几年前无视清廷"家法",强立载湉为帝的时候,为了平息舆论,笼络人心,即公开作出了待光绪帝生子再为同治帝立嗣和"一俟嗣皇帝(光绪帝)典学有成,即行归政"等两条保证。

时至今日,为同治皇帝立嗣的问题,因无基础似乎还可以搪塞一时,但向光绪帝归政一事,因条件具备,便越发急迫地摆在了她的面前。

大量的事实表明,西太后在凶恶的帝国主义侵略者面前,总是表现得

祈年殿

那么昏庸无能；但对于维护清王朝的统治和她个人的权势、地位，她的头脑却又显得那样的"清醒"，并真有些"谋略"。

面对上述的现实，西太后深切地感到，对于向光绪帝"归政"的事，既已"早经降旨宣示中外"，如果"旋即反复"，将"使天下后世视予为何如人耶"！

此时此刻，西太后说的这些话，真可谓是冠冕堂皇，看来她要坚守信义了，实际上，信义与西太后其人是无缘的。

但是，在这里却暴露了她内心的苦衷，那就是，对于以前作出的向光绪帝"归政"的许诺，现在是无法回避了。

不对此及时采取政策，她自己的丑恶面目便会进一步显露在光天化日之下，对其统治地位和"威严"必然要带来不堪设想的后果。

再说，从1885年中法战争结束，西方列强和日本军国主义者，对中国在经济领域中的扩张和在领土、政治方面的蚕食、渗透活动，仍然在变本加厉地进行着。

第二章 忧患之中渐成长

中国著名帝王

光绪传

红树青山图

但在此后的一些年里，中外确没有再爆发大规模的战争。

同时，国内人民的起义斗争，如各地人民自发的反"洋教"风潮，在中法战争后的19世纪80年代又有了新的发展。

不过，从全国总的阶级斗争形势来说，尚处于酝酿阶段。这种暂时、表面上的"平和"局面，也给清廷统治集团处理内部纠葛提供了一个客观的条件。

于是，从中法战争结束后的第二年，即1886年7月上旬（光绪十二年六月上旬）起，西太后便与她的亲信醇亲王奕譞和礼亲王世铎等人，开始酝酿如何"归政"的问题了。到当月11日（六月初十日），西太后的主意确定。

到这时西太后的确要采取应付对策了。那么西太后的对策是什么呢？当然她在事前都是有所筹划的。

果然如此，在西太后公布了准备让光绪帝"亲政"的懿旨之后的第五天，即当月11日（六月十五日），醇亲王奕譞、礼亲王世铎等人便公开出面先后上奏，请求西太后"再行训政数年"。

奕譞、世铎等人提出在"归政"后继续由西太后再"训政数年"的奏请，显然是道出了西太后的心机。由"垂帘听政"改为"训政",名称变了。

这样一来,在表面上是"皇上亲政",实际上是"皇太后训政","凡宫内一切事宜,先请懿旨再于皇帝前奏闻",清廷的实权依然操在西太后的手里。

并且他们要求"归政后当永照现车规制"行事。其含义更为深远,这是企图把西太后操纵清廷实权的局面永远固定下来。

十分明显,如果照此下去,对西太后来说,当有一劳永逸之益。

所有这一切,确实是一个经过精心策划的、既可掩人耳目又能使西太后手中的大权永不旁落的"良策"。

由西太后导演的这出"归政"的双簧剧,到7月19日(六月十八日),在一阵前奏的锣鼓声后拉开了帷幕。主角西太后便亲自出场,又一次颁发懿旨,装模作样地宣告"再行训政数年"。

西太后不愧为这个没落王朝的看家老手,她真的练就了一套玩弄权术的"超级"本领。在此,西太后竟以里外装好人的手法,通过与其亲信们的一唱一和,达到了自己的目的。

就此,西太后又利用他人之口,以"训政"的方式,给自己找到了摆脱困境的万全之策。

接着,西太后为了使自己无限期地控制清廷的局面制度化,又经她"面谕",由其亲信大臣们再次出面,于当年11月21日(光绪十二年十月二十六日),公布了一套经其降旨"依议"推行的则《训政细则》。

在这个《细则》当中,规定除了有关祭祀、问安等礼仪,继续原封不动地按照"垂帘听政"时期的"旧制"实行外,对于施政等方面也作了规定。

这个《训政细则》,显然是在此之前由奕𫍯、世铎等人提出的"归政后当永照现在规制,凡宫内一切事宜,先请懿旨再于皇帝前奏闻"这一总

第二章 忧患之中渐成长

原则的具体化。

很明显，在这个《细则》里，把光绪帝完全置于一个陪衬的地位，在这里看不到光绪帝有任何一点儿可以自行作出决定和独立施政的内容。

所谓的"候懿旨遵行""恭候慈览""呈慈览发下"，等等，只不过是清廷朝政必须继续由西太后决断的代名词罢了。

所以，贯穿这个《细则》的中心内容是，"凡召见引见以及考试命题（这是关系清廷选拔人才的要端）诸大政，莫不禀承慈训，始见施行。"

这就是说，按照这个《细则》行事，清廷政务的决定权，仍然牢牢地控制在西太后的手里。显而易见，由"垂帘听政"改变为"训政"，毫无实质上的变化。

至于西太后在这期间高谈的什么光绪帝"亲政"之类，纯粹都是些欺人之谈。与历代的封建王朝一样，在西太后当权的封建专制时代，由她审定的规章、制度或经其定夺的任何事项，都具有法律性的效能。

因此，这个经西太后颁旨"依议"实行的《训政细则》，便成了此后清廷的一个不可违反的法规。从此以后，光绪皇帝在清廷中的一切活动，都必须受上《细则》的约束，否则，便被视为"越轨"行为。

西太后及其亲信，通过上述一系列的"筹划"活动，制造了舆论，定出了规制，上下串通，条件遂即成熟，便在1887年2月7日（光绪十三年正月十五日），在清宫给光绪帝举行了一个所谓的"亲政"仪式。事实上，西太后自己以及王朝的群臣疆吏谁都明白，这个仪式名为光绪帝"亲政"庆典，实为西太后"训政"开场。

西太后等人通过这一举动，只是把"垂帘听政"的招牌拿掉换上了个"训政"的旗号，其货色依然如旧。

西太后之所以要搞出这个形式上的"亲政"场面、实际上的"训政"，当然也是一种形式过场，其中的蹊跷，西太后自己已作了清楚地

《万树园赐宴图》

说明。

那就是,她看到随着光绪帝的成长,越来越多的人都"殷殷盼望(光绪帝亲政)的苦衷"。

于是,西太后企图以此骗局来安抚"天下臣民",以稳定其统治集团的内部。这既为她因以前许下对光绪帝定期"归政"的诺言而陷入的窘境开脱;另一方面,西太后通过设置这么个"训政"阶段,制定一个使她可以"永久"操纵清廷的规制,又为必须继续应付光绪帝大婚、亲政做准备。

通过这一过渡阶段,西太后所要达到的目标已全部实现了,而光绪皇帝除了取得一点儿可以过问清廷政事的机会之外,他所得到的却是一个公开化、制度化了的傀儡地位。亲政,对光绪帝来说仍然是一个泡影。

西太后从原来只是集中精力来塑造光绪帝,到19世纪80年代以来,她又在地位上对光绪皇帝大做文章的本身便足以说明,光绪帝在政治上的影响已日益扩大,可以看出,光绪此时是以一个皇帝的身份出现在清王朝的政治舞台之上了。

第二章 忧患之中渐成长

第三章 婚事政事两茫茫

精心安排后妃人选

西太后施展手段,把"垂帘听政"变成"训政"这种换汤不换药的做法,不管人们的感受如何,是否能够接受,但这毕竟是一种所谓的"归政"姿态,她似乎偿还了一笔"旧债",心中略觉欣慰。但是,到1887年(光绪十三年),光绪帝已是十七岁的人了,到了配偶结姻的时候。

按照封建王朝的惯例,幼帝一经结婚(称为大婚),就要亲理朝政了。

对于这个封建王朝通行的惯例,西太后还是不敢轻易打破的。

其实,西太后之所以要搞个过渡性的"训政"阶段,炮制那么个"训

中法战争旧照片

政"《细则》,她除了有意搪塞要求"归政"的舆论之外,其主要的目的还是为了应付必然要到来的光绪帝大婚和由此导致的光绪帝亲政的局面。

面对这种情况,西太后同样是不迟钝的。于是她又见机行事,在其"训政"刚刚进入两年后的1888年7月27日(光绪十四年六月十九日),又颁发懿旨宣称:

前因皇帝甫经亲政,决疑定策,不能不遇事提撕,勉允臣工之请训政数年。两年以来,皇帝几余典学,益臻精进,于军国大小事务,均能随时剖决,措置合宜,深宫甚为欣慰。明年正月大婚礼成,应即亲裁大政,以慰天下臣民之望。

原定是由西太后再"训政数年"的,可是当她"训政"还不到一年半的时间,就急忙宣布要给光绪帝婚配,让他"亲裁大政"了,这岂不是一种慷慨大度之举!?

实际上在此之前,朝就有人议论有关光绪帝大婚的事了。

无论议论此事的人出自什么动机,毫无疑问,这对西太后却是一大刺激。

西太后在其懿旨中所说的,光绪帝已经成熟,待其大婚后亲政"以慰天下臣民之望"云云,正体现了她善于窥测他人动向的一种敏感心理。

她提前宣布给光绪帝成亲,让其"亲裁大政",可以说又是一个比较"高明"的应变举动。就此而言,西太后其人确也不是一个等闲之辈。

事实说明,这时的光绪帝已具有一些成人的特点了,他对自己的处境、周围的情况和多年来西太后翻手为云覆手为雨的所作所为,显然不可能再继续处于无知的状态了。当西太后颁布了上述懿旨之后,即以光绪帝的名义降谕说:

第三章 婚事政事两茫茫

朕自冲龄践阼。仰蒙慈禧端佑康颐昭豫庄诚皇太后垂帘听政,迨十二年六月令朕亲裁大政,犹复曲垂慈爱,特允训政之请,劳心庶务,又及两年。兹奉懿旨于明年二月归政,朕仰体慈躬敬慎谦抑之本怀,并敬念三十年来,圣母(即太后)为天下化劳况瘁,几无暇刻可以稍资休息,抚衷循省,感悚交深。兹复特沛温纶,重申前命,朕敢不祗遵慈训,于一切机务,兢兢业业,尽心经理,以冀仰酬我圣母抚育教诲有加无已之深思。

这份上谕,是否完全出于光绪帝的心意,固然难以确切地肯定。

但从上谕的内容看,应当说在一定程度上是反映了光绪帝的心情及其认识状况的。他在这个上谕中指出在归政一事上的反复,可以说是隐约地流露了对于此事的不满情绪。

至于说到西太后应当"休息"、愿"遵慈训""尽心经理"政务,等等,无疑这是委婉地吐露了光绪帝希望摆脱西太后的控制,以便亲理朝政的心怀。

但是这种愿望只不过是一厢情愿而已,说明光绪帝还没有认清西太后的本意,在其身上还带着浓厚的天真气味,他还不可能取得决定自己命运的权利。

给光绪帝配偶成亲,对于西太后确实具有格外的重要意义。

在封建王朝当中,皇帝的后、妃,特别是皇后,与皇帝的关系最为密切,她对皇帝的思想及其政务活动都有特殊的影响力。

并且西太后本人,正是由一个妃子而渐次步入青云,成为清廷的最高主宰者。所以依据西太后个人的经历,她更为深切地知道作为后、妃地位的分量。

同时,狡诈阴险的西太后也会清楚地知道,她要巩固住自己在清廷中的专权地位，牢牢地控制住光绪皇帝，能否使未来的皇后对她唯命是从也至关重要。

从一定的意义上说，西太后要始终控制住光绪帝，也必须把光绪帝的皇后从一开始就紧紧地把握在自己的手里。

在封建伦理道德禁锢着人们思想的时代，社会上各阶层的人们都很难摆脱这种精神上的羁绊；但对那些有自主权的封建君王来说，选择后、妃，他们是可以任意而为的。

前面说过，光绪皇帝却与历代一般的国君不同，在他上面还有一个强大的控制力量就是西太后。

而且光绪帝对于西太后，困于"孝道"，出于敬畏，在其婚配问题上照样难以自主。因此，西太后既能左右光绪帝个人的一切，她也完全可以利用所谓的"母子"情分和封建主义的"孝道"伦理，按照自己的意志为光绪帝选定皇后。

西太后之所以敢于提前宣布为光绪帝筹办婚事，而且还振振有词地大加其谈，其奥秘也正在这里。

光绪帝的大婚，对于光绪帝本人和西太后而言，更重要的又在于选后的问题

纨扇倚秋图

第三章 婚事政事两茫茫

光绪传

红木嵌大理石龙纹写字台

上,选后的全权,又必然要落在西太后的手里。

实际上,从西太后宣布为光绪帝筹备婚事时起,就在她亲自主持下进行了选后的活动。

正是经其"苦心"地筹划和安排,到1888年11月8日(光绪十四年十月初五日),即颁布懿旨宣告光绪帝的后、妃一并选定。

关于光绪帝选定后、妃时的具体情况,在白蕉的《珍妃之悲剧》一文中,有这样的记载:

慈禧太后为德宗(光绪帝)选后,在体和殿召备选各大臣少女进内依次排立,与选者五人,首列那拉氏都统桂祥女,慈禧之侄女也(即隆裕),次为江西巡抚德馨之二女,末列为礼部左侍郎长叙之二女(即珍妃姊妹)。

当时太后上座,德宗侍立,荣寿固伦公主及福晋命妇立于座后。

前设小长桌一,上置镶玉如意一柄,红绣花荷包二对,为选定证物

（清例造后中者，以如意予之；选妃中者，以荷包予之）。

太后手指诸女语德宗曰："皇帝！谁堪中选，汝自裁之，合意者即授以如意可也。"言时即将如意授予德宗。德宗对曰："此大事当由皇爸爸主之（据宫监云，当时称谓如此），子臣不能自主。"太后坚令其自选，德宗乃持如意趋德馨女前，方欲授之，太后大声曰："皇帝！"并以口暗示其首列者（即慈禧女），德宗愕然，既乃悟其意，不得已，乃将如意授其侄女焉。

太后以德宗意在德氏女，即选入妃嫔，亦必有夺宠之忧，遂不容其续选，匆匆命公主各授荷包一对与末列二女，此珍妃姊妹之所以获选也。

经过这一过程，后、妃即已确定。按照清代制例，到次年为光绪帝举行大婚礼时，正式册封桂祥之女为皇后、长叙的二女为嫔。

光绪帝的皇后，叶赫那拉氏（1868-1913），入宫后被封为孝定景皇后，徽号隆裕，于1868年2月3日（同治七年正月初十日）生，长光绪帝三岁。其父为西太后之弟、都统桂祥，她是西太后的侄女，系西太后那拉氏家族里的人。

此人比较平庸，据后来曾与她结识过的德龄说，她"是一个十足的叶赫那拉人"。在她入宫以后，身为皇后，却以西太后为护符，一再激起纠纷。

起初被选为光绪帝的二嫔，瑾嫔为姊，珍嫔为妹，他他拉氏（因系满族正红旗他他拉家族人），入宫以后，于1894年2月（光绪二十年正月），因值西太后六旬庆典，她们两人同时被晋升为妃（即瑾妃、珍妃）。

其祖父裕泰，在道光、咸丰年间曾任湖广、闽浙总督；其父长叙为礼部左侍郎。瑾、珍二妃，也是出身于清朝满族大官僚家庭。

瑾妃，生于1874年9月30日（同治十三年八月二十日）；珍妃于1876年

（光绪二年）生（具体月、日不详）。

瑾妃、珍妃，虽是出生在一个家庭中的同胞姊妹，但她们各自的特点却有所不同。瑾妃性较平稳、脆弱。珍妃，"貌既端庄，性尤机警"，年幼之时即在家中读书，受到当时一般的女性难得的教育，则该人"颇通文史"。或许与她自幼受教育的情况有关，其人性格开朗，志趣广泛，亦善于书画，对客观事物反应敏锐。

在珍妃进宫的初期，"每侍慈禧披览章奏，从旁窥阅，即能得其概要，预料太后将如何批等。"

由于珍妃性格爽朗，思想开阔，颇有见解，加上此后，在光绪帝料理政务当中，她也时有协助，因而珍妃逐渐得到了光绪帝的"宠爱"。

光绪皇帝选择后、妃的一些内情细节，因属宫闱之秘。尚难一一澄清。但据以上引述共参照有关的其他材料可以肯定，西太后的侄女叶赫那拉氏之所以获选为皇后，并非出自光绪帝的本意。

所以造成上述结果，完全是由"孝钦（西太后）之强迫指定，（光绪帝）遂勉奉之"罢了。

如上所述，西太后势必要按照她的意图为光绪帝选定后、妃，这是毫无疑义的。至于具体说，她到底为什么把其侄女选为光绪帝的皇后，也当然是有其用心的。《慈禧外纪》，"此次为光绪帝选后，其意重在为己心腹，以监察皇帝之行为，而报告之。"

又有材料认为，西太后在此的用意，除为"袒护母族"之外，"一则于宫闱之间，可刺探帝之动作；一则为将来母族秉政张本。"

在中国封建专制的历史中，基于地主阶级的私有性，由后、妃操纵或干预朝政，导致外戚专权的事可谓不乏其例。

在西太后当政的时期，由于历史条件的不同，虽未演成像东汉等朝代那样外戚专权的严重局面，但西太后极力培植以她为中心的私家势力却是事实，她强行将其本家侄女立为地位显赫的皇后，应当说不无"袒护母族"，进而"为将来母族秉政"逐步创造条件的因素。

但从当时的具体情况来看。西太后作出的这种安排，主要是力图在光绪帝身边安插心腹，设置"暗探"，为了进一步控制光绪帝，以便长期操纵清廷。

这是西太后为了对付不可避免的光绪帝大婚、亲政，所采取的一项重要的"防范"性措施。

过去多年来，西太后据其所需，为塑造和控制光绪帝，在明里暗里施展了种种手段和骗术，可谓无所不用其极。

但在早期，由于光绪帝年幼无知，觉察不深。后来，光绪帝渐次有所察觉，并且有的事（如东太后暴死等）对他亦颇有触动。

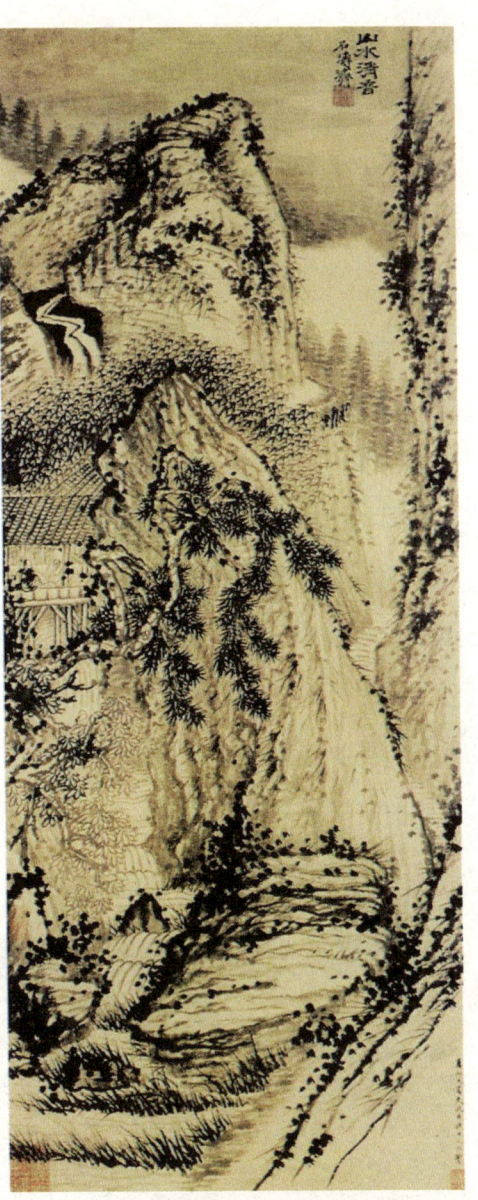

山水清音图

但终因那些种种的来势，既较隐讳（如对光绪帝的虐待，也打着维护"孝道"等幌子），又未直接切中光绪帝的自身利害，他似乎尚能容忍。

可是这次选定皇后，一方面与光绪帝自身的利害攸关；另一方面西太后的专横面目暴露的尤为露骨，公然当面无视光绪帝个人的意愿，强行决

第三章　婚事政事两茫茫

断。虽然光绪帝迫于压力"遂勉奉之";并且对于这件事的内涵,当时光绪帝或许还不了知,可是西太后这一步断行为的本身,无疑是对光绪帝的一种莫大的触犯,给他留下了难以忘怀的怨痕。因此,为此后光绪帝与孝定皇后造成终生"不睦"和围绕后、妃产生了不解之纠葛埋下了种根。

豪奢大婚专权未变

在光绪帝"选"定后、妃的事情上,突出地反映了西太后的旨意,而且在光绪帝大婚、亲政的整个过程中,都无不体现了她的意志。对西太后来说,与其说为光绪帝筹备大婚、亲政,倒不如说是为她自己安排"退路"更为确切。当西太后心怀叵测、绞尽脑汁地为光绪帝选定皇后的同时,她为了随后作出向光绪帝"归政"的姿态,不得不在表面上准备离开清宫。更主要的还是为了供其"养性怡情""以乐余年",建立一个养尊处优的安乐窝和策划阴谋的新巢穴,则又不惜耗费巨资民力,指使其亲信主持修建颐和园。

光绪皇帝大婚图

颐和园，原名清漪园，位于北京西郊。康熙、乾隆时曾在那里建起一些殿宇，现在西太后决意要大兴土木进行扩充修建，并出自供其"颐养"身心之意，故改名为颐和园。

在1888年3月13日（光绪十四年二月初一日），以光绪帝的名义颁谕，借口准备"归政"为西太后扩建颐和园大加粉饰。

西太后大修颐和园的时候，恰在中法战争之后，清政府正筹建北洋海军，进行海防建设，"需款孔多"的紧急时刻。但她为了达到政治上的需要和满足个人的奢欲，竟然大肆挥霍国财民力。

据有的资料记载，西太后用于修建颐和园的费用，计约3000万两白银。就其搜罗款项的手段可谓无孔不入，从1889年（光绪十五年）起，她就置国防建设于不顾，开始挪用巨额的海军经费修建颐和园。

此后，每当西太后的所谓"万寿"庆典将临之际，她都指令必须对颐和园修装一番，仅此一项即给国家和人民造成了极大的损害。

为了给自己安排"退路"，这时的西太后真是费尽了心机。到了为光绪帝举行正式大婚典礼的前夕，即1889年1月2日（光绪十四年十二月初一日），又经其幕后策划，由礼亲王世铎等人出面，公布了一个经西太后降旨"如所议行"的大婚、"归政"后的清廷办事《条目》，其要点是：

临雍经筵典礼，御门办事，仍恭候特旨举行；一、中外臣工奏折，应恭书皇上圣鉴，至呈递请安折，仍应于皇太后、皇上前各递一份；各衙门引见人员，皇上阅看后，拟请仍照现章（即"训政"规章），于召见臣等时请（懿）旨遵行。

在这个《条目》当中，光绪帝似乎有了例如接受中外臣工奏折的一半权力。但综合起来看，这个办事《条目》还是坚持了清廷"诸大政，莫不

禀承慈训,始见施行"的原则。

很明显,在此之际,西太后授意公布这个办事《条目》,其目的无非是重申在光绪帝大婚、亲政后,仍要继续维持由她控制清廷大政的局面。

可见,在"权"的问题上,西太后是寸步不让的。

随后,作为光绪帝大婚典礼的一个组成部分,从1889年2月21日(光绪十五年正月二十二日)到2月23日(正月二十四日),在这三天的时间里,西太后为了稳定其臣属和笼络人心,由她出名,连续颁发懿旨,对清廷的文武百官、疆臣大吏以及皇戚属员都大行奖赏,加官晋爵。甚至对那些驻京的外使们,也给予"表彰","设宴款待"。闹闹哄哄,弄得个乌烟瘴气。

西太后按照其预定的计划,到里外上下一切都布置妥当,便在这一片混浊的气氛之中迎来了光绪帝的大婚正典。

1889年2月25日(光绪十五年正月二十六日),是他们选定的所谓"黄道吉日",为光绪帝大婚典礼的正日。

这时,整个清宫里的人几乎倾巢而出,地方的督抚们也都派来专使,带着"重礼"前来祝贺。经过一系列的祭祀,光绪帝及孝定皇后向西太后行礼,接着是光绪帝到太和殿接受文武百官的"贺礼"。就这样,他们又闹哄了两天,至次日(2月26日)"大婚礼成。"

各代封建王朝的皇帝大婚礼都十分豪奢,有人考察,在汉代有的皇帝纳后,仅聘金即达二万斤黄金,可谓帝婚史上耗费之最。

至了清代,直至同治时,各皇帝的婚礼用费亦为可观,但唯独光绪帝之大婚为"最侈"。

有人据清宫的有关材料统计,在光绪帝大婚中,计用黄金四千一百二十六两九钱三分五厘;白银四百八十二万四千一百八十三两五钱九分二厘一毫;制钱二千七百五十八串之多。

圣宝（清）

据翁同龢的《日记》中载，为光绪帝大婚提拨京饷银五百五十万两。仅从上述均不完全确切的数字看，光绪帝大婚的用费是极其惊人的。

光绪帝作为一个傀儡式的幼君，怎能在全国上下调拨如此之巨款，进行这样奢华的炫耀？柳诒徵在其《清德宗之大婚》一文中说，"以一人之婚媾，糜如此之巨款，其名以示帝室之尊荣，其实以饱私人之蠹蚀"，此话是有道理的。

他们之所以这样做无疑是有显示"帝室之尊荣"的用意，但其实还是与西太后无度的奢欲紧密相关的。西太后在光绪帝大婚和随之而来的光绪帝亲政的问题上做了不少文章，进行了周严地部署和安排。为了满足其个人永无止境的享乐欲，她除了借口准备"归政"修建颐和园之外，还利用光绪帝大婚之机，为"增加其私蓄"下了黑手。

早在1887年6月5日（光绪十三年闰四月十四日），西太后在酝酿为光绪帝婚配的时候，她就迫不及待地指令内务府大臣，要为光绪帝的大婚"先期预备"，就着手筹措"经费"了。到当年7月14日（光绪十三年五月二十四日），西太后即明颁懿旨说：

第三章　婚事政事两茫茫

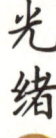

皇帝大婚时所需款项，理宜预为筹备，著户部速拨银二百万两，解交大婚礼仪处敬谨恭办。

到了1888年2月28日（光绪十四年正月十七日），西太后又亲降懿旨，下令增拨大婚用款。

几条由西太后亲降懿旨，命为大婚拨款的公开记载，仅此计为五百万两，当然不是全数。

如前所说，是时正值耗费甚巨的抗法战争结束不久。接着，清政府以组建北洋海军为中心的海防建设正在进行之际，加上西太后扩建颐和园的挥霍，清政府的财政已经十分吃紧。

特别是从1888年（光绪十二年）以来，在直隶（今河北）、奉天（今辽宁）、山西、山东、河南，以及江西、四川等辽阔的省区，连年遇旱、遭水、冰雹造成严重的灾害，特别是连绵不断的洪水泛滥，已给广大人民群众带来了无尽的苦难。

红木云龙纹文具箱

在奉天，由于河水泛滥，致使广大的"小民荡析离居，深堪悯恻。"

河南，亦因黄河不断决口造成一片汪洋，"当此奇灾荐至，民不聊生。"

山东一带同样由于连年水患，使无数的"贫民"也陷入"饥寒交迫"之中。

上述各省的情况如此，其他灾区的情形同样"实可伤惨"。

就是在这疮痍满目、广大人民深陷水火的凄惨情景中，西太后依然不顾人民的死活，又借口"大婚"连续向各省索取巨款。本来各地人民已处于极端窘境之中，可是各地方官为了"交差"，"即行催索"。从而，天灾人祸一起加在了广大人民群众的头上。

就这样，西太后等人把从人民当中吸吮来的无数血汗钱，通过其各级官吏之手，经"办事公所"这个孔道，流进了他们的私囊。这就是光绪帝大婚"最侈"的内幕。

总之，光绪帝的大婚期间，在清宫可谓灯红酒绿，一片狂欢纵乐声，而且西太居等人又从中私吞了重金，但对国家和广大的人民群众来说，这又是一场惨重的浩劫。

在光绪帝大婚后不到十天的1889年3月4日（光绪十五年二月初三日），按照西太后既定的路数，在太和殿举行了所谓光绪帝正式"亲政"的典礼。

至此，由西太后一手导演的这出光绪帝"亲政"的闹剧，在幕前幕后，时断时续地搞了近三年，终算幕落收场了。

西太后的这种"归政"、光绪皇帝的如此"亲政"，犹如变"垂帘听政"为"训政"一样，无非都是形式上的变换而已。西太后"归政"之后，她在"表面上虽不预闻国政，实则未尝一日离去大权；身虽在颐和园，而精神实贯注于紫禁城也。"梁启超也指出："皇上（光绪帝）虽有

第三章 婚事政事两茫茫

亲裁大政之名，而无其实，一切用人行政皆仍出西后之手。"

从此以后，光绪帝固然有了一定的"议政"权，"然朝中大事，帝与大臣皆知，必须（向西太后）禀白而后行。"

在清廷统治集团中，光绪帝照样没有独立的决策权。光绪帝依旧必须"每日至颐和园请安，"在精神上他也没有摆脱西太后的钳制。

另外在平时，西太后还通过她的心腹、党羽，在清宫严密地"监督皇帝之一举一动"。

总而言之，几年来，围绕光绪帝的亲政一事，西太后真是大展了她的拿手伎俩，变换了种种手法。但是万变不离其宗，她的逻辑只有一条，那就是形式可以改变，清王朝的实权绝对不能放弃。

西太后的这种"归政"只不过是挂着羊头卖狗肉，换汤不换药的专权手法罢了。

对光绪帝来说，他在清王朝中的处境，当然也并未因此而有实质上的改变。实际上，光绪帝通过这样的"亲政"，却使他在清王朝中的傀儡地位更固定化了。

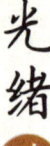

两党之间明争暗斗

自从光绪帝以一个皇帝的身份直接影响朝政以来，在清廷统治集团中出现了一般称谓的后党与帝党，这已是人所周知的历史事实了。显然，这种所谓的党，并非指近代的阶级政党而言的，它只不过是在清王朝地主阶级统治集团里分离出来的两个派系。

但任何的政治派系，又都不可能完全孤立的存在，它自然要与社会矛盾和民族斗争发生某种联系，反过来又会对国家的政局产生一定的影响。

清廷中的这种后党与帝党，就其产生、形成和演变的具体情况来说，因为比较隐蔽和复杂，尚难加以确切地说明。

　　但从各种迹象来看，它是伴随着光绪帝的地位逐渐显露及其影响的日益扩大而逐步产生和形成

吸食鸦片的工具

的。并且这一过程，又与西太后强烈的权势欲，顽固的封建专制主义立场及清廷统治集团内部不断分化联系在一起。所以，帝、后党产生的基础，是出自清廷统治集团内部的矛盾。但其发展演变，又与社会形势，中外关系，尤其是与民族矛盾的激化和国家危机的加深密切相关。

　　大致在1894年（光绪二十年）甲午中日战争以前，是帝、后党从产生到逐步形成的阶段。由于西太后与光绪帝所处的具体地位不同，他们各自的派系势力也不是同时形成的，事实上，后党的形成是先于帝党的。

　　自"同、光以来，内外重臣，皆孝钦（西太后）所亲拔"。当然这些遍布王朝上下的"重臣"，便成了西太后的统治基础。

　　可是，在西太后强立我派为帝的时候，在清廷统治集团的核心当中便出现了新的裂痕。当时西太后虽然施以各种手段力求使之弥合，然而由于它的根源未除，这种破绽也就不可能得到彻底消除。

　　从此以后，西太后为了维护其专权地位，继续稳定她的统治阵脚，便加紧设"防"。可以说，这就是帝、后派系势力产生的背景和源起。

　　西太后原来认为，通过按照自己的意愿来塑造光绪小皇帝，可以收到一箭双雕之效，既可以长期把光绪帝死死地控制在自己的手里，又可以堵

第三章　婚事政事两茫茫

住他人之口。

但是光绪帝毕竟是一个活生生的人，不可能使他完全变成一个任意摆布的装饰品。至于其臣下的不同反响，也不是单纯用高压手段可以全然压服的。

尤其是在视权如命的西太后看来，光绪帝本人似乎还无足为惧，但他却居于一个国君的位置上，而且其年龄又在不断增长，这一事实，确乎使她感到具有不可忽视的潜在威胁，唯恐光绪皇帝有朝一日可能挤掉她在清王朝中的权位。

于是，西太后在继续在光绪帝身上下功夫的同时，又极力进行排除异己和培植自己的私人势力的活动。

恭亲王奕䜣，本来是西太后得势的一个最为有力的支持者。正是由于他们的密切配合，于1861年（咸丰十一年）发动的宫廷政变得以顺利告

紫檀座黄花梨框嵌乌木山水人物御制诗文插屏

成，西太后夺取了清廷的大权。

由此，奕䜣也受到西太后的特殊器重，接连授予议政王、军机及内务府和首任总理衙门大臣等要职，并使奕䜣获得王爵世袭、亲王双俸等一系列的恩荣。

在此后的多年里，奕䜣一直主持清中央内政、外交的"枢纽"军机处，是西太后最为得力的一个"臂助"。

后来到19世纪60年代末期，在围绕着权势问题上，西太后与奕䜣之间便发生了一些摩擦，奕䜣与东太后合谋杀掉安德海事件，即是一个突出的表现。

因此，当这一件事发生后，西太后也"深有恨于恭王（奕䜣）"。不过在这期间，他们之间的矛盾还只是处于潜伏状态。

继此而后，西太后立载湉为帝；光绪小皇帝与东太后的关系日益密切；奕䜣又与东太后颇有往还，于是西太后与奕䜣的矛盾又加上了新的刺激素而日趋尖锐。东太后死后，西太后便把她的怨恨集中在奕䜣身上了。

到中法战争爆发的前夕，西太后便趁机于1884年4月8日（光绪十年三月十三日）发布懿旨，主要是指责恭亲王奕䜣在军机处任内，"始尚小心匡弼继则委蛇保荣，近年爵禄日崇，因循日甚，每于朝廷振作求治之意，谬执成见，不肯实力奉行"，等等，遂下令对奕䜣"开去一切差使，并撤去恩加双俸"，让其"家居养疾"，给以罢黜。

同时，西太后对其他军机大臣李鸿藻、景廉、翁同龢等人，也分别给以了不明不白的处分。

第二次鸦片战争后期，奕䜣是与英、法、俄侵略者签订屈辱的《北京条约》的主要经手人。他也是鼓吹中外"和好"，把国内人民起义视为"心腹之患"，与曾国藩、李鸿章等人上下呼应的一个首要人物，也曾是对外主张妥协的大官僚。

第三章 婚事政事两茫茫

不过在中国进入近代的历史条件下，在奕䜣身上也具有一种矛盾的性格。他在清朝统治集团的核心中，首先注意了解外界形势，带头主张吸取外国的一些先进的军事、生产技术来修补清王朝的统治，可以说，他在清朝中央还是一个颇具胆识、比较早地认识到这个王朝具有某种腐朽性，真有点"求治之意"的人。

并且到了19世纪80年代初年，当奕䜣看到法国通过越南向中国扩张侵略时，他又认为中国用兵，"非徒保护属邦，实以遏绝外侮"，也极力主张抗击法国侵略者。

奕䜣的这种认识和态度，显然比有的主战官员只是出自"保护属邦，固守边界"而要求抗战前进了一步。

在中华民族与帝国主义之间的矛盾又日趋尖锐的情况下，奕䜣从清廷政治舞台上除掉的借口罢了。表明到这时，西太后与奕䜣之间的矛盾达到了公开化的程度。

关于这时的翁同龢，也倾向主张抗法，特别是他已与光绪帝建立了密切的关系，他受到处分，无疑伏有西太后顾忌光绪帝的影子。

西太后将奕䜣革职，把其他人排除出军机处之外，同时，她任命紧紧追随她的礼亲王世铎、工部左侍郎孙毓汶等人为军机大臣。

次日，西太后又颁懿旨宣布，今后"军机处遇有紧要事件，著会同醇亲王奕譞商办。"在此，名为"商办"，实际是让奕譞主持军机处事宜。

西太后罢黜奕䜣，重用奕譞、世铎等人改组军机处，是她排除异己，拼凑新的亲信势力所采取的一个重大步骤。

中法战争结束，在清王朝统治集团的核心里，也有些人看到"海军为经国要图"。他们的想法与李鸿章等洋务派官僚的主张，也认识到建立近代海军，仿佛可以为他们增加与外国侵略者进行讨价还价的分量，而奕譞又是其中的主要倡导者。对于这一建议，西太后采纳了，于1885年10月

（光绪十一年九月），在清廷中设立了海军衙门，决定先筹建北洋海军，并任命奕譞"总理海军事务，所有沿海水师，悉归节制调遣"。

同时，又委派庆郡王奕劻、李鸿章"会同办理"，都统善庆、兵部右侍郎曾纪泽"帮同办理"。到这时，经西太后的大力提拔，醇亲王奕譞的势力又得到了迅速地扩展，世锋、孙毓汶、奕劻等亲贵的权势也在日渐煊赫。

西太后改组了原来的核心班子，确也使她收到了预想的效果。在这以后由她导演的假"归政"丑剧中，她所重用的这些人几乎都粉墨登场，扮演了举足轻重的角色，为她建立新的统治方式，再次立下了汗马功劳。其中特别是奕譞，当然也应包括世泽等人，在关键时刻，又起到了关键性的捧场作用。

奕譞虽是光绪帝的生身父，并且他对自己所处的特殊地位也曾留有一定的余地，他为"避本生擅权之嫌"，对西太后命办事项"心益加惕"，处处"翼翼小心"，奕譞确有一套处事手法。奕譞始终把迎合西太后的旨意作为自己行事的准则，可以说在政治上也是西太后的忠实追随者。

过去，奕譞不折不扣地按照西太后的意图来培驯光绪帝，后来在光绪帝大婚、"亲政"的问题上，他也未因父子亲情，而稍微主特点儿公道。

相反的，奕譞竟然助纣为虐，成了西太后策划阴谋、施展诡计、渔利重金的积极参与者。在此尤应指出的是，当时西太后采取祸国殃民的手段，挪用巨额的筹建海军军费来修建颐和园，还是通过主管海军事务的奕譞之手进行的。

当光绪帝"亲政"，西太后洋作"归政"进驻颐和园之后，奕譞、世泽、孙毓汶、奕劻、徐桐等人，又负有在清宫紫禁城里贯彻西太后的旨意、牵制光绪帝行动的特殊使命。

事实表明，西太后在迫于压力变换手法，建立在"光绪"牌号下西太

第三章 婚事政事两茫茫

后专权体制的时候,也是以西太后为中心的派别势力形成的具体过程。

此后,随着客观形势的变化和适应着西太后的不同需要,后党的骨干也时有变动。但是,除了到1891年1月1日(光绪十六年十一月二十一日)奕𫍽病死后,孙毓汶、奕劻、徐桐等人的权势有所增长外,直至1894年(光绪二十年)甲午中日战争爆发前,后党的阵容基本处于稳定的状态。

从后党派系势力的构成来说,共同的阶级利益,当然是他们聚集在一起的政治基础。可是在这一根本点上,他们与当时的光绪皇帝并未出现分野之处,显然所以形成这股派系,还是与光绪皇帝有关。

面对光绪帝"执政"的现实,"凡(西)太后所用之人,皆有不安之意,恐帝亲政之后,不能保其权位",于是便集聚在西太后的周围,形成了一股派系势力。

如果说这些人是出自私利的结合(当然并不是说促成帝党无此成分),应是符合历史实际的。但同时还应看到,在这些人的思想、态度方面,又呈现了一些共同点,说明他们的聚结还有其相同的思想基础。

后党的骨干成员,基本都是些与西太后一样的顽固腐朽之流。这些人,在思想上是封建传统观念的直接继承者,在政治上又是封建"圣道"的顽固维护者。

在中国已经远远地落后于世界潮流的时代里,他们仍然死抱着陈腐观念不放。这些人在思想上都与徐桐一脉相承,坐井观天,"不悉万国强弱形势",在那里盲目虚骄。

在这伙群顽之中,也有的人逐渐对外国的坚船利炮产生了兴趣,并试图用来自救,可是对于社会的变革,他们仍然是极端仇视的。

西太后、奕𫍽等人虽曾高谈"海军为经国要图",同意和倡导建立近代海军,但在实际上他们又竭力挖它的墙脚。因此,以西太后为首的后党,又成了近代中国封建守旧势力的顽固堡垒。这些人对待国内的广大人

清代长火铳

民。确实气壮如虎，颇有一套搜刮、统治和镇压的手段；但对列强侵略者，他们却又显得那样的愚昧与怯懦。在这方面，顽固与屈辱又总是统一在他们自己的身上，有人说这种人"常与国家患难为缘，"可谓切中了他们的要害。

说明这些人，始终把维护自己眼前的权势和统治摆在压倒一切的地位，而这一点，正是列强在中国建立半殖民地统治所需要的。

可以说，以西太后为首的后党，对国内是封建顽固派；对外，又是地道的投降派。而且正是他们，始终把持朝政，在清王朝中居于实力派地位。这伙人为了不断巩固和扩大自己的权势，一再翻云覆雨地拨弄是非，沉醉于内部的权势之争。

要揭示后党的内幕，还涉及一个地位特殊的人物，那就是西太后的太监总管李莲英。此人身为太监，但在实际上，他却成了最受西太后信宠的一个"权倾朝右"的特殊人物。李莲英的发迹和得势，与西太后不择手段地培植亲信、党羽，进行内部的权势之争，直接联结在一起，成为清王朝、西太后昏庸腐朽的一个侧影。

李莲英，是直隶（今河北省）河间人。他家境小康，但其本人却是一

第三章　婚事政事两茫茫

个不务正业的"亡赖于",十几岁时,就鬼混于乡里。李莲英在当地"曾以私贩硝磺入县狱"。

出狱后,李莲英又通过做皮活儿流窜各处。

多年的江湖阅历,使李莲英学会了一套投机钻营的本领。当时,他的一个同乡名叫沈兰玉的在清宫当太监,李莲英很羡慕他。于是,他就经常到北京与沈兰玉交结,企图通过他的这个同乡混进宫中。

骄奢淫逸的西太后,不仅衣着一天数变,而且经常变换发型,为要梳妆新发式,她"屡易人,不称旨"。这个情况被李莲英得知后喜出望外,感到对来运转的机会到了。于是,他当即用了一段时间,走遍歌楼妓院、梨园杂场"刻意揣摹",很快地掌握了女人各种奇异发式的梳妆要领。随后通过沈兰玉的"引进"和吹捧,李莲英便入宫为西太后梳头了。

其实,对这个深居宫廷与世隔绝的西太后来说,她并不真的了解世间出现了怎样的新发型,这一点,善于钻营的李莲英心里是十分清楚的。同时,很会窥测风向,善于揣摩"后意"的李莲英也看得很明白:在西太后时代,谁要能够取得这个"老佛爷"西太后的欢悦,他就会跃然而飞黄腾达。当时李莲英之以要不择手段地混进清宫,其内心并不是只想当个梳头太监了事,他只不过把这当作接近西太后的手段,以便求得荣华富贵。

因此,他在给西太后梳妆时,除了用上几招之外,主要是使出了他那拿手的献谀、吹拍的伎俩,从而赢得了西太后的青睐。从此以后,西太后"每晨辄令李莲英执梳挽之,否则以为不适"。李莲英的招法果然奏效,西太后很快就把他提为梳头房的太监总管。李莲英便从此发迹,走进了清宫的宦海生涯。

李莲英入宫的初期,正是太监大总管、西太后的宠宦安德海权势大张炙手可热的时候。后来安德海被杀,这对李莲英真是一件料想不到的特大喜讯,他一下被西太后提升为太监大总管,接替了安德海的位置。到这个时候，李莲英经过多年的苦心钻营，终于一跃成了统辖清宫三千来名大小太监和宫女的总头目了。李莲英取得了太监大总管的头衔后，便进一步对"老佛爷"西太后极尽谄媚取宠之能事。西太后每年都要大搞一次"寿辰庆典"。她不顾国势衰危，民生困苦，总要花费大量财物，摆排场挥霍享乐。所以每一次这种"庆典"，又都变成国家和人民的一场灾难。可是这对李莲英来说，又正是迎合主子心意大显神通，对西太后讨好孝忠和向各地勒索大量财物的时机。

在"寿辰庆典"的正日，西太后总要进行一次所谓的"放生"活动，以示她的"恩德仁慈"。如在颐和园修成当年的那次"寿辰庆典"时，善于揣摩西太后心理活动的李莲英，很早就指使他手下的心腹太监买来鸟雀，加以驯养，后来到西太后"放生"时，自然会有几只驯熟了的鸟，在笼子打开后也不飞出去。

每当这种情景出现时，李莲英就跪下按照熟套子赞颂："老佛爷福气大，这些鹦鹉，感动老佛爷的慈悲，情愿在宫里伺候。"这一马屁拍得恰到好处，西太后虽然有时故意作点姿态，但在她心里却是十分得意的。

在漫长的中国封建社会里，由于一些王朝日益腐败，曾多次演成宦官擅权乱政的事，直到明代也发生过为患甚剧的"阉祸"。进入清代以后，雍正皇帝鉴于明代的"阉宦之弊"，曾于大内交泰殿立铁牌，作为一种"家法""戒内官（宦官）干预政事，"并在太监的品级和数量上都作了限制性规定。

但是到了西太后当政以来，这种限制便逐渐废弛。特别是到了载湉即帝位之后，西太后为"植党营私"、纵欲、揽权，竟然破坏其"家法"，对与她终日相处，极尽谄媚、阿谀之能事的李莲英，加以百般地庇护、纵容和推崇，至使这个太监总头目假"后权"以肆虐"渐著声势"，进而干预朝政，"营私纳贿，无恶不作。"

第三章 婚事政事两茫茫

中国著名帝王

光绪传

至1881年（光绪七年）的时候，李莲英就居然成了"人皆称之曰九千岁"的一个"权倾朝右"、威震朝野的神秘权势者。内至军机外至督抚等大员，甚至光绪皇帝，在他面前都要矮三分。进而又造成这样一种奇特的情形：如果谁能买通李莲英，也就等于交通了西太后。

原来作为一个远支宗室、爵位最低的辅国将军奕劻，因为在李莲英那里花了更多的银子，他便得到了西太后的赏识，一再加官晋爵，逐步晋位亲王，官职做到总理衙门大臣，成为后党的骨干。通过逢迎西太后被提为工部尚书的荣禄，因其不轨遭到处分，也由于他"肯在总管太监李莲英跟前花银子"，逐渐"改变"了西太后对他的看法，又步入青云，先后晋升为大学士、直隶总督等要职，也成了后党的中坚。

1886年5月（光绪十二年四月），醇亲王奕譞前往沿海"巡阅"北洋海军时，西太后又决定委派李莲英"随往"。而且在行前，西太后为了提高这个太监头目李莲英的身价，竟又打破成规授予他二品顶戴，并赏给了黄马褂，使李莲英在清代太监当中获得独一无二的尊荣。

一路上，李莲英如同一个钦差般到处"招摇"，同时也轰动了清廷。还有甚者，当御史朱一新对李莲英"干预外事"的行为提出指责时，西太后当即亲自出马，对李莲英的恶劣行为给予竭力地辩解和开脱，说这是"以示深宫眷注体恤之意，"驳回朱一新的指责，并给以其降职处分。

无论西太后怎样掩饰，它却成了当时太监干预清王朝军政的一大丑闻，是西太后不择手段地结党营私的又一次大暴露。

不仅如此，据说西太后挪用海军军费修建颐和园的行径，其中也有"李莲英之进言"。

在为光绪帝"筹办"大婚时，又经奕譞等人建议，由西太后批准，任命李莲英主持"办事公所"，"专司交传接收一切差务"。

在这个过程中，李莲英也捞了不少油水，有人说光绪帝大婚的"经费"，"十九纳之孝钦（西太后）、莲英之私囊"，是可以想见的。在光绪帝"亲政"，西太后进驻颐和园之后，还是李建英秉承主子的旨意，与那些后党官僚里应外合，布置他的亲信太监在清宫"监察"光绪帝的言行，及时通过他向西太后"报告"。

嗅觉敏感的李莲英，为了表示对其主子的无限忠诚，于平时经常在"孝钦（西太后）前短德宗"，"言皇上有怨望之宗"，"言皇上有怨望之心"，甘心充当西太后的鹰犬。此外，李莲英又恃西太后的"宠幸"，一再蔑视光绪帝。甚至每当光绪帝到颐和园向西太后"请安"或请示政事时，都要在外边等候李莲英的安排，有时李莲英为捉弄光绪帝，竟然长时间不予理睬。

可以这样说，李莲英的发迹，是他的野心、钻营和西太后奢欲极度膨胀的拍合；但其得势，又与他适应了西太后"植党营私"的需要直接相关。

在此以后，凡是有关帝、后之间的纷争，李莲英无不参与其内。从而，到甲午中日战争前后，便在清廷形成了"内之则宦官李莲英，外之则军机大臣孙毓汶，皆西（太）后最得力之人，把持朝权，视皇上（光绪帝）如应器"的局面。所以造成这种局面，既是西太后实行"植党"政治的结果；也是清封建政权和西太后越发腐败的具体写照。

与此同时，从19世纪80年代以来，以西太后为首的后党，和以洋务派首领李鸿章为代表的地方实力派，在政治上也得到了进一步的结合。

这是因为，一方面，在对外办交涉的过程中，由于李鸿章坚持尽量不与外国侵略者"失和"的宗旨，一味地采取妥协、投降方针，从而取得了列强的欢心；另一方面，在奕䜣失势之后，李鸿章又以大学士的身份被实授为直隶总督兼北洋大臣，进而成了西太后对外收拾局面的一个首当其冲的得力人物。

第三章　婚事政事两茫茫

因而，李鸿章的分量，便在西太后的心目中占据了越发重要的位置。在1885年10月西太后决定成立海军衙门，筹建北洋海军的时候，她在任命奕譞"总理海军事务"的同时，又把直接筹建和经理北洋海军的大权交给了李鸿章，让他"专司其事"。结果，特别是在奕譞死后，新建起来的北洋海军的统辖权，便完全落入李鸿章的手里。这样一来，到了19世纪90年代初，李鸿章经营的老淮军和他控制的近代北洋海军，便成为清王朝赖以生存的军事支柱，李鸿章的势力也因之得到了进一步的膨胀，他不仅独揽了清王朝的外交经办权，也控制了这个王朝的用兵权。

有人说，"其时外边政局的重心"已经"完全集中于北洋大臣李鸿章"的身上，这是当时的实际情形。在这种情况下，李鸿章仍然离不开清王朝这块封建主义的土壤；西太后更缺少不了李鸿章。到1894年初（光绪十九年年末），西太后又赏给李鸿章三眼花翎顶戴的恩荣，即是他们在政治上更加紧密结合的具体体现。

就这样，以后党为中心的封建顽固派和以李鸿章为代表的地方实力派互为依存，控制着整个清王朝的格局日益牢固。而这种格局的形成过程，正是中国的半殖

清　掐丝珐琅龙纹宝座及脚踏

民地地位愈益深化的时期。

西太后已把光绪帝视为她在"家内"最大的潜在威胁而多方筑围设"防"。但从光绪帝本身来说,经西太后多年的特殊"抚育",他已陷入了西太后布下的罗网之中,西太后的"不可侵犯"的"威严",已在他心灵中扎下了根。

经过中法战争,年轻的光绪皇帝对朝政的兴趣虽然由此萌发,进而产生了希望自立的念头。可是直到光绪帝"亲政"以来,面对不断严苛的处境,他却更加望而生畏了。"亲政"后的光绪帝,在实际上"亦不能行其志。"光绪帝在政治上的魄力,的确受到了严重的压抑。

在光绪的个人生活方面,除了旧怨之外,又由于西太后给他"强迫指定"皇后,更使他在感情上留下了新的创伤。加上在婚后,孝定皇后又倒在西太后的一边,促成光绪帝对皇后在感情上的疏远,当然是可以想见的。光绪帝对瑾、珍二妃,起初,基本是出自在感情上的投合,后来在思想、志向方面也逐渐取得共鸣,越发亲爱。就此看来,或可说这是光绪帝稍微表露了一点儿个人的意愿。

原来,在瑾、珍二妃入宫之初,西太后并未对她们两人表现出怎样的恶感,所以有时还让珍妃侍其旁披览奏章。后来,当西太后得知孝定皇后"不得志于德宗"随即"迁怒二妃,遇之甚奇",甚至使瑾、珍二妃屡受"鞭责",在帝、后(包括西太后)、妃之间演成无休止的纠纷。

对于这种情形,德龄把它完全归结为宫廷中的所谓"醋海兴波"是不确切的。在历代封建王朝中后、妃之间产生纠葛,多源于风情醋意,但对此也不能一概而论。

各方面的情况表明,在当时帝、后、妃之间出现的这种纠纷,还是反映了西太后与光绪帝的矛盾。光绪帝之所以不喜欢孝定皇后反而宠爱瑾、珍二妃,是他对西太后"控制术"的一种反抗。光绪帝的这种反抗,是十

第三章 婚事政事两茫茫

分有限的，每当瑾、珍二妃受到西太后的虐待"诉之"与他时，他又总是"勿敢言"，违心地屈从于西太后的"威严"之下。

于是，光绪帝对孝定皇后恶而弃之不得；对瑾、珍二妃爱又不能尽其情，使他陷入无法自解的痛苦之中。作为一国之君的光绪皇帝在个人生活方面之所以也造成这种凄凉的情景，如同他在政治上不能自立一样，既体现了西太后的暴虐，同时也说明，作为西太后塑造的一种明显后果，在光绪帝身上已形成了突出的软弱性格。

在这种情况下，直至光绪帝"亲政"，同西太后大肆结党营私形成鲜明对照的是，"德宗（光绪帝）虽亲政，实未敢私用一人，其势固已孤矣。"但是，在各种矛盾中成长起来的光绪帝，反映在他思想发展中的矛盾性也就越来越明显。

光绪帝的受制于人的处境，一方面，使他个人的思想、意志的成长发育受到了限制，消磨了他的自为能力；另一方面，随着时间的推移和他的辨别是非能力的加强，不得志的境遇，却又变成了对他的一种推力，促使他可以比较清醒地来观察周围的势态。

早在中法战争期间，光绪帝在政治上的敏锐反应，即是一种突出的表现。随后，在围绕光绪帝"选"定皇后和"亲政"等问题，西太后一再要弄权术，独断专行，更使光绪帝尝到了不得志的味道。光绪帝"亲政"后还"不敢自主"，显然这并不是说他不想自主。

平心而论，已被西太后牢牢控制了的光绪帝，他要自作主张也定然是十分困难的。直到19世纪90年代初，鉴于在西太后的拨弄下朝局越发昏暗，光绪帝进而又产生了对朝政现状的不满情绪，在光绪帝思想中的"反作用力"也在日趋增长。

与此同时，那些"愤太后之干政"的"朝上之守正者"出于愤懑和不平，便把光绪帝作为自己的寄托，逐渐在思想倾向上"附之"光绪帝的周围,开始围绕光绪帝在清廷统治集团里逐渐聚结起另一支政治势力。

这些"附之"者,起初除了瑾、珍二妃之外,就是他的汉文师傅翁同龢及瑾、珍二妃的堂兄、礼部侍郎志锐,和对西太后不满的工部侍郎汪鸣銮、贝勒载澍、户都传郎长麟等文职官员。

在其中,尤以翁同龢居于突出的地位。翁同龢一直身任光绪帝的师傅,他们二人不仅接触频繁,并且由于这个文人官员翁同龢具有牢固的封建正统观念,又向往开明政治,因而对身为皇帝的光绪尤为仰重。

另外在光绪帝面前,翁同龢又是一位文雅的长者,光绪小皇帝也很需要这样的人对他给予各方面的关照。正如有的外人所说,翁同龢对光绪帝"不但是老师,也是顾问、保护人"。

再说处于被包围状态中的光绪帝,不但要获得知识便于向翁同龢请教;而且想了解外界形势的动向,也易于向他探讯。

于是,日久天长翁同龢形成光绪帝"每事必问同和,眷倚尤重"的特殊密切关系,在他们两人之间建立起手足之谊。翁同龢也确有一套地主阶级的政治手腕,他能长期"周旋帝后"之间。在1884年(光绪十年)翁同龢被清出军机处,却继续担任帝师和户部尚书。至1888年1月(光绪十三年十二月)他以前受到的"处分"被解除,后于1894年(光绪二十年)翁同龢再入军机。实际上从19世纪80年代以来,对于帝、后,翁同龢在思想上却越发倾向于光绪帝了。

因此,在"附之"光绪帝周围的人当中,唯独翁同龢的官职比较显要,长时居于清廷统治集团的核心之中。基于如上种种缘故,翁同龢既逐渐成了光绪帝在政务活动方面的一个最靠得住的有力支持者,而且也成为逐渐形成的帝党的一个较为稳定的支柱。

志锐(1852—1912),字伯愚,号公颖。他早年曾与江南名士文廷式等人有交结。1876年(光绪二年)中举人,1880年(光绪六年)成进士,

第三章 婚事政事两茫茫

随后授编修进入清王朝官场。在这时，他仍然"究心经世之学，思有所建"，思想较为通达。说到志锐趋向光绪帝的起因，固然与他和光绪帝具有亲属关系，但在志锐的思想中具有进取倾向，对光绪皇帝有所期待，也是一个不可否认的因素。因此，志锐也逐渐成了帝党的中坚。

至于其他一些官员，基本是不满于西太后夺权而陆续集聚在光绪帝周围的。其中的一部人对于国内形势的态度方面，也多是趋于守旧。

但这些人具有的一个相同点，就是他们都对西太后专权乱政心怀不满，在这一点上，是他们"附之"光绪帝的思想基础。

当这些人开始向光绪帝周围聚结的时候，因为只是出于在思想感情上的共鸣，当时的光绪帝还没有胆量公开、主动地加以结纳。所以在出现帝党的初期阶段里，作为以光绪帝为中心的派系势力，尚处于一种隐蔽的状态中。

不过，这种情况的出现，却对在光绪帝心中潜伏的"离心力"倾向给予了新的启动。据梁启超说，光绪皇帝随着"年渐长，图治之心渐切，因见各大臣皆不听号令，欲亲擢一二通才以资驰驱"。在他的心中，激起了向自己的命运进行挑战的思想浪花，他要迎着强劲的逆风来培植自己的亲信力量了。

首先，于1892年（光绪十八年），光绪帝把瑾、珍二妃的堂兄志锐提为礼部右侍郎，把他作为自己的依靠力量纳入清廷的中枢部位。后于1894年5月（光绪二十年四月），又经瑾、珍二妃的推荐，趁"大考翰詹"的机会，光绪帝亲命将翰林院编修文廷式以一等第一名提为侍读学士。

文廷式（1856—1904），字道希，号云阁，江西萍乡人，原是江南的著名地主阶级学者之一。他既与志锐有旧交，亦与翁同龢有联系，同时他还是瑾、珍二妃早年的老师。文廷式"提倡公羊之学"，也是一位很有现实感的今文经学家，他素以评论时政的"清流"著称，对"德宗（光绪帝）每以不得行已之志为憾"，在思想感情上同情光绪帝。

文廷式之所以受到光绪帝的器重，固然有"二妃力也。"但其人又确实是一个很有"才华"、颇有见地的人才。并且由于此人在当时的文化知识界享有盛名，有着较为广泛的社会联系，所以他被重

重宝铜钱

用，在一定程度上给光绪帝增添了助力，光绪皇帝通过他扩大了影响。

在甲午中日战争之前，光绪帝重用了志锐和文廷式这两个人，又是通过亲情关系进行的，这都与他的处境有关。光绪帝器重他们，从根本上说，并不能给他增加多大分量，当然也不能使他彻底改变原来"势孤"的处境。并且，在围绕光绪帝周围的这些人之中，虽然翁同龢官居显位，但总的来说都是些在清廷中不操实权的文职官员，在制造舆论方面他们确有些潜力，但是在决策上又与光绪皇帝一样是无能为力的。虽然如此，就光绪帝敢于按照自己的意志任用人才的本身来说，却是对他的懦弱性的一种突破，显示出他思想中的矛盾因素在进一步游离。而且到这时，以光绪帝为核心聚结起来的这个派别势力（即帝党）也趋于表面化了。

可以看出，在清王朝高层统治集团中逐渐形成后党与帝党两大派别势力，集中地反映了这个统治集团内部矛盾的加剧。但最后看出，这也是在西太后控制下的这个封建王朝自身陷入深重危机的一种表征。

第三章 婚事政事两茫茫

第四章　甲午风云战火起

严峻考验面前

西太后自从在清王朝主政以来，对内多疑阴狠，不遗余力地铲除异己，专恣威福不稍假借；对外则闭目塞听，虚骄自傲，遇敌先以盲目强横，于是即便是妥协、屈辱。在光绪帝"亲政"后一段时间内，她游逸于颐和园、三海的殿阁碧水之间，以向臣民彰显自己"情愿"归政的姿态，同时也显露了其骄奢淫逸的本性。同治十三年（1874），她四十岁寿辰，本想隆重的庆贺一番。但恰值列强四处扩张，致使边疆警报纷传，日本寻机进犯中国台湾；朝臣"海防""塞防"争执之声不绝于朝。因此，祝寿之事大扫其兴。光绪十年（1884），正当她准备隆重庆祝五十大寿时，中法战争又一次冲破她的美梦。现在皇帝已"亲政"，颐和园也已复修完毕，西太后觉得应该体面、风光地将六十"万寿"好好庆祝一番了。因此，于光绪十八年十月初六日（1892年11月24日），光绪帝"深体圣心"，提前便下了一道谕旨："所有应备仪文典礼，必应专派大臣敬谨办理，以昭慎重"。

随后，军机大臣及有关部门纷纷派以职任，大张旗鼓地开始筹办了。次年春，还专门成立了筹办庆典机构、委以主管。至此，为西太后置办的器具衣物与珠宝首饰等源源入宫；而且宫廷内外也开始进行大规模的修饰，以及庆典期间一系列庆贺筵宴等的准备都迅速展开。与此同时，地方各高官贵员的进呈报效也在紧张筹办。举国上下，犹如沉浸在一派节日将临的"喜气"之中。

不料，她一生"万事如意"，可恰逢到"万寿"良辰偏不能称心遂愿。这次正当朝廷内外各个全力以赴准备大庆其"万寿"时，却"迎来"了日本侵略者对中国发动的一场侵略战争。中日甲午战争的爆发，再一次扰乱了她的寿辰梦。为此，十年后，章太炎在西太后七十"万寿"前夕咏了如下一副对联：

今日到南苑，明日到北海，何日再到古长安？叹黎民膏血全枯，只为一人歌庆有；五十割琉球，六十割台湾，七十又割东三省，痛赤县邦圻益蹙，每逢万寿祝疆无。

对西太后专权祸国的丑恶行径形象地进行了鞭挞。

19世纪末，中国和朝鲜成了列强争夺殖民地的角逐重点。就在西方的殖民者互相争横的同时，自1868年"明治维新"之后崛起的日本，便逐渐走上向外扩张的军国主义道路。明治天皇即位时叫嚣，"日本乃万国之本，要开万里波涛，国威布于四方"。其实，这表露了日本统治者向外扩张的"狼子野心"。其"大陆政策"的核心，即是有步骤地用武力向朝鲜和中国乃至世界进行侵略扩张。

同治十三年（1874），日本公然对我国台湾的武装侵犯，便是它推行大陆政策的尝试。翌年日本又占据了千岛群岛；光绪二年（1876）进而兼并了小笠原群岛；并武力胁迫朝鲜签订《江华条约》，获得了通商、租地、领事裁判权和在朝鲜沿海自由航行等特权。从此，日本全面向朝鲜渗透，并百般排斥清政府在历史上形成的对朝"宗主权"；光绪五年（1879），又将琉球群岛改为冲绳县，纳入其版图。

到19世纪80年代以来，日本军国主义势力，便把准备发动大规模的侵华战争列入它对外侵略扩张的重要议程。为此，日本大肆扩充军事力量，并通过各种途径极力刺探中国的军政情报，"准备着在最有力的时机实现

第四章 甲午风云战火起

他们的大陆政策"。光绪二十年（1894）春、夏之际，已陷入半殖民地的中国，又面临新的侵略战争的严重威胁。

中法战争之际，光绪十年十一月（1884年12月），朝鲜国王在清军的帮助下，迅速镇压了日本策动的"甲申政变"。日本就此对清政府进行要挟，于光绪十一年与清政府订立了中日《天津会议专条》。《专条》中规定，朝鲜今后若发生重大变乱事件，中日两国或一国需要向朝鲜出兵时，必须事先相互通知。这种规定，进一步加强了日本在朝鲜的地位。此后，日本便加紧策划对朝鲜和中国的侵略战争准备。

光绪二十年（1894）春，朝鲜爆发了东学党起义。由于历史上根深蒂固的中朝关系，清政府应朝鲜政府请求，派出直隶提督叶志超率兵赴朝，协助朝鲜统治者镇压人民起义。就清政府镇压人民革命的本身来说，固然具有无可否认的反革命性；但从当时中朝统治者之间的历史关系而言，这又是必然的事务。何况清政府在向朝鲜出兵时，遵守了曾经签订的中日《天津会议专条》，主动地通知了日本外务相。显然，清政府这次向朝鲜出兵，从当时的国际关系来说，属正常国事。

签署《江华条约》

但是，早已蓄意挑起侵华战争的日本军国主义者，却以此为借口趁机无理纠缠，肆意扩大事态，借口"保护侨民"大量向朝鲜运兵。同时，日本政府还迅即组成了战时大本营，"在横须贺及广岛加速运送军队上战舰的准备"。并无视清政府和朝鲜政府提出的中日同时自朝鲜撤兵的要求，继续向朝鲜增兵。日本军国主义者已决心利用这一时机"不惜以国运为赌注，与中国作战"了。

同年六月下旬，日本侵略者在朝鲜"已密布战备"，且肆意向驻朝的中国守军"乘机挑衅"，从而使中日两国关系剑拔弩张。

在日本军国主义者咄咄逼人的情势下，清王朝的最高当权者西太后依然处于不理不问的状态中，"视东寇（日本侵略者）若无事者"，终日浑浑噩噩"惟以听戏纵欲为事"，对严峻的中外形势和国家的安危概"不关心"。

更为令人气愤的是，本来清政府的国库空缺，现在又面对日本侵略者的猖狂挑战，国家应紧急备战御敌，军费大增。可是，西太后为了准备六十"寿辰"庆典，仍然"铺张扬厉"。不仅命各地的疆臣大吏"先期"派员"入觐祝嘏"，还要在颐和园一带"分地段点景"，以粉饰其所谓的"升平"景象。为此，她继续动用大量的钱财供其挥霍，造成军用"大虚"，使国家的战备陷入"筹款殊难"的困境。

在误国殃民之事上，西太后与李鸿章总是君臣里表的。西太后无视国家和民族的利益还在醉心于糜华享乐之中，对外无所事事。李鸿章从战事之始也照样毫"无作战之气"，本着妥协的宗旨，对步步紧逼的日本侵略者"一味因循玩误，辄借口于衅端不自我开"，竭力避战，把清军置于被动挨打的境地。由于西太后、李鸿章的妥协政策，不仅使中国遭到侵略战争的威胁日益加重；也给中国的备战抗敌制造了障碍。

甲午中日战争，对光绪帝而言，是"亲政"以来所遇到的一次最为严

第四章 甲午风云战火起

中国著名帝王 光绪传

重的中外事件。但是，这时的光绪帝，即有名为"亲政"但却内受西太后的压抑；外临强敌的紧逼。在这种尖锐复杂的现实面前，光绪帝作出怎样的选择，无疑是对他的一次严峻考验。

在当时的历史情况下，光绪帝如果西太后与李鸿章等当权者一样，也对国家和民族的安危视而不顾，妥协附和，当然他可以得到西太后等人的喜欢，或能给个人换来一时的苟安。

如果他要顾及清室的"基业"，与西太后、李鸿章等权势者形成对立，显然，他每前进一步都要遇到来自内外的重重压力，也会给自己的政治前途带来极大的风险。

在中日关系紧张前，年轻的光绪帝为了摆脱自己受制于人的境遇，曾试图与西太后争衡。说明他在那时的基本思想倾向，仍集中在统治集团内部的权势之争上。但是，到光绪二十年五六月（1894年6-7月）间，光绪帝和一些帝党官员对日本军国主义者制造的战争威胁，开始越发深切的关注。

他们唯恐日本大举侵入，将使"我中国从此无安枕之日"，对其政权和国家的前途忧虑重重。恰恰是在这种情况下，到七月中旬，光绪帝审时度势，跳出了在统治阶层内部争夺权力的小圈子，决然作出了选择，公开站出来"一力主战"，积极支持一些官员要求备战抗敌的类议；不断发出电谕责令李鸿章加紧"预筹战备"，全力筹划御敌抗战事宜。事实说明，这时的光绪帝已以态度坚决地站在反侵略的立场上了。

当时的光绪皇帝，在清王朝统治集团中虽然处于不具实权的地位，然而他毕竟还是名义上的一国之君。鉴于外侮凌逼，他公开站出来号召御敌抗战，这在清王朝统治阶级立即产生了巨大影响。

在清廷内部，由于光绪帝鲜明地表示御卫国，首先使一些也有抵御外侮意愿的帝党和其他一些官员受到了鼓舞。如侍郎志锐和御电安维峻等人接连上奏，要求备战御敌，并公开抨击后党官僚和李鸿章等人"因循"误国行径，直接支持光绪帝的抗战主张。

时到此刻，就是久经宦海、平时对"老佛爷"西太后"栗栗恐惧"的翁同龢，在枢臣会议上也敢于陈述己见了，与光绪帝紧相呼应。

在这种形势下，一些原来与帝、后之争没有多大关系的一般官员和士大夫，他们出自"忧国"等激愤心情，也纷纷言战，与光绪帝上下配合。于是，在国势危急的险境中，由于光绪皇帝公开主战，使在西太后控制下犹如一潭死水的清廷内部，顿时激起了一股卫国抗敌的主战潮流。至此，一切要求抗敌御守的官员士大夫，便都集聚在光绪帝的周围了。

当时，在地方实力雄厚的洋务派显要官僚张之洞、刘坤一，他们的思想十分复杂。尤其这两个人对帝、后的纠纷都怀有戒心，谨慎避之。

因此，在甲午中日战前他们的公开态度是较为暧昧的。但当张之洞得知"上（光绪帝）主战"的消息以后，他的思想也逐渐转向抗敌。光绪帝命沿海要地督抚"不动声色，豫为筹备（战防），勿稍大意"，他便向其属下传达"朝廷甚注意江防"。在他的主持下，长江一带做了一些较认真的防务事宜。当时的刘坤一，其态度也在逐渐向主战派靠近。随着战局的发展和民族矛盾的不断激化，在以光绪帝为首的清廷主战派的影响下，张之洞和刘坤一的态度都有了新的变化。

光绪帝在外敌当头的紧要时刻，挺身而出公开主战，积极筹划备战御敌之策，显然是顺应了广大军民不甘屈服于侵略者的爱国要求。同时，在具有一定的民族情感、忧虑国危的官员士大夫阶层，也产生了相当大的号召力。如国子监司业瑞洵说，由于"皇上宸衷独断"，极力要求备战御敌，则使"凡有血气（者），罔弗攘袪苦奋，敌忾同仇，争献御侮折衡之策"；广西道监察御史高燮曾也说，"皇上（积极筹划御敌战事）宵旰焦劳，实足以感动天下臣民，敌忾同仇之志。"可以说，光绪帝与西太后、

第四章　甲午风云战火起

93

李鸿章等实权派的对外态度相反，不顾个人的得失，决然站在了御敌主战的政治立场，这就等于在昏暗的清廷当中树起了一面招展耀目的旗帜。它以一种特有的吸引力，使一切不甘被外敌蹂躏的臣民纷纷聚结在它的周围。从而，促进了清朝统治阶级的分化，有利于反侵略力量的聚结，对推动抗战显然是有历史意义的。

在日本军国主义者强行把战争强加在中国人民头上的历史条件下，集聚在光绪帝周围的这支抗战力量，虽然它的基础还是原来的帝党，但其范围却比以前扩大得多了。尤其是使他们联结在一起的主要思想，已发生了明显的变化。在已不再反为了争权夺势，而是为了卫国保社稷。所以，在清朝统治集团中围绕光绪皇帝扩展起来的这支政治力量，在实际上已由原来的帝党发展为甲午中日战争中的主战派了。

到这时，在如何对待日本侵略者的这一国事问题上，与以西太后、李鸿章为代表的妥协派尖锐地对立起来。显然，这期间的帝、后之争，在实质上已演变成主战还是主和、抵抗，还是妥协的矛盾和斗争了。

正式对日宣战

甲午中日战争，是在风云复杂的国际形势中发生的。在战前，英、俄等帝国主义列强，为争夺在华利益已经在进行着激烈角逐。当中、日关系日趋紧张时，除了美国为坐收渔利继续公开支持日本军国主义者之外，英、俄的态度错综复杂。一方面，它们既唯恐日本插足中国可能触犯其在华的侵略利益和打乱自己争瓜分中国的计划，因此都对日本都存有戒心；另外，在它们相争衡激烈的情况下，特别是英国想利用日本军国主义武士的刀锋来为其牵制对手。

因此，当日本大肆向朝鲜运兵极欲挑起侵华战争之时，首先是早已对中国东北和朝鲜怀有极大侵略野心的沙皇俄国慌了神,怕日本打乱它对中国的扩张日程,公开声称,"对于朝鲜事件不能采取熟视无睹的态度"。

随后,沙俄政府通过它的驻日、驻朝和驻华公使的多方秘密刺探,摸到了底细,从而它对中、日又采取了"中和"对策。一方面,它通过其驻日公使"以友好态度告知日本政府",劝其"自朝鲜撤退军队";另一方面,沙俄驻华公使喀希尼又向李鸿章表示,希望清政府与他们"彼此同心力持",并一再宣称,要为中、日纠纷进行"调处"。

甲午中日黄海大战

事实上,沙俄政府还从本国的处境和利益出发,逐渐确定了观望形势、待机而动的方针。居心叵测的沙俄,态度越发明显,它绝对"不愿为中国而战。"

对此,沙俄驻华使馆参赞也向李鸿章委婉表示,"俄只能以友谊力劝倭撤兵,再与华会商善后,但未便用兵力强勒倭人"。到此,它的态度即已公开化了。

第四章 甲午风云战火起

同时英国也曾扬言愿为中日进行"调处"。

但是日、英之间通过一系列的外交活动，他们达成了一项日本以不影响英国在华的侵略权益为条件的秘密谅解；并且英国又有意利用日本军国主义势力来抵制沙俄的对华扩张，所以英帝国主义者更"不会以武力干涉来制止战争"，实际上在日本军国主义者发动侵华战争英国逐渐扮演了支持和纵容中的帮凶角色。

历史事实说明，无论英、俄还是其他列强，对半殖民地的中国都窥视已久了，它们均不会单纯为中国的利益而自愿效劳。

这些帝国主义侵略者散布的"同心"也好，"调处"也罢，无不是为了维护各自的侵略利益所玩弄的伎俩。帝国主义列强，对被它们侵略的国家，在某种情况下，可以在表面上声称为"友"，但在事实上却是披着狼皮的伪善者。

面对明火执仗的日本侵略者，如何对待这些口蜜腹剑的伪善者？是把国家的前途与命运完全押在这些所谓"调停"者身上，还是立足于国势力量的基础上，积极备战准备迎击日本军国主义的战争挑衅？显然，这是关系着社稷安危一个要害问题。

西太后及其亲信官僚的昏庸、愚昧和李鸿章的懦弱无为汇集成一个共同的对外心理，那就是由惧强和媚外。

在中日开战前夕，西太后也曾表示过赞成"主战"的意向，但从其所作所为明显彰示，她的"主战"只不过是一种侥幸心理使然。其实，西太后还企图先造些声势再通过李鸿章与日本周旋一番似乎就可了事。

实际上，西太后对俄、英的虚伪"调处"是寄予了极大幻想的，她根本没有准备抗击日本侵略者的决心。

站在国事第一线上的李鸿章，令人发指的是，其从一开始就对俄、英声称的"调处"和它们所放出的虚伪诺言"深信无疑"，并对此视为困难的唯一出路，一直做着所谓"以夷制夷"的黄粱美梦。

因此，他与俄、英等驻华使官频繁接触，一再乞求这群披着伪装的列强侵略者出面调停。甚至还妄想让他们进行武装干涉，且就此自欺欺人地对清廷统治集团宣扬"俄必有办法"；或肆言英国"肯发兵助我代倭"等等，极力散布迷信外邦的幻想。

因此李鸿章对备战"一味因循玩误"，"希图敷衍了事"。对敌采取避战政策，拒不进行战守准备，越发把己方置于束手待毙的被动地位。

与此相反，光绪帝和以他为首的抵抗派官员，为了积极地推行备战抗敌的方针，对西太后和李鸿章迷信外力，希图避战求和的行径进行了坚决地抵制和斗争。

这又成为在甲午中日战争期间，清廷统治集团中抵抗与妥协这两大政治势力之间所展开的首次激烈较量。

光绪帝在表明主战的同时，就采取依靠本国力量强战备部署。因此，他为了集中国力筹备战守，竟敢冒犯"老佛爷"西太后的旨意，"请停颐和园工程以充军费"。无疑，光绪皇帝对西太后的不满情绪已有多年，可是公开违抗西太后的旨意，这却是自从他登上皇帝宝座以来的第一次。

装修颐和园，实为西太后准备在"万寿"庆典时摆威风、夸耀其"圣德"的主要项目之一。现在光绪帝让她就此罢手停工，岂不触动了她的肝胆令其勃然"大怒"？不过，西太后鉴于内外形势的压力，后来不得不发出懿旨无奈地表示，在"兴师"之时，"不能过为矫情，特允皇帝之请"，对"万寿"庆典的筹备事项可以作一些简化。其在嘴上这样说，但在心里却极为不悦。她曾对人扬言，"今日令吾不欢者，吾亦令彼终身不欢。"所以，这件事使西太后加深了她对光绪帝的仇忌。

在这期间，以光绪帝为首的主战派，抵制清廷妥协势力的斗争，更直接、更主要的是集中于站在前线的李鸿章身上。

针对李鸿章的"调处"幻想与消极御敌，在五月二十二日（6月25日），光绪帝特意电谕李鸿章，言敌激烈。

在电谕当中，光绪帝既严厉斥责了李鸿章面对来势汹汹的外敌"不欲多派兵队"的怯懦态度；又强调指出了俄国可能另有"别谋"。在此，光绪帝已十分明确地揭示了当时中国所面临的两个极为尖锐的严峻问题：

应看到日本要挑起侵略战争的严重现实，绝不能停于口舌之争，必须进行紧急的御敌准备；

要警惕俄国声称进行所谓"调停"活动的阴谋，不能麻痹上当，实为告诫李鸿章切不可把希望寄托在外国"调停"上面。

总体来说，光绪帝在电谕中强调了一个中心问题，那就是在战争威胁面前，要立足于本身的力量，积极地预筹战备。

对于光绪帝的这些至关紧要的谕令，手握外交重事、用兵大权的李鸿章，居然采取了阳奉阴违的态度继续加以搪塞。因此，在五月二十八日（7月1日）形势更加紧张时，光绪帝又通过军机处向李鸿章发出了一个措辞比较严厉的电谕，对李鸿章敷衍塞责的行径给以了更加严厉的训斥；对日本

中日甲午战争高清照片

军国主义者的侵略阴谋揭露得昭然若示。特别一针见血地指出,"他国劝阻,亦徒托空言"绝不可信。从而对于筹备战守作了比较全面、周密的部署。

不久,光绪帝又就李鸿章擅自乞求英国领事转请其政府派舰队赴日"勒令撤兵"一事,再次向他发出谕令,再次申明,对于日本的肇衅"中朝自应大张挞伐,不宜借助他邦(重点号引者加),致异日别生枝节。"在此光绪帝还鲜明地指出,对于这种乞求外力、"示弱于人"的事,今后"毋庸议"。

到此,光绪帝反对一味依赖外力的态度,已经非常明显。

与此同时,事中褚成博也上奏指出,"日本觊觎朝鲜,意甚叵测",对李鸿章"欲倚以集事"的懦弱言行,进行了义正词严地揭露。他认为,沙俄进行的"调停"活动,"实欲坐收渔人之利";英国表示的"助我",同样是"阴遂要求之计"。因此他认为,绝不能被"彼族所愚弄"。强调中国"惟有决意主战",才是唯一正确的出路。

在这明枪暗箭一起发来的严重、复杂的国势面前,以光绪帝为首的抵抗派,既清楚地意识到,日本侵略者必将把战争强加在中国的头上;又敏锐地觉察到俄、英等列强的"调停"活动包藏着险恶的用心。他们反复指出,这种外力依赖不得,必须立足于本国力量的基础上迅速加强战备,御敌卫国。

在甲午战云袭来的日日夜夜,光绪皇帝与翁同龢等枢臣,在书房等处埋头批览奏报、筹划对策,不时地通过军机处向李鸿章发出谕电,督促其积极进行战备。他们为了御敌卫国,真可谓是"宵旰焦劳"。

相形之下,手握清廷实权的西太后,在当时除了偶尔派人传递一下她的懿旨,或在枢臣会上露露面,发几句不着边际的空论而外,依旧终日在颐和园沉醉于纵欲享乐。

第四章 甲午风云战火起

西太后不仅战争威胁根本不放在心上，反而对光绪帝的疑忌之心却是有增无减。这时，她仍在幕后操纵局面，并通过其心腹官僚，对以光绪帝为首的主战派的备战御敌活动进行百般地阻挠和干扰。西太后的亲信官僚、军机大臣孙毓汶，就仰承其旨意，并"迎合北洋（李鸿章）"，对光绪帝筹划的御敌之策，"阴抑遏之"。

此时天津的李鸿章，在他的总督官邸，却显得相当忙碌，时而会见俄、英等使节；时而主持上呈下达的文电；并不断地向俄京彼得堡和日都东京等地的驻外公使发电探风传令。然而他所做的，均为了推行他的"以夷制夷"的方针，按妥协的宗旨做事。对频频而来的驻朝将领的请援、请战电报，李鸿章要么驳回；要么将其搁置一边。

朝廷发来的那些敦促其认清危局、加紧备战的谕旨，始终未引起李鸿章的重视。他深悉清廷的内幕和西太后的心意，所以不操实权的光绪帝，发给他的这种电谕越急、越多，李鸿章的抵制活动也越公开、越明显了。

面对日本预谋的侵略战争，秉承西太后懿旨的李鸿章，执意把希望完全寄托在列强的"调停"之上。

五月二十八日（7月1日）、六月初二日（7月4日）光绪帝接连发出两道上谕，明确指出形势危急"将有决裂之势"；外国的"调停"纯系"徒托空言"，一再敦促其立即进行全面战备，以免"贻误时机"。可是，六月初四日（7月6日），李鸿章仍然电令已陷入日军包围之中的中国驻朝守军："现俄英正议和，暂宜驻牙静守，切毋多事。"还在做其依靠西方列强的幻梦。

直到六月十八日（7月20日），日本军国主义侵略者已在朝鲜集结重兵，摆好随时战斗的架势，但李鸿章仍然对中国驻朝守军将领要求准备自卫的呼声不予回复，继续抗拒光绪帝的严正指令，电示驻朝守将叶志超"日虽竭力预备战守，我不先与开仗，彼谅不动手。切记勿忘，汝勿性急。"在敌我冲突之初,出自斗争策略的需要不开头一枪,这在中外战争史中当然不无其例。然而李鸿章坚持主张的"不先与开仗,却是解除自己思想和战备武装、把命运寄予别国的妥协思想"。

六月二十一日(7月23日),日本侵略者开始按计划行动了。派兵闯入朝鲜皇宫,扶植傀儡政权,并向中国守军进行武装挑衅,揭开了中日战争的序幕。

就在硝烟弥漫朝鲜京城之日,李鸿章在给清政府中央发来的两份电报中,居然借日本驻朝公使大鸟圭介之口,说"中国若添兵即以杀倭人论"。按他逻辑,日本军国主义者可以霍霍磨刀、为所欲为;中国决然不可准备自卫。

同时李鸿章还像煞有介事地说,"俄有十船可调仁川,我海军可会办"。继续制造依靠沙俄的幻想,抗拒光绪帝的备战指令。

李鸿章在租用英国轮船向朝鲜运送援军,实际是他精心设计的一起与光绪帝的抗战方针"对着干"的举动。

但日本侵略者却发动了赤裸裸的战争行动,偷袭船队,击沉英轮"高陞"号,使中国一千来名官兵壮烈牺牲,公然不宣而战,发动了侵华战争,1894年为甲午年,故史称"甲午战争"。事后,李鸿章竟以侥幸心情,得意扬扬地向光绪帝报告:日本击毁悬挂英旗的船只,"英国必不答应",似乎还在为自己的"杰作"大加炫耀。

这时,他为了装扮一下要进行抗战的样子,应付一下来自朝野的主战呼声,派海军提督丁汝昌率领战船出洋巡逻。但就此区区小事,李鸿章竟大做文章,他在给清廷的电报中大言不惭地说:"已饬海军提督丁汝昌统带铁快各船,驰赴朝鲜洋面,相机迎击。"可是他在给丁汝昌的密令中,却指示要"相机进退,能以保全坚船为妥"。中日战争已拉开序幕之时,李鸿章还在玩弄手法,对光绪帝等在硬顶之余又施展骗术。

第四章 甲午风云战火起

101

中国著名帝王

光绪传

其时，李鸿章等妥协派还有一个思想根结。早在中日关系日趋紧张，光绪帝明示要他预防战事时，李鸿章就"两次陈奏，均以筹款为先"进行抵制。到六月初二日（7月4日），当李鸿章刚刚接到令其加紧进行战备的电谕后，他又陈词："臣久在军中，备尝艰险，深知远征必以近防为本，行军尤以筹饷为先。"声称北洋海军"战舰过少"，兵勇不足，要筹战备，还需要二三百万两的饷银。

他的意思就是说，只有"先筹二三百万两的饷，方可战"。在此，李鸿章便公然提出了备战的前提条件。

毋庸讳言，备战兴师确需款项。但李鸿章从主建北洋海军那一天起，就"以备缓急之用"为借口，并曾宣扬战事切免"临渴掘井"，要"预防未然"。

但到这时，仅仅用于北洋海军方面的费用，就已"糜帑千数百万"了。当时有人断言，"现在北洋兵力军储甲于天下"，并非夸张。然而到真要用兵时，李鸿章却大叫"战舰过少"，兵勇不足，竟然要"临渴掘井"了。李鸿章本来就知道，清政府的国库已"万分支绌"，"遽筹巨款，亦属不易"。

可是现在他竟然一张口就要二三百万两，无非是借机向光绪帝为首的抵抗派施加压力，进行要挟；也是为他自己坚持妥协方针、一味敷衍贻误战机寻找借口。

面对这些来自内外的抵制和压力，光绪帝的主战态度依然毫不动摇。

他坚持反对依赖外国的"调停"和许诺，立足本国，积极备战设防，誓倾国力以御外敌。六月二十一日（7月23日），光绪帝收到李鸿章继续鼓吹要与俄国舰队"会办"的电报后，顿时"盛怒"，立即下令"拟电旨致北洋（李鸿章）"，"命不得倚仗俄人"。

这时，牙山守军告急；日军偷袭运兵船只进而袭击中国守军等消息亦频频传来。对此光绪帝尤为愤慨，连续向李鸿章发出电谕指出：你原来固守"衅不自我开"而观望态度，然而现在已"衅开自彼"，理应"立即整军奋击，不可坐失机宜"了。接着于六月二十二日（7月24日），光绪帝又通过军机处寄谕给李鸿章，以极为愤怒的言辞发出了严正的警告。

对内，光绪帝虽然知道国库枯竭财政困窘，但他为了全力资助战事，在见到李鸿章的请款奏章之后，便立即密谕户部和海军事务衙门"会同妥议"，竭力筹办。

正是在光绪帝的督促之下，户部和海军事务衙门从盐课、海关税、各省地丁银及东北边防经费等项中各集一百五十万两，共计三百万两"由李鸿章分别提用"。李鸿章的索款急图，并非为了积极地备战抗敌；但光绪

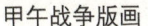
甲午战争版画

第四章 甲午风云战火起

帝却力排万难，认真筹措，满足了李鸿章的请款要求，充分表现出他一片备战卫国的诚心。

在国难当头的紧急时刻，光绪帝为排除备战御敌的重重干扰，可以说是费尽了心力。

甲午中日战争期间，在清王朝统治阶层当中，一般来说，光绪帝和那些抵抗派官员的态度是互为影响的。作为一国之君的光绪帝的态度和作为，确实具有更加突出的影响力。

因此，由于在手握实权的妥协势力包围之中的光绪皇帝，旗帜鲜明地坚持御敌卫国的正义立场，便进而促进了清王朝统治层内部抵抗力量的增长。

特别是在日军偷袭中国运兵船和向牙山中国守军发动进攻的事件发生后，中国与日本侵略者之间的矛盾急剧尖锐，在朝野内外激起了强烈的反响。

与此同时，在清王朝统治集团中抵抗派的活动也日趋活跃，他们为了推进抗战，与妥协派又展开了激烈的斗争。

在此期间，当光绪帝与翁同龢等人，在清廷统治集团核心与妥协权贵拼力周旋于内；其他一些抵抗派官员又通过具折上奏的方式力争于外。他们内外呼应、君臣配合，对日本侵略者"不遵公法，肆其凭凌"，蛮横"起衅"等暴行，进行了强烈的声讨。

并且这些人又同仇敌忾地对李鸿章"欺朝廷""抗廷议""甘受凌侮""御敌兵则怯""屡失事机"等误国行径也展开了猛烈地抨击。

原来的帝党中坚、现在的抵抗派骨干志锐，沉痛地指出，对日本侵略者"我愈退，则彼愈进；我益让，则彼益骄；养痈贻患，以至今日"。他疾呼："军国大计，利害所关"，要求光绪帝速筹应急之计。此时志锐等还是把希望寄于光绪帝的谕旨之上。

但是，随着事态的发展变化，一些抵抗派官员也逐渐地意识到，单纯依靠呼吁、敦促及以光绪帝发布谕旨的办法，来促使李鸿章等权贵起来筹战抗敌，是徒劳的。主战派迫于形势不得不进一步考虑采取新的对策了。

侍读学士文廷式上光绪帝的《奏朝鲜事机危迫条陈应办事宜折》，其视野便有所扩展。在这个奏折里，他从总结1874年日本侵略我国台湾以来的历史教训和当前的危机形势出发，认识到俄、英列强进行的"调停"活动，皆是"将逞其诡谋，自益而损我"的诡计；并且他深刻地指出，"李鸿章立功之始藉资洋人，故终身以洋人为可恃"。基于这些文氏便向光绪帝上奏提出了"明赏罚""增海军""审邦交""戒观望"等建议。要求从"补偏救弊"入手，来排除干扰推进抗战。

他提出这四项建议的中心内容是，主张建立"候旨录用"的军制，即制定由光绪帝任命海、陆军各级将领的制度，打破由李鸿章独权控制海、陆军的现状。文廷式认为，通过这种办法既可以除掉军内"党习既深，选才亦隘"和"赏罚不公，贤愚莫辨"等弊端；又可以摆脱受列强欺凌的危险。达到"庶使将士皆知共戴天恩，感奋思报"，使光绪帝可以直接调遣军队，早日挽救抗敌的被动局面。

文廷式提出的这些应急建议，较原来抵抗派官员只力图通过光绪帝发布电谕的方式，来敦促李鸿章备战御敌的想法无疑是前进了一步。

这些建议，可以说是触到了清军体制方面的一些弊端。如此，显然有利于摆脱李鸿章对清军的控制，对改变抗敌的被动局面，具有一定的改革意义。但要想做到却是很难的。

光绪帝为了组织备战御敌，确曾作出了巨大的努力。甚至在日本侵略军击沉中国运兵船事件发生后，他还向李鸿章发出了警告的谕旨。

然而这一切，李鸿章均概不放于主事处理，中国军队在朝鲜的被动地位仍未改变。

第四章 甲午风云战火起

鉴于这种严峻局面,光绪帝为了扭转不利的战局,推进抗战,对文廷式等人要求对某些军政弊端进行改革的建议引起了重视,逐渐产生了"欲开言路"等思想主张。

在历史上,"开言路"对一个比较开明的君主来说,并不是什么新奇的事;而且光绪帝的这种"欲开言路"的主张,尚不足以说明他在此时已产生了明确的革新思想。但在当时的现实情况下,光绪帝为适应振作抗敌的需要,试图通过"开言路"、采众议的途径来广泛筹划御敌之策,显然是一种勇求进取的思想倾向。在中日甲午战争的前夕,光绪帝也确曾冲破清廷权势者们的重重阻挠,向群臣疆吏发出了一些要求他们"等议"战事的谕旨;对一些要求起用善战人才等建议,他也准予采纳。

事实表明,随着侵略战争的急迫,在抵抗派官员的支持与促进下,光绪帝确在振作抗敌的道路上,不断地向前迈进了。

在那硝烟弥漫的日子里,以光绪帝为首的抵抗派,从清王朝统治层发出的这种振作抗敌的声音,与来自朝外要求奋起御侮的呼声,殊途同归地汇集成日趋高涨的爱国声浪。

这种形势的出现,对清廷统治集团来说,不管他们的态度如何,这毕竟是一种不可忽视的巨大势头。同时,李鸿章的"以夷制夷"的消极对策,后来也落了个"竹篮子打水一场空"的后果,使其露骨的妥协活动不得不暂且收敛。因此,以光绪帝为首的抵抗派在当时便逐渐占了上风。

光绪二十年七月初一(1894年8月1日),清政府发布了基本体现抵抗派主张的对日宣战上谕。这个上谕在阐述了"中外所共知"的中朝历史关系之后郑重宣告:

各国公论,皆以日本师出无名,不合情理,劝令撤兵和平商办。乃竟悍然不顾,迄无成说,反更陆续添兵,朝鲜百姓及中国商民,日加惊扰。是以添兵前往保护,讵行至中途,突有倭船多只,乘我不备,在牙山口外海面开炮轰击，伤我运船，变诈情形，殊非意料所及。

该国不遵条约，不守公法，任意鸱张，专行诡计，衅开自彼.公论昭然。用特布告天下，俾晓然于朝廷办理此事，实已仁至义尽。而倭人渝盟肇衅，无理已极，势难再予姑容。著李鸿章严饬派出各军迅速进剿，厚集雄师，陆续进发，以拯韩民于涂炭。

并著沿江沿海各将军督抚及统兵大臣，整饬戎行，遇有倭人轮船入各口，即行迎头痛击，悉数歼除，毋得稍有退缩。

至此，清政府义正、庄严地布告中外，正式向日本侵略者宣战。

诸多的历史事实表明，清政府的对日宣战，是被迫采取的反侵略自卫行为，它的正义性是鲜明的。而这一事件所以发生，从清朝统治集团来说，却是以光绪帝为首的抵抗派通过与妥协势力进行反复斗争所取得的最终结果。

组织备战御敌

光绪帝颁布的对日宣战上谕发出后，抗战御敌的政策迅速传遍朝野内外。正如主战派官员志锐所说，"皇上明诏下颁，赫然致讨，天下皆闻风思奋"，极大地激发了人们奋起抗敌的爱国热情。

宣战上谕颁布后，黑龙江将军依克唐阿热血沸腾，积极响应，立即电奏朝廷，"请亲率马步"各营赴前"进剿"倭寇。

依克唐阿是满洲镶黄旗人。初从军之后参加镇压捻军，其间功至佐领。后回吉林驻防，迁协领，再晋副都统。光绪五年（1879），以副都统移驻呼兰。次年，母丁忧归里。时值中俄伊犁谈判，俄在远东陈兵，使吉林东部的形势极度紧张。他受命而出，募勇镇守吉林中俄边境重镇珲春。光绪十五年（1889）升任黑龙江将军。史载依克唐阿"勇而有谋"，并有

第四章 甲午风云战火起

"骁将"之称。

光绪二十年（1894）夏，日本在朝鲜燃起针对中朝的侵略战火之后，正在家乡的依克唐阿，深切感到"大敌当前，岂可袖手旁观"！遂主动电请率师出征。在清将领中，他是最早主动请求抗敌的高层官员。

因此依克唐阿的请战，立即引起光绪帝的高度重视，认为此举"实属勇往可嘉"，给予了鼓励。当时，由于"奉天防务紧要"，并为加强边境防线，光绪帝便命其率军驰赴奉天"听候谕旨"。

随后，湖南巡抚吴大曼也"电奏请率湘军赴韩督战"，光绪帝欣然

甲午战争版画

"允之"。

吴大曼字清卿，是江苏吴县人。初以编修出任陕甘学政，自此即关心国事民生，在此后经办赈务与边防中，政绩显著。光绪十一年（1885），赴吉林与副都统依克唐阿会办沙俄在珲春的侵界交涉，慷慨陈词，争回黑顶子及图们江航行权，维护了国家权益。次年升任广东巡抚，在任期间坚决反对葡萄牙侵占澳门。

光绪十四年（1888），郑州黄河决口，奉命前往治理，"治黄"取得突出成效，遂授河道总督，从而"盛负时誉"。光绪十八年（1892），任

湖南巡抚。吴大昱在任官期间"犹好金石，探讨训故，书法亦道丽，文采缨风流，显耀一时"。清政府对日宣战传到内地后，他请征战，可谓文人事军，非其之长。但面对凶恶之敌，作为任官于内地的吴大兴，却奋起请战，充体现了他的爱国情怀。

在爱国热潮日益高涨的时刻，负责漕粮积储的仓场侍郎祥麟，也于七月十日（8月10日）"奏请赴海疆军营报效"。光绪帝"览奏"后，深有感触地批示，"具见勇往之忱"，肯定了他的爱国精神。

但鉴于兴师之际，仓场事务亦为繁重，故命其仍在原职尽力。此外，各处的武人及闲散官吏，也在当地一些督抚的支持下积极募勇练兵，准备赴前抗敌。

清军高级将领，奉天将军裕禄，在奉光绪帝的抗战谕旨后，亦加紧在其所辖地区部署军队。并命前沿东边道"募集民练"，与辽东各地守军"齐力严防"。坐镇长江中下游与东南沿海地区的两江总督、南洋大臣刘坤一，主战态度越发明朗。原在光绪帝颁布对日宣战上谕的前夕（7月31日），以"老成持重"著称的刘坤一，分析时局，即在其奏片中陈述："现在兵端已开，务在痛予惩创，即使刻难得手，亦可以坚忍持之。"他依据中国幅员辽阔和日本国土狭小等不同国情，提出只要中国"坚忍持之"，日本"断难支久"的远见。可以说这种看法具有战略性的眼光，是当时中国克敌制胜的关键。

此后，随着各级官员认识的不断提高，刘坤一的这种思想观点，便被越来越多的抵抗派官员所接受，甚至也引起光绪帝和翁同龢的重视。在对日宣战后，他按照光绪帝要求东南各省"联为一气"以"固江防"的谕令，极力在吴淞等军事要地加固防务，并"督饬各将士严密筹备"战事。

同时刘坤一又"遵旨"派出兵舰开赴台湾，加强那里的防务。此后，他还向清廷建言献策和举荐良将，为抗日而竭思尽力。浙江巡抚廖寿丰，

第四章 甲午风云战火起

在"得旨"后，于镇海等战略要地"认真严防"来犯之敌。至于一些清廷的文职官员，在对日宣战后，积极地向光绪帝及总理衙门出谋划策，或大胆地参劾怯懦将领和谋求妥协的权贵。他们在抗击日本侵略者的斗争中，成为舆论上的先锋。

在清廷，遵照光绪帝的用兵、设防、练勇均以"筹饷为最要"的旨意，也在加紧筹措"用兵之需"的饷银。自七月十日（8月10日）以来，除注重正常的财政收入以外，户部与军机处又接连请旨并获得光绪帝的允准，指令各省关清理和上解"历年积欠银两"。同时，还要求各将军督抚，就战事"近情"，妥善理财"通盘筹划"，力保战事"经费"。为了适应战争的需要，清政府在财政方面也采取了一些积极措施。

日本大久平治郎曾评说：

对此，"日清开衅以来，帝。诚使支那（中国）君臣一心，上下协力，目的专注于战，则我国（日本）之能胜与否，诚未可知也。"

如果说，在清政府对日宣战之前，意识到战争的威胁极力主战的，还主要是光绪帝和一些帝党官员。那么，到日本挑起战争和清政府被迫宣战后，要求以战争自卫的官员迅速增加，并远远超出了帝党的范围。而且由此迸发出来的抗敌呼声已超越出紫禁城，首先在国内的军政界凝成一股爱国热流。

可以说，在光绪帝颁布对日宣战上谕后，中国出现了上下启动一致对敌的态势，说明中国的抗日斗争呈现出可喜的势头。

但是，在此后抗击日本侵略者的实际进程中，中国所出现的这种有利于抗敌的势头，不仅未得到进一步的延伸与加强，反而却遇到来自统治集团的强烈干扰。

宣战后，敌我都处于加紧部署战争的阶段，清廷统治集团的核心成员也都倾注于战事方面了。不过，他们各自的出发点相同。光绪帝的对日态度日趋强硬，直至作出对日宣战的决策。当初，在他的思想中除作为一个帝王固有的观念之外，或又具有一定的盲目性，但在主导方面光绪帝完全出于"热爱祖国的心情"。然而，他在清廷不操实权的地位，并未因此而改变。户部尚书、帝党首领翁同龢，固然其思想较为复杂，但从维护清王朝的"基业"及其"尊严"出发，他也坚持主战。因此在战争中，翁同龢更得到光绪帝的信任，"每递一折，帝必问臣可否。盖眷倚极重"。至此，翁同龢仍然是光绪帝的忠实支持者。

在光绪帝即位后，礼部尚书李鸿藻，曾成为当时清政坛上"清流"派的靠山，时而卷入清廷政争的旋涡。在总理衙门任职期间，他从"以存国体为要"出发处理中外关系。光绪六年（1880），中俄关于伊犁问题的交涉时，李鸿藻策动"清流"派大臣参劾崇厚擅签屈辱的《里瓦基亚条约》。

此外，在中法战争前，他反对李鸿章的妥协方针，极力主张出师援越抗法。因此，在时起时伏的政治环境中，李鸿藻也在其任官生涯中几经沉浮。但是，他又有迎合西太后的本领，每当遇到挫折，又得到西太后的"加恩宽免"，使其终未离开清廷中枢。李鸿藻在光绪帝即位后的十多年间，他的对外态度，在某种程度上，体现了维护清朝"国体"这一思想脉络。至光绪二十年（1894）中日关系紧张以来，李鸿藻也感到"事机已迫"，从而站在主战的一边。清廷统治集团核心中议处抗日战事时，他多与翁同龢密切配合，对光绪帝主持抗战也起到积极的配合作用。此外，总理衙门大臣张荫桓，虽然经常左右逢源，见风转舵，但其对日的基本态度也向主战靠拢。

作为清王朝主政的西太后，在此之前也曾表示不对日本妥协。到对日宣战后，当她得知所谓叶志超军在牙山"屡胜"的讹传时，于七月三日（8月3日）发出懿旨，认定此事"实属奋勇可嘉"，遂命赏给叶志超军白银两

第四章　甲午风云战火起

万两"以示鼓励"。说明她也希望对日战争获胜，而且当时西太后的这种求胜心似乎更为急迫些。所以如此，从她一贯的对外态度来看，源于一种侥幸心理。

在此期间，尽量减轻影响准备中的"万寿大典"，一直是她始终牵挂的最大心事。所以，西太后的抗战态度是极不稳定的。但在战局尚未明显恶化之前，她还基本处于观望之中。在清廷把持军机处及总理衙门的庆亲王奕劻、礼亲王世铎及军机大臣孙毓汶与徐用仪，皆为后党的骨干，他们始终同西太后形影不离。

原于七月中旬，在中日就双方同时自朝撤兵问题的谈判中，由于日本蛮横地拒不撤军，致使战争威胁日益加剧。这时，奕䜣也感到"朝鲜之事，关系重大，极须集思广益，请简派老成练达之大臣数员会商"。

于是，经奕䜣面奏，光绪帝在六月十三日（7月15日）谕军机大臣，命翁同龢、李鸿藻与军机处及总理衙门大臣"会同详议，将如何办理之处，妥议具奏"。

在此后的中日战争期间，清廷中枢仍基本维持这种"妥议"战事的状态。可以说，这是在清中央组成的一个筹划对日战策的核心班子。在其中，牵头人翁同龢、李鸿藻，坚决主战抗敌；但其他大臣不是西太后的亲信就是见风转舵的老朽。因此，在这个参谋班子当中，经常因商讨战策等争论不休，致使有些重要问题竟不了了之。

所以在清中央，始终未形成一个"目的专注于战"的、强有力的最高指挥中心。因而，往往演成光绪帝唱"独角戏"的情景。

对外交涉、与用兵权在外部而言，依然掌握在李鸿章手里。光绪帝以及军机大臣、总理衙门所颁布的有关战事的谕旨和指令，照样都要通过李鸿章来实施。这种"举天下战守之事而任于一人"的局面，在当时就有人指出"已属可危之道。"李鸿章身为直隶总督兼北洋大臣在前场主管外事与用兵事宜，处于各种矛盾的焦点部位，固然有其境遇之难。

但是，他本身既有其派系等私欲，又缺乏应有的胆略和高瞻远瞩的政治目光。有人说，在晚清李鸿章虽掌北洋历经外交，但他却"忽于为政之本，而又少重气节"。这种说法有一定的道理。

李鸿章的这种特有性格，无疑也是导致他对外怯懦的原因之一。在清政府对日宣战的前夕，李鸿章的对日态度虽曾趋于强硬，但这只是出于一时的被迫。到宣战时，连了解一些清政府内情的驻华外使也知道，当时"李鸿章在军事上没有充分准备"。

宣战后，他为了投合西太后的求胜心并出于庇护其亲信将领叶志超，在竭力向清廷报告牙山的虚假战果之外，又迫不及待地透露给沙俄驻华公使喀西尼，"中国仍随时准备恢复各列强建议的和平谈判"。

在宣战上谕刚起草完，李鸿章的心理重心又向倚外求和倾斜了。

这个时候，英、美、意等国政府，相继声明对中、日两国采取"局外中立"政策；随后，沙俄也声称"不干涉中日战争。"

幽风桥

第四章　甲午风云战火起

但是，尤其英、俄两强，又都企图控制中日战局，使之沿着有利于它们的方向发展。于是，英、俄便通过外交渠道，对中国率先采取了一些诱惑性的小动作，时而放风试探。对此，李鸿章竟又为之动心。于是从七月九日（8月9日）以来，他接连致电总理衙门，鼓吹"英国极欲调停中日事务"，随后又望风捕影地宣扬"俄人有兴兵逐倭之意。"

原来，李鸿章即"无作战之气"，至此，连他在宣战前夕被逼出来的一点儿强硬态度也明显软化了。面对正在加紧调兵遣将决心扩大战争的日本侵略者，作为前敌的主帅李鸿章又向迷信外力退缩，无疑是一严重错误。

于是，光绪帝在七月十六日（8月16日）电渝李鸿章明确指出："俄有动兵逐倭之意，此非我所能阻，然亦不可联彼为援，致他日借词要索，总须由我兵攻剿得胜。"接着命"李鸿章饬催水陆诸将，奋迅图功，慎勿虚盼强援，转疏本计。"

可见，光绪帝并非无视列强之间的矛盾，而是强调要警惕它们对我可能别有用心，告诫李鸿章切勿"虚盼强援"。在此，他又特别指出，应立足以本国力量抗击日本侵略者，不可分散精力"转疏本计"，以免有损于抗战大局。

经光绪帝的驳斥与忠告，李鸿章乞求外援的活动有所收敛。但是，他迷信外力的基本态度没有改变。所以在此之后，李鸿章仍将光绪帝的反复劝告置诸脑后，始终下不了抗战的决心。这给中国抗击日本侵略者的自卫战争投下了深深的阴影。

争取主动地位

在六月十二日（7月14日）时，光绪帝就感到，中日撤兵谈判"久未就绪，和议恐不足恃"，认为应"先事预筹，毋致落人后著"。遂谕令李鸿章"先派一军由陆路前往边境驻扎，以待进发"。当时，李鸿章也看到，日本对撤军谈判毫无诚意。

因此，他为了壮其声势，遵旨于六月十四日（7月16日）派出由宁夏镇总兵卫汝贵统率的盛军和以马玉昆率领的毅军共八千余人，乘船在大东沟登陆后进入朝鲜北部。

接着，高州镇总兵左宝贵的奉军与由副部统丰升阿统率的奉、吉练军，也先后从北路开进朝鲜。

这四路大军，齐向平壤会集。当中国援军开进朝鲜境内时，"朝民以王师至，欢迎夹道。"体现了中朝军民的手足之情。

其时，清政府的海、陆军，虽然在此前的丰岛海战与成欢战役中失利，但是清军的整体战斗力没有丧失。而且随着北线的开辟，使在朝的军事实力又得到了加强。同时朝鲜人民已立场鲜明地站在了中国一边。

日本侵略者虽然在海、陆偷袭得逞，但却不得人心。此后，它按其预定的侵略计划，又把平壤作为下一步的攻击目标。

但日本在朝的兵力表露出明显不足，正在其国内组建的第一军，尚需调集。

另外，日本在汉城扶植起来的大院君，还在中、日之间"首鼠两端"。被日本废弃的原朝鲜国王李熙及其臣属，对日本"逼夺政柄，肆行欺压"，更是仇恨满怀。因此，他不断遣使向清政府求援。到日军完全占据汉城一带之后，朝鲜官民上下"多愿奉华为上国"。这表明，日本在朝鲜的控制区并不稳定。

源于此，它在发动平壤战役之前，其大本营的最高决策者也"对最后的胜败都暗自有所焦虑"。

在这种情况下，如果中国方面抓住时机，加紧进兵，重点推进，或可

第四章 甲午风云战火起

115

打破敌人的进攻计划，夺取有利的战略地位。

光绪帝尚在日本对清军发动偷袭之前，就曾电谕李鸿章，日本"开衅，必先向叶（志超）军决战"。遂即指令，"若南路一有战事，则北路各军，即应前往夹击，使彼两面牵制"。

直对日宣战后的七月二日（8月2日），光绪帝再谕军机大臣电李，命其"迅速电催"北路各军"星夜前进，直抵汉城，与叶志超合力夹击。"

至此，光绪帝更明确地提出采取南北夹击的战略方针，力图以积极进取的态势夺取抗战主动地位。但要实施南北夹击，光绪帝又认为，必须保住"势孤可虑"的叶军。为此，他又把希望寄于海军的支援与策应上。

因此，从八月二日以来，光绪帝在加紧催促北路进军的同时，又连续电谕李鸿章，命其派出海军舰只出海应援南路叶军，并在大同江口海域"梭巡固守，遇有倭船前来，即行奋击"。

他力图以海军为处于危机中的南路军建立一条补给线，同时破坏敌人的海上运输。

当时，光绪帝虽未明确认识到夺取制海权的重要意义，但却提出"海军为国家第一要务"。于是，作为改变北洋海军缺少快船的"补牢之计"，他立即批准了李鸿章提出添购快船的奏请，命海军衙门会同户部拨银二百万两"交李鸿章应用"。

随后光绪帝电告李鸿章，让他尽快购买战船，可奏明"实需用款"，"再由户部添拨"。

为加强海军的战斗力，光绪帝也付出了最大努力。另外，在此之前，一些廷臣即感到"海军护运不能得力"，便相继参劾海军提督丁汝昌。到这时，光绪帝也对丁汝昌未能率舰队出海建功而不满。所以光绪帝于七月三日（8月3日），电谕李鸿章命其查核丁汝昌"有无畏葸纵寇情事"，并指出如有必要，可"更换"海军提督。丁汝昌于是成了众人关注的焦点，参劾、惩处之声在清王廷回响。

丁汝昌是安徽庐江人。初从长江水师，后入淮军刘铭传部。其间因参加镇压捻军，积勋升为参将。

李鸿章任直隶总督后，喜其才略"留北洋差序"。光绪六年（1880）被李鸿章派往英国购舰，并考察了法、德海军与兵工厂。光绪八年（1882），以统理海军有功，赏头品顶戴。

次年，授天津镇总兵，再赏黄马褂。中法战争期间，曾率舰队南下巡弋。光绪十四年（1888）北洋海军建成，丁汝昌被任为海军提督。丁汝昌是由李鸿章一手栽培起来的北洋海军统帅。但在晚清复杂的环境中，也使他具有一定的矛盾性格。

光绪二十年六月（1894年7月），李鸿章派出济远、广乙舰护航向朝鲜牙山运送援兵之时，丁汝昌为预防可能遭到日本海军的袭击，曾"电请鸿章率我海军大队继发接应"。

但当各舰升火起锚时，李鸿章"复电令缓行"。日本海军在丰岛偷袭我舰船之后，李鸿章曾命丁汝昌率舰队出海"相机迎击"。

但是，在丁汝昌率舰队出征前夕，李鸿章又急忙去电令丁："惟须相机进退，能保全坚船为妥，仍望速回。"结果，这次出海也只是成为一种"游巡"罢了。

此后，丁汝昌又曾几次率舰队开往大同江口一带，同样平平而还。其间或有丁汝昌的个人责任；但"保全坚船"的训令，对他又不能不形成一种约束。显然，把"无功"之过全部推给丁汝昌，很不公道。

这个时候，李鸿章还毫不掩饰地宣称，对于北洋海军，他"兢兢焉以保船制敌为要"。其实，李鸿章的"保船制敌"也好，"保船"避战也罢，他均以"保船"为第一要义。

其时的北洋舰队在舰队的机动性与日本海军上已明显落后。不过，在

甲坚炮巨方面又有自己之长，并其舰种配备也较为齐全，所以它仍是"有战斗力的一个舰队"。何况光绪帝又在积极地采取切实措施大力购买快船，以补充薄弱环节。

可是，"一手经理"北洋海军的李鸿章，在当年四月（5月）校阅海军后向清廷的奏疏中，还津津乐道舰船"均甚灵速""操纵自如"、各种兵器打靶"均能全中"，等等。

到实战之际，他又接二连三地向光绪帝大谈起"海军船械不足，训练

日军渡鸭绿江

无实"。

当然，证实北洋海军的弱点，以求尽速补充与加强其战斗力，是作战运行的常态。但到战时，李鸿章对北洋海军竟又如此妄自菲薄，无非是为了给其推行"保船"避战方针提供依据罢了。

不过，李鸿章于此期间在向清廷的报告电中，并未把责任推在丁汝昌身上。而且在此后，他又甘冒"严旨"与有被参之危，仍连续电奏为丁汝昌陈述、解脱。

李鸿章正是从单纯的"保船"出发，于七月八日（8月8日）又电令丁汝昌说："兵船赴大同江，遇敌船势将接仗，无论胜负，不必再往鸭绿江

口，恐日本大队船尾追入北洋，妥慎防之。"

至七月十三日（8月13日），李鸿章再电丁汝昌，指令"此后，海军大队必不远出"。从丰岛海战之后，北洋海军舰队出航巡弋的范围不断收缩，从大同江口缩至鸭绿江口，随后鸭绿江口亦不准前往了。从而，北洋舰队基本处于"持重不出"的状态中了。

海军的活动频频受到限制，北路陆军也进展缓慢。原来，在北路大军刚刚进入朝鲜北部，卫汝贵率领的先头部队到达义州时，李鸿章在频频接到光绪帝催促北路加紧进军的电谕后，于六月二十五日（7月26日）他在给卫汝贵的电报中云："（光绪帝）电旨屡催进兵，为叶军南北策应，岂知远莫能致。"在李鸿章看来，似乎以积极进取之势，采取南北策应与夹击战略是行不通的，公开抗拒光绪帝的谕旨。

于是，李鸿章只是命卫汝贵及后续部队"相机前进"，这就是北路军进展迟缓的一个主要原因。

对日宣战之后，光绪帝采取了积极进取的战略方针，力争取得抗战的主动地位。显然，战争又是敌我在时间等方面的一场大竞赛，时间显得特别重要。只有进兵、后援等赢得时间，方能抓住战机，取得战争的主动权，有利于战争的进行。而且就当时的内外形势来说，光绪帝的这一战略方针也是可取的。但是，由于李鸿章终无斗志，一味消极，使光绪帝争取抗战主动权的努力受到严重干扰。

海战遭受重创

在李鸿章竭力抗拒光绪帝的旨意延误抗战部署之际，日本侵略者却加紧了进攻平壤的准备。

其实，至七月九日（8月9日），卫汝贵、马玉昆、左宝贵及丰升阿

各军主力十四万余人，也先后到达平壤。同时，叶志超、聂士成余部数千人，还在平壤南部牵制部分敌军。另外，北犯的日军主力尚在集结中。

另外，到七月二十三日（8月23日），据朝鲜平安道闵丙谥密报，"现倭兵尽向平壤，汉城余倭不过几百"，日军在朝的后方依然空虚。

很明显，在此期间，仍是中国北路各军乘机南下争取主动的有利时机。但是，这时的李鸿章对日本侵略者有畏惧心理，他依然是犹豫不前。因此，李鸿章对到平壤的各路大军，又采取了"坚扎营垒""先定守局，再图进取"的消极防御方针。

继而，他在七月十六日（8月16日）致总理衙门代奏电中，更明确地提出，"非有劲旅三万人，前后布置周密，难操胜算"。从而李鸿章认为，"目前只能坚扎平壤，扼据形胜，俟各营到齐，后路布妥，始可相机进取"。

李鸿章列出如此之多的"进取"条件，从道理上说固然并非均无可取之处，但其核心仍然是个"怕"字。正是在他的这种消极防御思想指导下，进驻平壤的各军将领，只在"日督勇丁并朝民于城内外筑垒，环炮而守。"眼看着日军在步步向我逼进。

七月二十一日（8月21日），叶志超率其残部退到平壤；七月二十八日（8月28日），聂士成与驻平壤大军会合。至此，平壤各军仍然"漫无布置"。对于这种情况，聂士成曾深为"隐切杞忧"，他建议"各军宜择要分扎防敌抄袭，悉驻平壤城中非策"。当时，叶志超等虽然表示同意，但却终未改变。

光绪帝见到李鸿章的七月十六日（8月16日）电后，在次日在给其电谕中指出，在日军正向平壤集结的情况下，我军"若株守以待，未免坐失事机。"故命李鸿章迅速"饬令各军，相机进取"。

在此期间，左宝贵等曾欲遵旨率师南下，但李鸿章仍令平壤各军按兵不动。因此，是在平壤坐守待敌，还是乘势出击夺取战争的主动权？越发引起人们的关注。

这时，在清廷中枢的翁同龢、李鸿藻，终日焦急地到军机处查阅电报或奏章，"论时事"、议对策，密切注视着前方的动向。主战官员礼部右侍郎志锐、御史易俊等，自七月十六日（8月16日）以来相继呈折指责或参劾怯懦将领及贻误战机的权贵。易俊在奏折中，指责李鸿章"一味迁延，希图转圜了事"，此言可谓是切中了李的要害。

再者，被日本控制起来的朝鲜国王李熙，仍然通过平安道阁丙爽致电清政府，要求"拯救该国危难"。

在这种情况下，于七月二十二日（8月22日），光绪帝再一次电谕李鸿章。他在该电中指出，日本已向平壤加紧"添兵"，因此我军"自应迅图进剿，先发制人"；同时饬令"后路"各军陆续到位。继而光绪帝便发出严令："若迁延不进，坐失事机"，使敌人据守"益固"，"即以军法从事"。在此，光绪帝把作战的方针、策略与利害所关又说得一清二楚。

当时，日军正向平壤迂回，包抄之势即将形成。但其南部与汉城一带仍是其军力的薄弱地区。因此，采取前、后同步起动的策略，乘敌不备，攻其后方，仍是摆脱战略被动之策。然而，李鸿章还是无动于衷。

叶志超率部退至平壤后，这里的营伍随之增多，而且各军在平时又互不隶属，因此统一指挥权十分必要。

于七月二十五日（8月25日），军机处与总理衙门大臣会议，认为"现驻平壤各军，营数较多，须有总统大员亲临前敌，调度一切。查叶志超抵韩较早，情形较熟，且历著战功，拟请派充总统"，当日请旨，光绪帝立即允准颁谕。

叶志超是李鸿章在淮军中的亲信。原派在他率军赴朝时，"志超不欲行"，后经李鸿章向其交底：去"亦未必便战，何怯"！在这种情况下，

叶志超方"勉强"开赴。后在成欢战役之前，他得知日军马上来袭便带兵逃往公州。退到平壤后，叶志超又"即行抱病"泡起蘑菇来了。他的所谓"战功"云云，其实主要是来自成欢战役后叶志超"铺张电鸿章，鸿章以闻，获嘉奖"，这是叶、李搞的个连环套。于是，逃将变为"英雄"，并曾因此激起西太后的兴奋，也使一直注重赏罚分明的光绪帝和一些廷臣蒙在鼓里。

但当这一任命电波传到平壤军中，叶志超本人深为"感悚"，唯恐"指挥未协"；同时又使"一军皆惊"，震动了全军。原来入朝的清军，尤其卫汝贵的盛军，浓厚的官长习气加上军纪败坏，既已在朝民中造成恶劣影响，又在军内加剧了"兵勇不服"等矛盾。

叶志超就任全军总统后，更加重了军内的混乱，诸将"各存意见，不服调度"等情形越发尖锐。特别在"军情至急"之时，颇有些军事见解的重要将领聂士成，竟突然回国募兵。

正如光绪帝在电谕中指出的，"募勇尽可遣员并代办，何必自行"？因此他也认为这种不寻常的举动"难保不另有别情"，遂即命聂速返平壤。

特别是叶志超担任全军的总统后，他不仅完全执行李鸿章的自我困守方针，而且又大大向后退缩，提出"必四万余人始敷分布"，一点儿进取的意思也没有了。

事态日趋严重，光绪帝已有所察觉，于八月五日（9月4日），他在给李鸿章的电谕中说："叶志超前在牙山，兵少敌众，而词气颇壮。今归大军后，一切进止，反似有窒碍为难之象"，可以看出光绪帝对叶志超明显不满。接着指出，"不可以全军重任付之叶志超一人"。说明光绪帝已意识到任命叶志超有不当之处。但在"敌氛已逼"、大敌当前的情况下，他仍以抗敌为重，遂令各军必须布置"进剿机宜"，"不得以兵未全到，束手以待敌人之攻"。至此,光绪帝依然紧紧把握主攻方向,再次争取战争的主动权。

此时,李鸿章也曾电令叶志超"选精锐"拦截日军,但又说"我军未齐,不能剧然前进"。这期间,左宝贵曾于八月八日(9月7日)派马队赴黄州探敌。随后他又与卫汝贵、马玉昆及丰升阿商定,遣精锐七千人到中和迎击日寇。但到八月十日(9月9日),李鸿章又命叶志超调回出征军"以顾根本"。就此,一步步地使近二万大军困守在平壤孤城。

这时,日本侵略军的增援部队,相继自釜山、元山及仁川登陆后,陆续与前期侵朝日军会合,并形成对平壤的"合围"之势。至此,光绪帝的积极防御的战略方针已完全失去其可行性;他力求避免的"坐以待毙"局面,却又无情地摆在了面前。

在八月十三日(9月12日)中日两军交火到八月十六日(9月15日)敌军发动总攻的战斗中,我军广大将士,英勇奋战,顽强反击,也曾使日军望之胆寒。

坚守大同江东岸的马玉昆,率兵与敌"肉搏血战,抵死相撑拒"。时,连卫汝贵也"持刀于枪弹如

李鸿章像

第四章 甲午风云战火起

雨中，往来督战"。高州镇总兵左宝贵及其所部表现都十分勇敢、出色。

左宝贵山东费县人。咸丰六年（1856）投江南军营，参加镇压太平军。后从钦差大臣僧格林沁镇压捻军，积功升副将。

光绪元年（1875），刑部尚书崇实赴奉、吉巡边，宝贵"奏自随"，后以功晋记名提督。

光绪十五年（1889），授广东高州镇总兵，仍留驻奉天。

光绪十七年（1891）赏黄马褂、头品顶戴，驻沈阳统奉军。宝贵治军"纪律严明"。并热心公益事业，"县治四境，津梁道路，多宝贵捐廉葺修"，颇得民心。

光绪二十年六月（1894年7月），日本在朝引发战争烽火后，宝贵即向盛京将军裕禄"请自筹防"。随后，奉命率军赴朝。到达平壤后，他遵旨与众将会商拟率军南下实施南北夹击，但未得到李鸿章的军令。

至八月（9月）上旬时，宝贵又率先派兵出击中和，旋即被叶志超调回据守平壤。至日军向平壤发动总攻之前，左、叶分歧公开化，"左主战，叶主退守"。

当双方争执不下时，左宝贵"怒骂曰：'若辈惜死可自去，此城为吾家矣！'"誓与平壤城相始终。

于八月十六日（9月15日）日军总攻时，便集中兵力向城北制高点猛扑。在此据守的左宝贵，身先士卒亲临指挥，与敌展开殊死拼搏，使"倭人死伤无数"。

最后，在敌我力量悬殊的情况下，已负伤仍坚守阵地的左宝贵，不幸中弹为国捐躯，实现了自己的钢铁誓言。

事后，清廷颁谕，以其"忠勇"给予"从优赐恤"。并且光绪帝还为左宝贵亲作《御制祭文》，痛曰："本期痛饮黄龙府，不意难回落日戈"。表露了沉痛的惜念之情。

左宝贵牺牲后，在城内伺机欲逃的叶志超，遂率余部仓皇逃走，致使无数的士卒惨死在乱军中，平壤陷落。

对于平壤战役，连日方发表的《战报》也承认，当时中国军队"激烈应战，不遗余力"，而且"兵亦善战"。清军败于平壤，原因是多方面的，但李鸿章抗拒光绪帝的积极防御方针，终无主动的战略意识，被敌人牵着鼻子走，最后只有坐以待毙了。

因此在这场对敌我双方都具有重大影响的战役中，清军之惨败，也可以说是李鸿章的单纯"防御"宗旨而导致的。

在平壤战后第二天发生的黄海大海战，也是李鸿章一再无视光绪帝的忠告而导演的惨剧在海上的重演。日本海军自丰岛海战后，为夺取黄海制海权以便"从海上应援陆军"，也采取了有准备的"进击"战略。

与其相反，李鸿章为了"保船"，同样抗拒光绪帝的海、陆军互相策应的抗战方针，步步收缩海军的活动区域，在海上也使自己处于被动地位。

这次日本海军的主力舰全部出动，组成庞大的联合舰队出击，正体现了它"决心进击"中国海军的意图。北洋舰队此次奉命开往大东沟，仍是一次护航行动，"舰队之任务在掩护船中兵士登陆。"因此它缺乏充分的战斗准备。这次海战，对中国海军来说，是一场被动的遭遇战。海战中，北洋舰队大多数"将士效死用命，愈战愈奋，始终不懈"，英勇顽强，誓死如归。特别值得大书特书的是致远舰管带邓世昌的战绩，尤为壮烈。

第四章 甲午风云战火起

邓世昌（1849-1894），字正卿，广东番禺人。从少年时代起，就开始关心国家的兴衰，因而抛弃传统的科举仕途"从西人习布算术"。后入福州船政学堂学测量、驾驶。毕业后，任福建水师船舰的大副、管带。

光绪六年（1880），李鸿章筹建海军时将其调北洋，并随丁汝昌出国购舰，开阔了视野。中法战争中，世昌毅然随舰南下防御。

光绪十三年（1887），再次奉命与他人同赴英国带回订购的致远等舰。回国后授提督衔，兼致远舰管带。鉴于国家日衰，世昌对人言："人谁不死，但愿死得其所耳"！怀志报效国家。

中日战争开始，邓世昌的爱国热情更加高涨。丰岛战后，他曾"愤欲进兵"，但在李鸿章的控制下未能实现。海战爆发，他在指挥致远舰官兵奋勇迎战的同时，又激励将士："吾辈从军卫国，早置生死于度外，今日之事，有死而已"！誓与日寇血战到底。

在浪涛滚滚、硝烟弥漫的激战中邓世昌率舰冲锋在前，"独冠全军"，相继"攻毁敌船"。当致远舰受重伤，且弹药将尽之际，遂命"开足机轮"冲向敌主力舰"吉野号"誓与之同归于尽。不幸，舰体再中鱼雷沉没后，邓世昌与全舰官兵落入海中时，他又"义不独生"拒绝援救，决然"自沉"，为国而壮烈牺牲。

事后，光绪帝为之"悼惜，追赠总兵，谥忠壮"。

后来，光绪帝又为邓世昌亲书《御赐碑文》，对其在黄海海战中"冲锋则义不顾身"和"终自沉以效死"的英雄气概，誉为"炳千古而竹帛流光"。

这次海战，中国北洋舰队之所以没有发挥出应有的抗敌作用，而且又受到较大损失，正像日本人说的那样，"海军政略之要，在于占有制海权。而占有制海权，则在于能否采取攻势运动。清国（即中国）舰队在作战伊始，就未能采取攻势运动，而采取绝对的守势运动，此乃清国之失算"。这里恰如其分地道破了李鸿章致命弱点。他出于怯敌畏战之"绝对的守势"，既断送了平壤的抗敌，也束缚了海军的战斗力。平壤失陷、海战受重创，使日本侵略者取得了陆、海两方面的战争主动权。使中国的抗战全部陷入被动局在。

扭转战局无望

八月十八日（9月17日）以来，平壤失守、海战失利等令人震惊的消息接连传入清宫。这一切，让翁同龢等人感到"鸭绿一线或势不妙可危，渤海危机正在蔓延。"因此，诸多爱国人士加重了他们的危机感骤增。然而，以光绪帝为首的抵抗派的抗战态度都很坚决。他们在日趋严峻的战争态势面前，又不失时机地采取了一些加强本国防御的重大措施。

在军事方面，随着战争形势的急剧严重，光绪帝加紧调兵遣将，极力巩固与扩大鸭绿江防线，准备阻击来犯之敌，保家卫国。起初，在向朝鲜调动援军时，光绪帝为预防后路，即命主动请战的黑龙江将军依克唐阿率军进驻奉天。到这时，他便谕令依军向鸭绿江沿线运动，以便与他军"合力防剿"。同时，光绪帝还谕电李鸿章，调驻守旅顺的宋庆率军与已在大东沟登陆的刘盛休铭军等部，向"奉省门户"九连城一带集结，加强沿江纵深的防御力量。并电令东三省练兵大臣定安和盛京将军裕禄，命其派兵"前往鸭绿江，并举办乡团，添募猎户炮手，随同防堵"。

至此，光绪帝为了抗日卫国，突破了只依靠正规清军的界限。到八月二十二日（9月21日）后，从平壤退下来的各军相继回到国内，并奉命加入边防。至九月（10月）中旬，在奉省东边道鸭绿江沿线，已集结了七十多营三万余人的中国防军，从而构成了以九连城为中心，左翼伸到长甸、右翼达安东（今丹东）及大东沟的鸭绿江防线。以上诸军，除宋庆统辖的毅军和依克唐阿、刘盛休等部之外，其余均是从平壤败退回国的各军。

这些部队，多已"士卒疲乏，粮械不给（足）"，而且"军心已涣"。因此，光绪帝采纳了翁同龢等抵抗派官员的建议，为了稳定军心重整军威，他在催促为这些退回的各军加紧筹措和运送饷械的同时，又力行赏罚，撤换与调整防军指挥。

第四章 甲午风云战火起

127

自此始,光绪帝一面颁谕为左宝贵、邓世昌等所有"力战阵亡"的将士赐恤、昭功、"立传";一面惩处怯懦畏葸之首要。

在这方面,光绪帝首先处分了应负全责的李鸿章。事实表明,直到对日宣战以来,由于李鸿章"并无作战之气",对敌"延"。已经起朝臣上下的愤怒。就在八月十八日(9月17日),随着平壤守军败退的消息传来,在清宫举行的枢臣会议中,李鸿藻又指责李鸿章"有心贻误"。显然,这是并不为重的恰当指控,可是竟又有人企图维护李鸿章。

但翁同龢却公开表态认为,"高阳(李鸿藻)正论,合肥(李鸿章)事事落后,不得谓非贻误,"支持了李鸿藻的意见。于是,他们便议定了对李鸿章的处分,并马上拟书进呈光绪帝,其实,此议正符合光绪帝的心意,他马上谕内阁宣布,对李鸿章进行处分。

李鸿章在得知对他的处分后,于八月二十日(9月19日)以"据实陈奏军情"的名义上奏光绪帝。在该折中,他不得不承认,自己"督率无方,罪戾丛积,谤议咎责,实无可辞"。

同时又找许多客观理由为自己辩解,但也道出了自己的天机。李鸿章说,从"倭事初起",他就"夙夜焦思,实虑兵连祸结,一发难

日军进攻威海卫

收。"原来，李鸿章与在十年前中法战争时的观点一样，到中日战争之初他仍然怀着战必败的心态。可见指责他"无战志"，有心贻误，等等，绝非言过之词。

最后，李鸿章在给以他的"薄惩"表示"感激"之余，又说自己"衰病之躯，智力短浅，精神困惫，以北洋一隅之力，搏倭人全国之师，自知不逮"。显然，这又是在为自己开脱。在此之后，李鸿章对于光绪帝的抗战谕电，更加持以敷衍态度。但是，他对其北洋海军却仍然牢牢地控制不放。原在海战后的第三天（9月19日），光绪帝为尽求海陆军配合以加强沿边、沿海防御，即谕电李鸿章，在命其"查明伤亡士卒，请旨优恤"的同时，又指出"各舰赶紧修复，以备再战"。

到八月二十九日（9月28日），光绪帝再次谕电李鸿章，指令"海军修补之船，须赶紧准备护口迎敌"。当时的北洋舰队，尚有各种战舰七艘，另外加上练船、炮艇、鱼雷艇共二十只战船，如把伤船修复仍有一定的战斗力。但到九月十八日（10月16日），受伤船只全部修复，九月二十日（10月18日）丁汝昌便奉李鸿章之命率舰队驶回威海。此后，当旅顺吃紧，丁汝昌曾亲赴天津"请以海军全力援旅顺"，但却遭到李鸿章的严词训斥："汝善在威海守汝数只船勿失，余非汝事也"！予以拒绝。从而把北洋舰船完全置于威海港区，使它处于"坐毙"之中。

受到处分后的李鸿章，不但没有"以赎前愆'的表现，反而更明目张胆地抗拒光绪帝的谕旨。之所以如此，是因为他在其背后有个巨大的"圣慈"保护伞。可见，对于李鸿章的这种不痛不痒的"薄惩"，也反映了光绪帝的懦弱性。

八月二十二日（9月21日），光绪帝颁谕，命四川提督宋庆"帮办北洋军务"。实际上，这既是光绪帝为削弱李鸿章之军权所作的一种尝试；也是为撤换叶志超而采取的一个步骤。因此，对于权势和派系极为敏感的李

第四章 甲午风云战火起

鸿章，在他得旨后的次日（9月22日），便电告叶志超说："昨已奉旨，派宋庆帮办北洋军务，则总统在可有可无之例"。

其实，李鸿章在此电中只说出一半儿的话，仅向其亲信叶志超通个风，劝他"勿得张皇"。果然，到九月二日（9月30日），光绪帝便颁谕决定："除依克唐阿一军外，所有北洋派赴朝鲜各军及奉省派往东边防剿各营，均著归宋庆节制"，这就等于撤销了叶志超的总统职。

到九月十五日（10月13日），光绪帝即谕军机大臣等宣布，"叶志超驻军平壤，漫无布置"，以致"临敌溃退。卫汝贵所统盛军，兵数较多，全行溃散，叶志超、卫汝贵，均著先行撤去统领，听候查办"。

同时还在谕中指出，"聂士成向来带兵尚属勇往"，故命宋庆"传旨派令聂士成统带"叶、卫"所部各军"。到此，既完全解除了李鸿章的淮军嫡系的两大支柱叶志超、卫汝贵之兵权，又重用了善战将领聂士成，可谓体现了赏罚分明。从中确定了以宋庆为主，依克唐阿为副的辽东防军总指挥。

宋庆、依克唐阿，都不是淮系的"能战者"，但均具"骁将"之称，他们又都"誓心杀贼（日寇）"的斗志。尤其被任为多军总指挥的宋庆，其时他已年逾八旬，体力与精力均难以驾驭疆场上的征战。而且自朝退回的各军，原来就互不相属，军纪废弛，并且内部矛盾重重，加上由于战败溃退更使军心涣散。当时，光绪帝曾寄望于宋庆、依克唐阿，期待他们能"协力同心"，"奋勇齐击"来犯之敌，捍卫国土。但在实际上却难以收到激励将士、密切配合，从而加强军队战斗力的效果。

光绪帝在加紧集结队伍、整顿防军和部署鸭绿江防线之时，他又清楚地意识到，日本侵略者在侵占了平壤和控制了中朝海域之后，势必又要向中国"深入内犯"。因此又认为，我"盛旅门户及沿边山海关各口"亦应"严密防范"。

原在黄海海战后，光绪帝一再电令李鸿章尽速修复受伤舰只"以备再战"，就是为在本国进行全面防御作准备的。另外，早在对日宣战后的七月十五日（8月15日），湖南巡抚吴大澂请战被光绪帝批准后，于七月二十六日（8月26日）他便率四营湘军自长沙开往威海。

至平壤战败后的八月二十五日（9月24日），为加强山海关一带的防御，吴大澂又奉光绪帝之命，带军北上乐亭驻守。前湖北提督程文炳、总兵姜桂题、按察使陈䌹、布政使魏光焘等宿将，先后经刘坤一、张之洞等人荐举，均陆续在各地募勇成军，准备开赴前敌。

至此，光绪帝又直接谕电刘、张，命其"催令"程文炳、姜桂题等率军"迅速遄行"，充实北部的防御力量。

光绪帝为了巩固辽东江防和加强北部京畿要地及沿海的防务，始终在坚持不懈的努力中。虽然他在其中或有不当与疏漏之处，但光绪帝要继续以自卫战争来捍卫祖国领土的决心，却是坚定不移的。

但是，正当光绪帝在竭尽全力准备在自己的国土上抗击来犯之敌的关键时刻，他又遇到难以摆脱的困扰。

原来，准备为西太后举行六十寿辰庆典的活动，从光绪十八年（1892）开始准备，于当年十二月十五日（1893年2月1日），光绪帝便根据西太后的懿旨颁谕宣布，他将为此亲"率天下臣民胪欢祝嘏"。

此后，光绪帝又据西太后的懿旨连连颁谕督促筹备，从而相继在各方面均做了周密安排。按原计划，庆典活动从光绪二十年（1894）年初开始，到其寿辰正日即当年十月初十日（11月7日）达到高潮。

主要活动是：除了提前进行"恩科"乡、会试之外，便是重头戏为西太后上徽号、接受王公文武大臣及各将军督抚进贡物、自清宫至颐和园沿途点缀景物（统称"点景"）与设经坛、戏台，"万寿"正日时皇帝率文武百官到颐和园为太后举行贺礼，等等。所有庆祝活动，均伴以

隆重仪式。

事实上，这种"万寿庆典"，既是西太后炫耀其所谓"圣德"及笼络人心的时机，也是她借以肥己的机会。所以这一庆祝活动不仅时间长、规模大，而且其耗费的人力、财力与物力十分惊人。其中仅"点景"一项，即"耗费实多"。

正因如此，自中日战起以来，光绪帝和要求集中国力一致抗敌的朝臣，均以不同的方式请停"点景"。迫于内外压力，西太后虽曾在表面上作过"应请"的表示，但她并无停办之意。因此，后来每当延臣又奏请停办"点景"时，因慑于西太后的淫威，光绪帝也只是违心地示以"请（太后）懿旨办"而使之不了了之。

西太后周围的清廷权贵庆亲王奕劻、礼亲王世铎等人，"皆贪庸寡识"之辈；后党骨干、军机大臣孙毓汶与徐用仪，同样都看着西太后的眼色行事。而且世铎、孙毓汶，又是首先被任为主办"万寿"庆典的"总办"。

因此，他们对筹办庆典尤为卖力是不言而喻的。另外，孙、徐勾结；孙毓汶与李鸿章又早有密交。孙毓汶与徐用仪，在清廷内靠皇太后及庆、礼二王；外联李鸿章，成为颇为霸道的后党集团势力。仅自对日宣战以来，孙、徐便与李鸿章"互相因应"，对光绪帝筹划与部署抗战多有干扰。甚至他们为了达到其不可告人的目的，还居然"删节章奏，隐匿电报"，严重地影响了光绪帝了解战情与主持抗战。孙毓汶、徐用仪所以如此，无非是唯恐朝廷倾注于战影响筹备西太后的"万寿庆典"。

在西太后看来，这一庆典关系着她的所谓"尊严"，所以成了"老佛爷"心中压倒一切的最大心事。在对日宣战前后，由于西太后怀有侥幸心理的支撑，对此未便再明显表露。

但到八月（9月）中旬之后，随着"庆辰将届"，西太后便按捺不住了。什么战事告急、国家危机、部署抗敌卫国，等等，均可置于一旁，其"万寿庆典"是绝不能有误的。于是，在平壤守军与敌展开浴血奋战，并随之处于"败信迭至"的紧急时刻，清宫仍于八月十六日（9月15日）为

日军首次踏入清朝土地

西太后举行了盛大的加徽号典礼。

而这则表明，西太后的"万寿庆典"正式开场了。西太后得意地降懿旨连日"赏听戏"，致使一些因平壤战败而忧心忡忡的朝臣，无奈只得"饮泣"而坐。

继而，到八月二十六日（9月25日），正当光绪帝在全身心地加紧部署边防之时，西太后又降懿旨以颁谕的方式。对众怒所向的"点景"，公然以继承祖制为名予以公开肯定了。遂即她又以伪善的面孔宣布，把"庆辰典礼"改在宫内举行，似乎这就是其关心战事的体现了。至于没完没了的庆祝仪式及收受廷臣疆吏的贡物等，均只字未提。其实，这是西太后在以换汤不换药的手法，为自己的六十寿辰庆典发布的开场白。

由于西太后为了个人的私欲，在敌军逼近国门之时又要大肆挥霍，因此到九月十四日（10月12日），颇具勇气的礼部侍郎李文田等人，又连名上奏"请停点景"。

这时，西太后或许感到对此硬压已无济于事，于是次日命世铎出面

第四章 甲午风云战火起

133

传太后懿旨，声称"一切点景俱暂停办"。事实上，这还是一种骗人的伎俩。

至十月二日（10月30日），仅据枢臣所见，在"蕉园、锡庆皆有彩殿，北长街皆有点景"。可见西太后的"停办"云云，仍为一派谎言。在国家处于危难之秋，一朝之大的西太后依然醉心于穷奢极欲之中，而且她的亲信官僚，又在为其误国行径而推波助澜。在这种情况下，更使那些关心战事和国家命运的朝臣为之焦虑，有些爱国官员在思索与酝酿挽救之策。

还在对日宣战后的七月三日（8月3日），原靠近帝党的侍郎长麟，了解一些清廷内情便首先奏请"起用恭亲王"。

清皇族中老资格的恭亲王奕䜣，不仅是西太后发动辛酉宫廷政变时的得力支持者，又是在同治朝与光绪初年控制军机处及主持总理衙门的显赫人物。

在光绪十年（1884）被西太后罢官后，历经与西后的权势之争而失落的奕䜣，此后却又"闭门思过"，以隐居式的生活而自得。

因为奕䜣具有这种特殊的身份与经历，使一些希望廷内能有制约西太后和左右军政的人来挽救危局的朝臣，皆对奕䜣有寄托之意。又因奕䜣后来成为西太后政敌之故，并由此而失势；而且西太后的专横已尽人皆知。所以要起用他显然具有重大风险，如果失当则"罪在不测"，从而使这些人又欲言而"不敢言"。

况且此前的内外形势尚非特别明显。因此，起初当长麟提请起用奕䜣时，因未在朝内得到响应而作罢。到八月（9月）中旬，随着平壤战败"警报叠来"，抗日战事出现越发明显的颓势。同时，西太后也随之为其寿辰庆典拉开场面，又露出其倒行逆施的真面目。

值此之际，在南书房行走接触过廷内枢要的侍讲学士陆宝忠，便与直南书房的侍读学士张百熙私下议论，他们都感到"欲挽艰危，非亟召亲贵（即恭亲王奕䜣）不可"。但陆、张深知此事的难度与面临的风险，因此他们又经数日筹议，于八月二十七日（9月26日），陆、张再"谋"于资历较深而且敢言的李文田。

李文田"忠义奋发，愿不避谴责，联衔人告"。于是，他们便立即拟折，并另约其他三人联合署名呈递。次日（9月27日），翁同龢在书房看到李文田等人的这份"联衔"奏折时，又触发了他的同感。为了积极配合这一行动，翁同龢在取得李鸿藻的赞同后，遂即联合拟折附议：意在共同希望"请起用恭亲王"。当时，"太后执意不回，虽不甚怒，而词气决绝"，拒绝了这一请求。在此期间，光绪帝每阅一折，均"必问"翁同龢"可否"，说明他们之间的关系更加密切了。

在这种情况下，翁同龢对有关军政的重大举动，无疑也会与光绪帝相通；并且西太后回绝翁、李奏请起用奕䜣时"皇上同坐"。显然，光绪帝对此亦不能等闲视之。固然此事的原委均在密中，但在当时，光绪帝对奕䜣确也"向之殷"，寄予了期望。

因此，光绪帝在与西太后一起召见翁同龢等人的当天，又单独召见了陆宝忠，并向他面授机宜，表示"欲得外延诸臣协力言之"。或许通过西太后拒绝翁同龢、李鸿藻及李文田等少数廷臣奏请的事实，使光绪帝越发感到，只有得到更多朝臣的支持，方可促使太后起用恭亲王。

陆宝忠受命后，便趁热打铁，又迅速地串联了吏部尚书徐桐及翰林科道五十七人，继续"联名"呈折奏请，于是在很短的时间内，便在清宫形成了一个颇似引人注目的、要求起用奕䜣的声势。当时正在向求和倾斜的西太后，头脑似乎又冷静下来，对以前由于"专办抚局"著称的恭亲王可能产生了一种新的兴趣。

于是，光绪帝的策略果然奏效。九月一日（9月29日），光绪帝奉西

第四章　甲午风云战火起

太后懿旨颁谕宣布，命恭亲王奕䜣"在内廷行走"，"管理总理各国事务衙门事务，并添派总理海军事务，会同办理军务"。至此，恭亲王奕䜣又重新上台了。策划鼓动起用奕䜣与在此前对李鸿章的处分，有着密切的联系。都是以光绪帝为首的清政府抵抗派，为了进一步在清廷上层排除干扰争取抗战转机所采取的重大举措。

然而，对李的"惩处"只不过是一种警告而已，既未丝毫触动他的权势，更不可能改变其对敌怯懦的心态。因此直到奕䜣被起用后，李鸿章仍然受到廷内外群臣的猛烈抨击，但在当时光绪帝并未对他再采取更为有力的惩罚措施。翁同龢曾主张"易帅"，他在这期间对李鸿章的一些指责并非出自私见，同样他也没有勇气再向前迈进。为了起用恭亲王，光绪帝亦费尽了心机。翁同龢、陆宝忠等对朝政、战局忧心如焚的廷臣，更是不畏艰险在前场奔波呼号。但是，把振作朝政与扭转战局的重望寄于奕䜣一人身上，未免是一种天真的幻想。他在政治上的锐气，亦今非昔比了。所以到奕䜣复出二十多天之后，在辽东防线频频告急之际，清宫仍又演出向西太后"进贡物"的闹剧。昏暗的清廷依然如故。在这种情况下，光绪帝和原来那些为起用奕䜣而卖过力的朝臣，方不得不感到，盼回来的这个恭亲王亦"不足恃"。因此，以光绪帝为首的抵抗派，力图整顿朝政扭转战局的愿望，又将在侵略者扩大的战火中化为烟云。

抗战陷入危机

日军侵占平壤后，逐渐用军事力量控制了整个朝鲜。大东沟海战之后，日本海军又利用李鸿章的胆怯惧战的心理，使黄海制海权落入其"掌中"。于是，日本侵略者便按照其预定的侵略计划战火烧向了中国本土。

至九月二十七日（10月25日）前后，从鸭绿江上游偷渡后，马上迅速抢占了清军防线的"总根据地"九连城。接着，安东、宽甸等军事边城相继失陷，鸭绿江防线遂即瓦解。

此后不久，凤凰城、岫岩又相继失守，使清朝的陪都沈阳和兴京皇陵受到直接威胁。这个时候，日本第二军在花园口登陆后，于十月九日（11月6日）经激战攻陷金州，到十月二十四日（11月21日）海军要塞旅顺失陷，并使无辜百姓二万来人倒在血泊之中，暴露了日本侵略者的凶残性。至此，辽东与辽南的沿边重镇相继沦失，大片锦绣河山横遭侵略者的践踏；无数平民被日寇蹂躏与屠杀。从而锦（州）、山（海关）告急，京津震动，中国的抗战陷入严重的危机之中。

正当日本侵略者踏破国门大举入侵之际，焦急万分的光绪帝于十月三日（10月31日）召见奕劻、奕䜣，欲商应急对策。但上台不久的恭亲王竟然不着边际的大发空谈，使光绪帝的召见大为扫兴。

当日，翁同龢、李鸿藻求见西太后，陈述局势之危，她竟另行召见世铎、奕䜣尽言"庆典"事。西太后对战争的危局无动于衷，竟专注于自己的寿辰庆典，对日态度已发生变化，其注意力正在转移。

在平壤失守后，随着抗战的不利局面越发明显，西太后原来对战争存有的侥幸心也随之破灭；同时她的寿辰庆典又日益迫近。于是，西太后的心理重心开始转向。

在光绪帝与抵抗派官员加紧策动起用奕䜣时，西太后又以另外一种紧迫感，于八月二十八日（9月27日）突然打破常态，公开出面召集了一次枢臣会议。

会上，西太后既以冷漠的态度避开翁同龢力陈的战争危机局面；又拒绝了翁同龢、李鸿藻要求起用奕䜣的奏请。会议的中心竟成为西太后（下简称后）与翁同龢进行的一场事关重大的授命对话，虽然西太后的话遮遮掩掩，甚至施以谎言。但众所同知，她是要借翁同龢之口向李鸿章示意：

可以依靠俄国对日求和了。此时，虽然西太后在当时谈和还有些羞于启口，但她的主和的一面已显露。正因为如此，翁同龢不愿为她承受骂名，一再推辞；但他又不敢过分抗拒西后。结果，在只作"传述"的条件下，翁同龢接受了这一任命。

九月初二日（9月30日），翁同龢至天津总督署见到李鸿章时，又接到给他与李鸿章的延寄一道，命李、喀晤面的详情由翁同龢"回京复奏"。这是西太后施展的又一伎俩，既可防止翁同龢此行不能尽其意；又表明她对此事的重视，并暴露出西太后也要把翁拉入求和轨道的用心。

深谙事态的翁同龢，便以其人之道还治其人之身的办法对李鸿章说："出京时，曾奉慈谕（西后之谕），现在断不讲和，亦无可讲和"。但同时又说，"喀使既有前说，亦不决绝。今不必顾忌，据实回奏。"他又委婉地透露了西太后的意图，对依俄求和开了绿灯。

至九月六日（10月4日），翁同龢返回北京向西太后回奏时，他除详述会见李鸿章的情形外，又"力言喀事恐不足恃"，还说"以后由北洋（李鸿章）奏办，臣不与闻"。

翁同龢在复命之余，再次申明不介入依俄求和事。其实，他对此事是

清　沉香木镶珠玉如意

持以否定态度的。然而在光绪帝仍加紧主持抗战的关键时刻，翁同龢奉命的天津之行，却成为西太后的立足点移向对日求和的重要体现。但她的这种愿望，也只不过是自己的意愿而已。

事情的整个过程虽然都是在颇为秘密的情况下进行的，但翁同龢"密赴津沽议抚议"的消息仍然不胫而走。因此，在坚持抗战的帝党营垒中，立即产生强烈反响。事实上，从中日开战以来，妥协势力的求和企图从未消失；同时反妥协的呼声从未停息，只是随着形势的演变而时隐时现、时起时伏而已。

到这时，与翁同龢关系密切的翰林院修撰张謇，在翁氏回京后的九月七日（10月5日），率先递上《推原祸始防患未来请去北洋折》，愤怒地谴责了李鸿章一贯"主和误国"的可耻行径。接着，志锐出阵，文廷式也联合翰林三十五人连衔呈折，都众口一词地抨击议和企图。但是他们设计的对策，不外乎"联英伐倭"或"联英德以御倭"而已。

这些帝党官员的主张，固然都是立足于抗日，与西太后、李鸿章的依俄求和有着根本的区别。但他们都把自己的命运寄希望于列强，因此都是不切合实际的幻想。

西方列强，首先是英国，既唯恐"战争继续下去可能损害英国的贸易"；又担心战争扩大有在中国"引起屠杀外人的危险。"因此，从九月八日（10月6日）以来，英国政府便通过外交途径与德、俄、法、美、意等国政府进行磋商，企图对中日战争组织联合的促和活动；同时又探询日本的意向并逼迫中国屈从。

其实，英国的目的是出于"自保"，力求避免因日本的大举入侵而打破列强在华形成的侵略格局；同时又不愿挫伤日本。

因此，英国提出的促和条件是：列强保证朝鲜"独立"和中国对日赔款两项。当时其他列强所考虑的也只是"在朝鲜的政治和商业野心的利

第四章 甲午风云战火起

益"，而且又对中国各怀鬼胎，彼此间矛盾重重。

因而，其他各国政府先后以各种借口拒绝与英国联合促和。当时日本侵略者的野心正急剧膨胀，认为"事态尚未达到足以保证在谈判上得到满意的结果"的程度，也拒绝了英国的建议。在这种情况下，一直在标榜"严守中立"的美国政府，后来就渐渐插入中日议和交涉。

英国搞的联合促和活动虽然没有取得成功，但它还在单独行动。九月十五日（10月13日），英国驻华公使欧格纳到总理衙门提出其政府的促和条件，并"限即日定议"。

次日，清廷枢臣在商议此事时，孙毓汶、徐用仪气势汹汹地"力主应允"，他们扬言，若"不如此不能保陪都，护山陵。"

但翁同龢、李鸿藻却严厉地指出，这是英使在"要挟摧逼"，并质问孙、徐"何不称上（光绪帝）意不允以折之？"可是，孙毓汶和徐用仪仍顽固地坚持己见。

无奈之下，翁、李又求见西太后力求争取挽回。然而他们发现天意已定（此指西太后已决意言和），似不能回矣。围绕如何对待欧格纳逼和在清廷中枢展开的这场激烈争论，是坚持抗战与屈辱求和之争的首次正面交锋。结果，以西太后为首的主和势力占了上风。

因为西太后及后党骨干人物步步转向对日求和，故此他们对抗战的势态就越发冷淡。随着太后寿辰庆典活动的摊开与战局的不断恶化，加上外来迫和风的煽动，这些人的求和活动也加快了步伐。

在诸多变故纷至沓来中，清廷统治集团中也呈现一片混乱。时而太后问诸臣"计将安出？"其实她的主意已定；孙毓汶大谈"各国调处"；翁同龢坚拒和议。这时，奕劻竟出来请奕䜣督办军务。无论奕䜣的用意是什么，光绪帝却抓住他的奏请，于十月初五日（11月2日）颁谕宣布设督办军务处，命奕䜣"督办军务，所有各路统兵大员，均归节制"。同时，任命奕䜣帮办军务；以翁同龢、李鸿藻、荣禄、长麟为商办。另外，命奕劻、奕䜣及翁、李、荣、长办理新设巡防处事宜；又以怀塔布、李文田、汪鸣銮等人主持团防。

次日，西太后降懿旨，补授翁同龢、李鸿藻为军机大臣。在这次对清廷枢要的系列任命中，除尚属微妙人物奕䜣之外，荣禄原为西太后的"宠臣"，后因"被劾纳贿"调出京城任西安将军。此前，他为西太后寿辰"祝嘏"来京，被授为步军统领留京。其余除了后党骨干，也有帝党的中坚，无疑这是一种调和的结果。

之所以如此，显然是体现了帝、后的不同用意。西太后企图以任用亲信、笼络重臣的手段来加强求和的阵容；光绪帝力图以转移用兵权和设巡防处办团防来摆脱李鸿章的干扰，坚持抗战，抵制求和。其实，光绪帝尤其是对奕䜣的任命，又是一大错招。

奕䜣被升至主管兵事的重要位置后，却迫不及待地在次日与奕劻、孙毓汶等召见俄、英、法、德、美驻华公使，乞求他们帮助中国寻求"和平"。

可以说，这是奕䜣在复出后其政治态度的公开亮相。此后，他又继续沿此轨迹滑行到妥协势力的一边。在这严酷的事实面前，原来对这个恭亲王怀有巨大期望的光绪帝和一些以国难为忧的官员，只得作茧自缚了。

以清统治集团为核心的乞和风，又迅速地波及于下。十月十二日（11月9日），吉林将军长顺，在他的奏折中声嘶力竭地叫嚷中国所有各军帮"不足恃"。长顺认为，如再继续战下去"大局不堪设想"。言下之意，中国只有对日屈服了。

接着于十月二十日（11月17日），陵寝总管联瑞在联名致清廷电中说得更加露骨，他们借口"保全民命"，不分青红皂白地扬言与"侵扰中国"者言和"自古恒有"。于是，联瑞等公开要求应"派大臣与之议和定

约"。

此外，一些患"软骨"症的内外权势者也随声附和。从而，自上而下扇起的求和阴风阵阵袭来，抗战形势日趋严峻。光绪帝和抵抗派官员的卫国之志，受到越来越大的压力。

然而，在战与和的问题上，这时光绪帝和坚持抗战的官员却未被压服或软化。

向日本表示出"善意"的美国政府，在日本侵略军攻陷旅顺的当天（11月21日），它的驻华公使田贝，便奉其政府的训令到总理衙门表示愿为中日战争"调处"。并代为清政府拟出求和照会，提出以朝鲜"自主"和"赔偿兵费"为条件的停战建议。

次日，又由他致电美国驻日公使谭恩让他转达日本外务大臣。对此，日本方面仍表示"不能接受"予以拒绝；但对西太后等人来说，却对田贝的举动感到是求之不得的。

恰在此刻，光绪帝断然指出："冬三月倭人畏寒，正我兵可进之时，而云停战，得毋以计误我耶？"表明了抵制求和的严正立场。

继而，于十月二十七日（11月24日），又以旅顺失守，光绪帝电谕李鸿章宣布："该大臣（即李鸿章）调度乖方，救援不力，深感痛恨。革职留任，并摘去顶戴，以示薄惩而观后效。"再次惩处了李鸿章。旅顺的沦陷，李鸿章固然负有不可推卸的责任，但当他正与奕䜣秉承西太后的懿旨加紧对日求和时，对李鸿章的这种惩处又等于为求和活动泼了冷水。

因为光绪帝在战、和问题上的态度越发分明，毫不含糊，公开拒绝与主和势力合流。因此，他便成了西太后推行求和方针的重大障碍。于是，西太后便采取了杀鸡给猴看的手法，企图以此来胁迫光绪帝和削弱抵抗派势力。自此，使战、和之争日趋激化。

在光绪帝惩处李鸿章后的第三天（11月26日），西太后便出面单独召开了枢臣会议。在会上,她强行宣布了惩处瑾、珍二妃的懿旨,这一"薄惩",使瑾、珍二妃连降两级。惩处的原因,说是"习尚浮华,屡有乞请",属于"干预朝政",而且光绪帝对此又颇为"深虑"。可谓问题严重,"罪"有应得了。但到底如何"浮华"、有何"乞请"竟然"干预朝政"?却无一句明言。西太后以其心腹太监总管李莲英,搜集到珍妃通过太监卖官的事,利用光绪帝不在之机向枢臣大加渲染决意惩处瑾、珍二妃,其矛头却是指向光绪帝与帝党的。三天后,西太后又在仪鸾殿召见枢臣。这时,她又斥责"二妃(主要是珍妃),种种骄纵,肆无忌惮",并谓"珍妃位下太监高万枝,诸多不法",欲兴"大狱"扩大事态。对此,翁同龢认为"有伤政体",奏请将高万枝"交内务府捕杀之"罢了。结果不仅杀了高万枝,还惩处了侍奉珍妃的太监长泰、永禄等人。这次西太后对瑾、珍二妃的惩处,并非只此。

就在处死高万枝的前一天,西太后又授意特制两块禁牌。其一是给瑾、珍二妃立的在其中,对珍妃的随意着装列为禁条。更严重的是,不准

旅顺失陷

第四章 甲午风云战火起

143

二妃在平时向光绪帝呈送物品，企图切断他们之间的感情纽带。让二妃以"当差"的身份"随侍"光绪帝"改过自新"，算是皇太后给她们的最大"恩典"了。

另一个禁牌，是赐予隆裕皇后的，其意是让隆裕皇后辖治后妃嫔不准干预国政。

从这里可以看出西太后权威的"神圣不可侵犯"性。借此事件，她不仅为隆裕皇后出了气，且把其强为光绪帝妻娶这个侄女皇后的真实目的亮了出来。表面上是肯定皇后具有统辖六宫之责，其实是明确地让她访查所谓"在皇帝前干预国政"的行为，意即监视光绪帝。再次露出西太后在"家事"中隐藏的政治目的。

晚清官场的腐败，到西太后掌握清朝大权时，已成不治之痼症。"官以钱买，政以贿成"；"一年清知府，十万雪花银"。官场无异于市场。在这种背景下，"珍妃蒙混请求光绪帝，私卖官爵"的事即使属实，也不足为奇。但事虽不足为奇，却反映了清封建政权的腐败。

可见，在战、和之争的关键时刻，西太后抓住珍妃的一些隐私等问题大做文章，并扩大事态。不只是把无辜的瑾妃也连上，而且还加害太监多人，制造了一起宫廷惨案，公然挑起了一场"内争"。

虽而易见，西太后"惩处"瑾珍二妃、尤其是珍妃，其用意是警戒光绪帝和打击坚持抗战的帝党势力。果然，就在她处罚了瑾、珍二妃和处死太监高万枝之后，又把矛头直接指向了志锐。作为瑾、珍姐妹的堂兄，帝党骨干志锐，是光绪帝坚持抗战反对求和的忠实支持者。

光绪帝不仅已是抵抗派在舆论上的先锋，后又身体力行勇于参加抗战实践。此前，当光绪帝决定设立巡防处，要围绕北京办团防准备以御敌时，志锐指出"京北空虚"，但热河一带"猎户极力"，认为应在此"速办乡团"保卫北京。

于是，志锐在十月七日（11月4日）上奏表示"愿效驰驱"，要求亲赴热河募勇办团练。遂即得到光绪帝的允准，成为帝党企图抓牢武装的一次尝试。但当志锐出京后，由于前线越发吃紧，各地频频告急，光绪帝又命志锐"回京当差"。

当西太后淫威大作，向抵抗派步步施加压力时，十一月初三日（11月29日）她又降懿旨，宣称"志锐举动荒唐"，下令"撤志锐回京当差，招募团练均停办"。可见，在西太后的心灵中，排除异己、削弱帝党势力远远重于备战御敌。

至十一月初八日（12月4日），她在把奕䜣又拉进军机处的同时，还进而以明升暗降的伎俩命志锐为乌里雅苏台参赞大臣，将其调出北京。并且宣布，撤除满汉书房，企图再拔除已成为光绪帝与其近臣议事筹战的据点。

面对西太后凌厉逼人的攻势，开始，光绪帝竟步步退却。惩罚二妃，他"意极坦坦"，听之任之；调出其得力支持者志锐，也屈从忍让。但对于撤书房，光绪帝却不甘让步了。在西太后下令撤书房的次日（12月5日），他以"正典学，奈何辍讲"为由命奕䜣转告太后，表示"书房不欲撤"，并且光绪帝仍然频繁地召翁同龢等人到书房议事。

阴险狡诈的西太后，或许觉得她的举动太过明显了，所以随后又对撤书房的事予以松动。然而西太后无视国家利益的倒行逆施，却在廷臣中激起强烈反响。

对此，翁同龢认为，在"军务倥偬"之际，应尽量避免"朝局嚣凌"，因此他一再当面予以调解。此外，有的官员在奏折中指出，光绪帝"过仁慈"，希望他对"廷臣水火"应"分别邪正"。对于这种善意的劝告，光绪帝虽然"许之"，但又无可奈何。当时，御史高燮曾的表现特别突出。

高燮曾是湖北武昌人，曾任职顺天府，后任广西道监察御史。他对朝政得失及时政多有直言。当高燮曾得知西太后对坚持抗战的君臣等大耍淫威时，他立即上奏指责"枢臣不应唯阿取容"，助纣为虐。并指出"挟私朋比，淆乱国是，若不精白乃心，则列祖列宗在天之灵，必诛殛之"。这种揭露与谴责，实际是抨击了西太后的暴虐行径，而且一针见血切中要害。因此西太后视高折为"离间"，扬言"必加辩驳"。但经翁同龢等枢臣的解围，方得以平息。在此当中，反应更为激烈的是御史安维峻。

安维峻是甘肃秦安人。光绪六年（1880）进士，以庶吉士授翰林院编修，光绪十九年（1893）转任福建道监察御史。安维峻也是翰林院少有的"敢言者"。

于十二月初二日（12月28日），在他进呈的奏折中，首先尖锐地痛斥李鸿章"不但误国，而且卖国"，并愤怒宣告"欲食李鸿章之肉"以解天下臣民的深切大恨。

继而，安维峻又以满腔的怒火，揭露了"和议出自皇太后，太监李莲英实左右之"的丑闻。接着他还大胆地质问，"皇太后既归政皇上，若仍遇事牵制，将何以上对祖宗，下对天下臣民"？！在此，安维峻道出了众臣想说而不敢说的话，而且立场特别爱憎分明，义正词严，剥去了西太后祸国殃民的丑恶嘴脸上的所有面纱。幸亏光绪帝"虑为后（即西太后）知，将置维峻重典"。遂命将其奏折封存，并在天日把安维峻革职发往军台，避免了一场血案。安维峻"以言获罪，直声中外，人多荣之"。

自从西太后把奕䜣笼络之后，她之妥协势力大大加强了，接着她又采取了一系列阴谋手段，削弱了以光绪帝为首的抵抗派力量。于是，她便按其既定的妥协方针，加速了对日求和的进程。

有保留的妥协

在反侵略战争的紧要关头，西太后居然采取这一系列的残暴措施，打击和迫害主战力量，扮演了可耻的投降派的元凶角色。这些倒行逆施的行动之所以得逞，既充分暴露了西太后对内如狼、对外似羊的丑恶嘴脸；也表露了光绪皇帝无权和软弱的窘况。

就这样，西太后通过对以光绪帝为首的抵抗派施以种种的震慑措施之后，到了1895年1月（光绪二十年十二月），她便撕开什么"缓兵"等伪装，要强行对日公开求和了。1月5日（十二月初十日），他们委派的户部侍郎张荫桓、湖南巡抚邵友濂便赴日本广岛求和，由西太后、李鸿章等人精心策划的对日本侵略者求和的丑剧，到此正式开场了。

侵略者的贪婪欲望是没有止境的。日本军国主义者在攻陷旅顺以后，在美国的支持下不时地放出可与中国议和的空气，实际上这是为麻痹其他列强而施放的烟幕弹。对中国，日本侵略者决定在彻底消灭北洋海军之后，对京、津造成直接的军事威胁时，再来通过"议和"进行最大限度的勒索。因此，他们既拒绝了李鸿章委派的天津海关税务司、德人德璀琳的求和试探活动（当然此中还有国际背景等因）；又蛮横地驱逐了清政府正式派遣的张荫桓、邵友濂等求和代表。

第四章 甲午风云战火起

到了1895年2月中旬，日本侵略者攻陷，全歼北洋海军，认为条件成熟，便又通过美国驻华公使田贝向清政府放出风声，如果"改派从前能办大事，位望甚尊，声名素著之员"，并有"让地之权者"来日，可以正式进行"议和"谈判。实际这是让清政府派出既有权势又善于屈辱妥协的李鸿章之类的高官作为全权代表，方可进行议和"谈判"。在此，日本侵略

日军攻陷威海

者居然提出了"谈判"的先决条件来压中国。

西太后等人早已决意对日屈辱求降了,当日军攻陷威海卫,北洋海军全军覆没,日军又在辽东一带发起攻势,锦、山吃紧,京、津震动时,他们更成了惊弓之鸟,甘愿不惜一切代价向日本侵略者屈服,以换取苟安之残局。

光绪帝和抵抗派官员,对此糜烂之危局,也深感"愤极愧极"而"声泪并发","流汗战栗",一时"罔知所措"。

到这时,无论是以西太后为代表的妥协投降势力,还是以光绪帝为首的抵抗派,他们均被震慑于日本侵略者的军威之下,都拿不出挽救危局的良策。他们这种相同的表现,当然是集中地暴露了整个清廷统治集团的腐朽性,这是毫无疑义的。然而,除了由于阶级的属性(如他们都敌视人民群众,看不到人民群众中蕴藏着巨大的反侵略力量等等)所决定的共同点之外,事实上,以西太后为代表的妥协投降势力和以光绪帝为首的抵抗派,虽然都在严酷的现实面前表现相似,但他们的内心活动是不同的。

集结在西太后周围的那伙政治势力,到这时已被日本侵略者征服了,这是他们对外采取妥协立场所必然导致的恶果。光绪帝和抵抗派官员,在

"愤""愧"交加,"罔知所措"之中,却隐伏着他们自身的苦衷。在一定情况下的悲观,并不一定都必然导致对外投降。

从甲午中日战争以来的实践证明,不管出自何种具体目的,光绪皇帝和一些廷臣疆吏却始终站在反侵略的一边。他们一直主张依靠本国力量筹战卫国,并为此与外敌、内奸拼力抗争、周旋。可是他们的爱国情怀,却受到来自以西太后、李鸿章为代表的实力派方面的越来越大的压力、抵制和摧残。他们竭尽全力筹划的条条御敌之策和颁发的道道组织抗敌的谕旨,一到西太后、李鸿章的关口,就无法逾越,使其抗战的主张、方策终不得实施、推行。后来又由西太后强行决定对日妥协求和,致使全国"战守之心益懈",造成敌军踏破国门的危局。因此,光绪帝始终不认为中国必然战败,直到这时,当孙毓汶叫嚷"前敌屡败",鼓吹中国只有对日屈服投降时,光绪帝又当即给予反驳,指出:"赏罚不严,故至于此。"他说的"赏罚不严"是颇有含义的,可以认为,这是他对以西太后为首的权势者阻挠、破坏抗战;打击、陷害主战力量,一味妥协误国的一种愤怒谴责。后来,文廷式也说,"不使上(光绪帝)得行其志者,其(西太后之流)成谋团结,非一朝夕之故也。"如果不拘成见坦率而言,造成中国在甲午中日战争中的败局,光绪帝虽为一国之君,但他是无罪的。因而,当他们看到这种可悲的后果,产生"愤极"的心情是可以想见的。

强烈的爱国热忱不得伸张,满怀的御敌之志不能实施,光绪帝深深地陷入不能自拔的矛盾中。曾有论者指责光绪帝和抵抗派官员,在清军一败再败的严重形势面前,总是"提不出任何具体办法",似乎他们与西太后之流实为"一丘之貉",此说固然并非毫无所指,但是如前所述,在这次战争期间,以光绪帝为首的抵抗派,确曾提出(或准备推行)不少具有积极意义的御敌方策,但其结果不是基本上都在西太后、李鸿章等人的阻挠、破坏下化为昙花泡影了吗?事实上,在西太后、李鸿章控制清政府实

权的条件下。他们提出再多、再好的办法也是无济于事的。如果要追究光绪帝的责任,那主要是在于他未能坚定、有力地排除清廷统治集团中的妥协势力。

多年来,光绪帝曾一直在想从西太后手中收回实权。到甲午中日战争期间,西太后已成了清朝统治阶级中妥协投降势力的总根子。在这种情况下,一心主战的光绪帝本应大力收权了,并且在当时又出现了有利于他收权的大好时机(如,在民族矛盾急剧尖锐的形势中,光绪帝的主战号召颇有吸引力,拥护他的人越来越多,要求光绪帝收权的呼声日益强烈,等等)。可是,这时的光绪皇帝,却表现了惊人的软弱,他在这方面竟然躲躲闪闪,甚至还反过来屈服于西太后的压力之下,不得不下令迫害支持他收权的人(如颁谕革职发遣安维峻等)。对于这种情形,即使那些同情和支持他收权的人也为之心寒,有的官员痛心地指出,对于西太后"上(光绪帝)过仁慈",劝他能够"分别邪正",振作起来,坚持正义。但是,光绪帝恰恰是没有这种勇气。造成这种状态的原因,显然是多方面的,这除了与光绪帝自身的弱点有关之外,在甲午中日战前,光绪帝与西太后的矛盾基本是出于各自的利害关系,他们在政见方面尚未出现明显的分歧。到甲午战争时,他们在如何对待外国侵略者方面,却发生了尖锐的对立,这从光绪帝的思想发展过程来说,不能否认是一种进步。然而在他的"治国"思想上,还没有发生多大变化。也就是说,在维护封建专制主义的"圣道"方面,这时的光绪帝与西太后还是一致的,他们在政治上的基本立足点,仍然站在同一条封建专制主义的破船上,当然光绪帝也就不愿与西太后发生根本性的分裂。另外,以西太后为首的封建顽固势力,在清廷居于实权地位,并且他们已与以李鸿章为代表的地方实力派结成联盟。要排除这种上下一体的巨大势力亦非易事,这也是光绪帝时而委蛇、屈从的一个不可忽视的原因。

随着甲午抗战的形势急剧恶化，光绪帝更加陷入进退两难的旋涡里。当他与一些抵抗派官员感到到了山穷水尽时，表现出既"愤"又"愧"；既悲又"罔知所措"的窘态，这是必然的，也是可以理解的。

到当年2月以后，中日之间进入了最后摊牌的阶段。在中国方面，是维护国家的主权和民族尊严，还是对敌屈辱投降？这个极其严重的新课题又尖锐地摆在了一国之主光绪皇帝的面前。在这关系国家命运的严峻时刻，处境艰难、心情矛盾的光绪帝，将要经受更大的考验。

当日本军国主义者攻陷，最后消灭北洋海军，对京、津造成了直接的军事威胁之势，要通过"议和"迫使清王朝统治集团完全就范的时候，日本侵略者能否顺利地达到这个罪恶的侵略目的；清王朝统治集团是否就此彻底屈服？这个矛盾便迅速地集中在清政府能不能按照日本侵略者的要求，决定改派具有卖国全权的李鸿章作为"议和"代表的问题上了。

随着张荫桓、邵友濂被日本驱逐的消息传来，田贝又向总理衙门转达了日本侵略者的要求，透露"议和"谈判要涉及"割膏腴、偿巨款"的问题；接着田贝更明确地说出，"非有让地之权者不必派来。"这时，西太后及孙毓汶、徐用仪、奕䜣等人经过再次密商，西太后遂决意按照日本侵略者的要求罢战求和。据了解内情的翁同龢记述，2月12日（正月十八日），光绪帝又召见群臣"询昨日定议否？"他还蒙在鼓中。事实上西太后在当日便单独召见枢臣，明确指出"田贝信所指自是李某（即李鸿章）"，并且她当众决定"即著伊（李鸿章）去，一切开复，即令来京请训。"这时，恭亲王奕䜣传言"上（光绪帝）意不令（李鸿章）来京，如此恐与早间所奉谕旨不符。"听到此话，西太后大发肝火，声称"我白面商；既请旨，我可作一半主张也。"就这样，西太后又次强行决定，按照日本军国主义者的无理要求，派李鸿章为"议和"的全权代表，遂即授意孙毓汶拟谕旨发给李鸿章。

第四章 甲午风云战火起

2月13日（光绪二十一年正月十九日），由孙敏汶草拟的这份上谕颁布了。在这个上谕里完全体现了西太后以及日本侵略者的意图，公然颠倒黑白地吹捧李鸿章"勋绩久著，熟悉中外交涉，为外洋各国所共倾服。"还说什么"全权之任，亦更无出该大臣之右者。"正式宣布任命李鸿章"为头等全权大臣，与日本商议和约。"同时宣告对在此之前由光绪帝颁谕给李鸿章的处分一概撤销，"赏还翎顶，开复革留处分，并赏还黄马褂。"

西太后在了解到日本侵略者的意图之后，强行作出上述决定，清楚地说明她已确定了对日投降的方针。而且通过以上的步骤，又做好了对日投降的具体部署。可是老奸巨猾的西太后深知，这桩事确有蒙受"千古罪人"的骂名。于是，当她把对日投降的方针确定、路数定妥之后，即声称"肝气作疼，左体不舒"，装起病来躲入深宫。西太后企图利用这种手法来逼迫光绪帝投入由她设下的陷阱，把卖国的罪名强加在光绪帝身上。

果然不错，在二月二十二日（正月28日）李鸿章应召来京后，坚持要与李鸿章进行"面商"的西太后，却继续装病，让她的心腹太监李莲英传话"不能见，一切遵上（光绪帝）旨可也。"把此事一股脑儿地推给了光绪皇帝。已是进退两难的光绪帝无可奈何，为了圆场只得出面召见李鸿章，并连续举行了枢臣会议（有的会议光绪帝未参加），具体商讨对日"议和"的方针问题。由于那些主降派官僚的心里都十分清楚，在将要举行的"议和"谈判中，日本"注意尤在割地"。因此在会上李鸿章首先摆出一副正人君子的面孔，说什么"割地之说不敢担承，假如占地索银，亦殊难措"，把自己装扮成一个似乎不同意割地赔款的样子。但事实证明，李鸿章是一意主降者，他恨不得尽快满足日本侵略者的一切要求了事。不过，做贼总不免有点胆怯，对于卖国的勾当也不能说他一无顾忌。事实上他说这些话的真实用意，是摆一下他面临的"苦衷"，为下一步向光绪帝要价作伏线。这时，翁同龢的态度明确，认为"但得办到不割地，则多偿

（赔款）当努力。"主张宁可多赔款也不割地。对此，后党官僚孙毓汶、徐用仪又披挂上阵"必欲以割地为了局"，他们露骨地叫嚣"不应割地，便不能开办（即对日投降谈判）"。这伙人为了取

德国买的大炮

得个人的苟安，居然无耻地主张不惜出卖国家的神圣领土来满足日本的侵略欲望。就这样，围绕在即将举行的中、日"议和"谈判中应否对日割地的问题，在清廷统治集团中又展开了一场短兵相接的激烈的争论。

在这场争论中，由于光绪帝既不敢与西太后闹翻，又不甘承担出卖领土的历史罪名。因此他在公众场面只表示要"深维至计"，让众臣议论，他自己没有明确表态。不过与他心心相印的翁同龢却已公开表示坚决反对割地。直到3月2日（二月初六日），李鸿章在赴日前夕谈到可能议及割让台湾的问题时，翁同龢还断然表明："台湾万无议及之理。"在此期间，光绪帝与翁同龢依旧日夕接触议事，可以说，这时翁同龢的言论，也在很大的程度上表达了光绪帝欲言而不便言的心意。所以在这场争论的过程中，虽然西太后躲在幕后没有公开出场，光绪帝曾经出面但也未明确表态，然而在实际上他们都通过自己的亲信表明了各自的观点和立场。

久经清王朝官场生涯和了解一些侵略者动向的李鸿章，清楚地知道"关系之重"的割地问题，是他参加中日"议和"谈判的最大难关。因而，他为给日后可能遭到国内人们反对时找到托词，坚持"请训"，硬要光绪帝的"面谕"，非要从光绪帝口中得到明确的"让地"授权不可。为

第四章 甲午风云战火起

153

此，他在北京赖着不走：一方面，与孙敏汶、徐用仪等人终日密谋和与外使勾串；另一方面，大肆制造舆论给光绪帝施加压力。后来李鸿章便急不可待，不得不抛开伪装直接跳出来上奏光绪帝，说什么如果他没有"让地"权就"不能开议"。甚至他还公然歪曲历史事实，为坚持割地的投降立场制造历史根据，鼓吹"割让疆土之事"古已有之，他更丧心病狂地威胁说，如不割地，"议和"不成，日本将"照旧进兵，直犯近畿，又当如何处置！"与此同时，一些后党官僚也甚嚣尘上，联名上奏声称："惟让地一节，若驳斥不允，则都城之危，即在指顾。"这些人还编造了一个所谓的"宗社为重，边徼为轻"的谬论，妄图为他们对日投降提供"理论"根据。他们在大造速降舆论的同时，又连声鼓噪"促鸿章行"。当时的英、俄等列强，为了维护它们各自的侵华利益，也"对中国施以压力，强迫中国接受"日本军国主义者的某些侵略要求，力图促使这场战争尽快结束。

　　来自内外的压力，一起落在了光绪皇帝的头上。在万般无奈之下，最后光绪帝被迫作出了有保留的妥协，命恭亲王奕䜣代传他的"面谕"，表示可以授予李鸿章"以商让土地之权"，"令其斟酌重轻，与倭磋磨定议"。已是进退维谷的光绪帝，企图以此间接、含糊的授权，来暂且解除他面对的巨大压力，也为自己留有余地。其实，据翁同龢记述，当时西太后已在暗中通过恭亲王奕䜣向李鸿章交了底。于是，在1895年3月5日（光绪二十一年二月初九日），李鸿章出京去天津，准备赴日谈判去了。

难启齿的苦衷

　　在中日"议和"谈判的过程中，日本军国主义者狂妄的侵略野心和蛮横的帝国主义嘴脸暴露无遗；李鸿章丧失民族气节的洋奴相也得到了充分的表演。这种所谓的"议和"谈判,自始至终是在日本侵略者设置的框子里进行的。

在这期间,光绪皇帝依然处于被"劫持"的状态不得自主。中、日之间的"议和"谈判,在清王朝中央还是由"军机大臣孙毓汶,徐用仪实主之。"身为军机大臣的翁同龢以及李鸿藻(他也对日投降签约持有疑义),虽然也参与其中,但在主降势力的包围之下"亦不敢尽其辞。"而且孙毓汶始终把持着向李鸿章"秉笔"电文的特权,通过他的手频频向李鸿章传达西太后和他们这些主降官僚的意图,并继续鼓吹"陪都(沈阳)重地,密迩京师,孰重孰轻,何待再计"的速降谬论。如在3月31日(三月初六日),他们不顾翁同龢、李鸿藻两人"同词力争",在给李鸿章拟的电文中"直欲以海疆拱手让人。"在这时,孙毓汶竟蛮横无耻地扬言,"'战'字不能再提",气势汹汹地压制正义的声音。当然在这时发给李鸿章的电报中,也有促其"力争"的内容,但这些东西含混无力,纯属空谈,对李鸿章根本没有任何约束力。

在中国方面,由于这场"议和"谈判始终在投降派牢牢控制、指导下进行的,其进程也就合乎逻辑地按照这些民族败类的意想发展下去了。于4月17日(三月二十三日),李鸿章正是以"宗社为重,边徼为轻"的投降谬论为依据,与日本侵略者的代表草签了丧权辱国的中日《马关条约》。并规定,这个条约经两国政府批准后,于5月8日(四月十四日)在中国烟台互换后生效。到此,如何对待这个丧权辱国新记录的条约。又成了所有的中国人必须作出回答的一个极为紧迫的问题。

顽固坚持卖国立场的李鸿章,在草签了奇耻大辱的《马关条约》之后,便以极快的速度派出专人将条约文本于4月21日(三月二十七日)送到北京。接着,后党骨干、军机大臣孙毓汶紧相呼应,于次日便"捧约逼上(光绪帝)批准,海盐(徐用仪)和之",对光绪帝展开了逼宫。这些

第四章 甲午风云战火起

155

主降官僚甘心充当日本侵略者的内应，恨不得立即让光绪帝批准《马关条约》"了局"。

在这期间，光绪皇帝迫于各种压力，对投降势力曾有过屈从的表现。但是，他对日本侵略者的得逞却一直是不甘心的，尤其是对于割地等条款更是极为抵触。因此，光绪帝对这次孙毓汶、徐用仪的逼签活动，在翁同龢以及李鸿藻的配合下，由"迟疑"到坚决"不允"，拒绝了签署用宝，表明对于有关国家命运的大事，光绪帝还是不含糊的。

当《马关条约》的具体内容和光绪帝拒绝批约的事传开以后，顿时轰动朝野。

早在李鸿章于日本草签中日《马关条约》之前，在清廷一些官员、士大夫当中，对于传闻中的割地、赔款等事就产生了强烈的反响，激起了一场轩然大波。在4月15日（三月二十一日），抵抗派官员余联沅等人就联名上奏，疾呼"祖宗之地，尺寸不可与人"。同日，支部给事中褚成博也上奏指出"凡有血气者，皆知（割地、赔款——引者注）为万不可行"。在此期间，还有些忧国之士，开始认真地"预筹持久以敝敌之法"，准备拒约再战。当条约传来，从清政府之中的御史、翰林、宗室贝勒、王公大臣、疆臣大吏到社会上的"士庶"之众，均人心激愤，"旦夕汹汹"。就在光绪皇帝拒绝孙毓汶、徐用仪逼签条约的当天（即4月22日）在北京参加应试的广东、湖南的举人，就联名上书要求拒约。接着，于第二日（4月23日）的一天当中，在清政府又有一百二十多名各级官员纷纷上奏："有请廷议者，有驳条款者，有劾枢臣者"，总之"大率谓和约当毁"。随后在翁同龢代表南北学肄业生曾炳铧等人上的奏折中，又较为全面地恳请"驳罢和议，以款夷之费筹兵，以乞和之耻激将，严赏罚，振纪纲，拒要以图之，持久以待之（其中包括迁都）"。在疆臣之中颇有影响的刘坤一，到这时也明确表态，认为中国"宜战不宜和，利害轻重，事理显然"，他又

156

指出，"持久'二字，实为现在制倭要著。"至于清军里的爱国将领，更是"一闻和约、义愤填胸，必欲一决死战"，"诸将或号泣谏言，愿决死战，不肯以寸土与人"。在整个清王朝统治阶级阵营中也翻滚起来了，越来越多的人声声血泪、字字以诚，一致要求废约。尤其是台湾同胞，得知割台的消息后"男女老少痛哭愤激，不甘自外于中国"，他们"誓不从倭，百方呼吁"。与此同时，社会舆论也空前活跃。于是，拒约、再战，誓死捍卫国家的主权和疆土的怒吼声响彻全国。

毛泽东同志指出，在半殖民地的中国，"当着帝国主义向这种国家举行侵略战争的时候，这种国家的内部各阶级，除开一些叛国分子以外，能够暂时地团结起来举行民族战争去反对帝国主义。这时，帝国主义和这种国家之间的矛盾成为主要的矛盾，而这种国家内部各阶级的一切矛盾（包括封建制度和人民大众之间这个主要矛盾在内），便都暂时地降到次要和服从的地位。"毛泽东同志说的这种情况，在甲午中日战争的全过程中都有体现，尤其是到这次战争的后期，当日本侵略者强迫签订《马关条约》，要把中国置于危境的时候，这种情形表现得尤为突出。在社会上各阶层人民掀起救国热潮的过程里，在清朝统治阶级当中，围绕是否批准《马关条约》这一重大问题，也发生了进一步的分裂，使自甲午中日战争以来发生的矛盾和斗争达到了最高点。

当时，对清朝统治阶级中的一部分人来说，"圣（这里指光绪帝）心既已坚定，众志自克成城"；反过来，众志既已成城，又促使光绪帝拒约的立场更加坚定。

当《马关条约》的确切内容被公开披露以后，尤其对割让辽东一节，沙俄十分恐慌，因为这与它的侵华计划发生了冲突。所以在4月23日（三月二十九日）它便联合德、法两国向日本施加压力，迫使其放弃辽东。对于这种事态，光绪帝出自维护国家领土的急切心情，引起了注意。但是他对

中国著名帝王

光绪传

左宗棠

沙俄仍存有戒心,还不托底,旨令驻俄公使许景澄进行刺探;同时,光绪帝对割台等款也十分焦急。特别是在他看到"连日疏争者不绝"的情形时,其"意颇为动",遂即"一振,气象聿新",给他增添了新的力量,"意欲废约颇决。"在4月23日,当光绪皇帝看到主降官僚还在鼓吹"让台"的时候,他便当面给予了"诘责",严正指出:"台割则天下人心皆去,朕何以为天下主?"当然,光绪帝反对割台,说来还是从维护他的统治地位出发的。然而从作为一个皇帝的人说来,这正是他决心维护这个国家主权、领土的真实表述。这种从顾及本阶级的统治地位来维护国家的领土和主权,与卖国求荣、甘心把国家的神圣领土"拱手让人"的投降派对照,显然有着本质的区别。

在清廷统治集团中,围绕废约还是批约所展开的这场尖锐斗争,迅速地集中在这样一个焦点问题上,那就是,应否迁都采取"持久"战略。

如前所述,在清政府对日宣战之后,刘坤一曾提出中国应"坚忍持之",主张采取"持久"战略来对付日本侵略者。到日军侵入辽东,攻陷旅顺,中国的战局越发危机,这种"持久"战略的思想主张便引起更多人的重视。到这时,或者又受到了"公车上书"的影响,有些主战者又从中外战史中来探索"持久以敝敌之法"。如文廷式等人还从"不顾恋京师,则倭人无所挟持"的考虑出发,把"持久"与迁都联系起来了。后来,在清朝统治阶级中要求废约再战的人们,又进一步把废约、迁都和开展

"持久"战这三者结合在一起：以迁都、开展"持久"战作为达到废约目的的手段，形成了一个比较系统、具有完整战略意义的思想主张，这集中体现在翁同龢代表南北学肄业生曾炳诶的奏折之中。翁同龢在政治方面的思想见解，也是往往与光绪帝相通的。而且事实说明，在此期间，光绪帝对《马关条约》所以由"迟疑"到"废约颇决"，随后也主张"废约"、"西迁"，起码说明光绪帝是接受了翁同龢等人的思想影响。

当然，这种"持久"战略，并不是建筑在发动和依靠广大人民群众力量之上的人民战争战略（实际上他们也不可能提出这样的思想主张），显然这种"持久"战也是缺乏牢固基础的。然而，当民族矛盾上升为社会的主要矛盾，在国内各阶层人们当中形成同仇敌忾、一致对敌的情况下，光绪帝企图在一定程度上利用"人心"所向，发挥中国地域辽阔的优势，在"离海岸深入"的广大内陆地区里开展"持久"战，确是一个反击日寇的"要著"。

到这时，在实际上日本侵略者也"精疲力竭，它的财源以及军事物质（资）的供应已相当枯竭"。对此，清政府通过驻日公使王之春也探知。"倭财竭疲甚，必难久，冀我固守"，事实说明，当时的日本军国主义者已是强弩之末。并且日本侵略者在这时除了要集中力量侵占我国台湾之外，已无力继续扩大侵华战争了。在这种情况下，中国如在内陆开展"持久"战，在客观上也是有可能的。

毫无疑问，在《马关条约》尚未正式批准之前，迁都、开展"持久"战给日本侵略者以反击，这既是全国的人心所向，也是废除《马关条约》，扭转危局，捍卫国家的领土和主权的唯一良策。光绪帝决心采纳此议，显然是一明断。

在国家处于十字路口的危难关头，独揽清王朝大权的西太后，仍无视国家和民族的根本利益，在内部继续拨弄权术。表面上，她还是以"病"

第四章 甲午风云战火起

为名,一般不公开露面。在4月25日(四月初一日)宣布"一切请皇帝旨办理";并表示"外论(要求废约再战的奏疏和舆论)如此,祗可废约议战"。但当光绪帝准备顺水推舟"宣示"她的这个"废约议战之懿旨"时,西太后的亲信、庆亲王奕劻却出来反驳,说什么光绪帝是在发"诳语",给予顶回。同时孙毓汶也与奕䜣"相和",哭哭咧咧地叫喊,"战万无把握,而和则确有把握"。本来光绪帝在传达西太后的懿旨,竟又引起一场风波,"请皇帝旨办理"云云,还只不过是一种伎俩而已。大致在此期间,"翁尚书(同和)亦主迁(都),孙尚书(毓辩证)则主乞和",两人展开了激烈地争论。一意主降的孙毓汶,倚仗西太后之势,专断地说,"岂有弃宗庙社稷之理?"拼命反对迁都再战的正确主张。

当迁都再战之议遭到奕䜣、孙毓汶等后党官僚竭力抵制而难以议决时,到4月27日(四月初三日),焦急万分的光绪帝,亲自到颐和园向西太后"又敷陈西迁之议",力求作出最大的努力,请求西太后采纳这个唯一可行的挽救之策。但是,降心已定的西太后听罢,却冷冷地说"可不必",并遂即由她个人作出决定,"和战之局汝(光绪帝)主之,此(指迁都)则我主之",竟如此轻率地把浸透着多少人爱国血诚的这一救国良策压置起来,在实际上是将其否决了。

从光绪帝和绝大多数强烈要求废约的人来说,都认为如不把清中央政府从敌军易于攻破的北京迁出,"持久"战也就无从谈起;不进行"持久"战给日寇以重创,也就达不到废约的目的。从而,迁都便成为废约的关键。现在,西太后把迁都之议予以扼杀,在实际上就是表明,她所谓的"议战"是假,力求批准《马关条约》,对日彻底投降才是其真意。而且通过这件事,西太后便进一步把光绪帝的行动紧紧地逼向只有批约、投降的死胡同里了。光绪皇帝陆人万分"为难"之境而"天颜憔悴"。

西太后在内部扑灭光绪帝的一线希望之后,她的同党们也都纷纷出洞大肆活动于外,施伎俩、造舆论,向光绪帝加大压力。在这时,除了孙毓汶、徐用仪之外,后党老官僚王文韶(时任北洋大臣)以及影子人物李莲英也都出来里外跳窜。当时身为宦官的李莲英竟与徐用仪一起大叫,"中国甚大,台湾乃一点地,去之何妨?"真可谓是丧心病狂。这些人的无耻活动,在康有为的《自编年谱》中有一段具体记载:

孙毓汶"迫皇上用宝"未遂以后,复"令北洋大臣王文韶诬奏海啸,垒械弃毁,北洋无以为备(此事在《德宗景皇帝实录》及朱寿朋的《光绪朝东华录》等资料中均有记述),孙毓汶与李联(莲)英内外恐吓。是日翁常熟(同和)入朝房,犹力持勿用宝,电日相伊藤博文请展期五日。孙(毓汶)谓:"若尔,日人必破京师,吾辈皆有身家,实不敢也。常熟厉声责之曰:'我亦岂不知爱身家,其如国事何?'孙知不能强,乃使李莲英请之(西)太后,迫令皇上画押,于是大事去美。皇上之苦衷,迫逼之故,有难言之隐矣。"

在这种情况下,处于无权地位的光绪皇帝真是到了山穷水尽的地步,在他的面前已没有选择的余地了。

到了1895年5月2日(光绪二十一年四月初八日),以西太后为代表的主降派看到条件具备,便决定进行最后的逼签活动了。对此具体情况,易顺鼎在其《盾墨拾余》一书中作了这样的记述:

5月2日(四月初八日),"四小枢(指恭亲王奕䜣、庆亲王奕劻、军机大臣孙毓汶和徐用仪四人)劫之上(光绪帝),合词请批准。上犹迟疑,问各国回电可稍候否?(这是光绪帝为摆脱困境和争取一线的生机,又想利用了解俄、德、法三国的意向,再取得一点回旋的时间)济宁(孙毓汶)坚以万不可恃为词,恭邸(奕䜣)无语,乃议定。众枢在直立候,上绕殿急步约时许,乃顿足流涕,奋笔书之。初九日(5月3日)和约用宝。"

第四章 甲午风云战火起

　　《马关条约》得到批准，对于投降派来说似乎是使他们松了一口气。可是要使这个条约生效还需要履行最后一道程序——换约。因而，当那些投降派官僚出面逼迫光绪帝批约之后，又迫不及待地促使按照日本侵略者的要求及时换约。为了达到这一可耻的目的，李鸿章密派伍廷芳请日本驻津领事"速电东京，促我换约"；孙毓汶又在北京与日本新任驻华公使林董暗中串通以示"换约益急"。至此，更充分地暴露了李鸿章、孙毓汶之流甘当日本侵略者内应的丑恶嘴脸。正是在这种情况下，中日《马关条约》，终于在日本坚持的原定时间1895年5月8日（光绪二十一年四月十四日），由中、日双方代表于烟台完成了换约手续。至此，《马关条约》正式生效。

　　辱国丧权的中日《马关条约》，在清政府方面是通过光绪皇帝批准的。就这一事实的本身来说，光绪帝蒙耻批约的污迹是抹杀不了的。但这一耻辱事件的由来和促成，却又完全是以西太后、李鸿章为代表的妥协、投降势力，从甲午中日战争以来坚持误国方针的必然结果。再从批约的过程来看，还是在西太后定下套路，由其亲信官僚步步紧逼、多方围攻，使光绪帝陷入不能自主的条件下被迫签署用宝批准的。因此可以说，促成批准《马关条约》的罪责，也完全是在西太后和以她为首的清政府投降派身上。事情的原委清楚地说明，在这当中光绪帝只不过扮演了一个"替罪羊"的可悲角色。

　　光绪皇帝为了抵制《马关条约》，维护国家的领土主权，确是费尽了心力，尽到了他作为一个不操实权的皇帝的力所能及。甚至当他陷入重围，在痛苦地被迫批约的最后时刻，还曾力图争取一点儿挽回的余地。然而他的这种努力，也照样被那些丧尽民族气节的投降派权贵给扼制了。

　　事实表明，光绪皇帝为了抵制《马关条约》和力争挽回由于这个条约给中国造成的严重后果，是斗争、周旋到最后一刻的。直到中、日双方换约以后的8月28日（七月初八日），当李鸿章被调入清廷办事时，光绪帝还当面斥责他，"身为重臣，两万万之款从何筹措；台湾一省送予外人，失民心，伤国体。"这就清楚地说明，光绪帝除了对李鸿章等误国行径始终深为不满之外，他对丧权辱国的《马关条约》，也一直是持以反对的态度。

光绪皇帝反对《马关条约》，可是这个屈辱的条约却又是经其亲手批准的。这一活生生的历史矛盾现象，无疑既反映了在特定的历史条件下成长起来的光绪帝自身所具有的矛盾性格；更是集中地暴露了在西太后控制下的清政权的反动性和腐朽性。

综观光绪皇帝在甲午中日战争期间的基本表现及其思想的发展脉络，清楚地体现了一个力图有所作为，但还不愿摆脱封建专制桎梏的皇帝的特色。由于光绪帝怀有一定的进取心，所以他与以西太后为首的封建昏庸势力有所不同，对外来的侵略具有较为强烈的反抗性。国家属于阶级的范畴，爱国有着阶级的、历史的具体内容。光绪帝出于对其统治地位的"忧虑"而坚决反抗侵略，维护他们的社稷（也就是维护他们统治下的国

签订《马关条约》

第四章 甲午风云战火起

家）。显然在当时的历史条件下，这种反侵略的态度（对他来说也只能是这种态度），无疑是反映了中华民族不甘屈服于外国征服者的正义要求；体现了维护国家主权和民族尊严的严正立场，是爱国的具体表现。所以说到甲午中日战争时，帝、后之间的矛盾和斗争已远远地超出了统治集团内部的派系之争，发展为对待外国侵略者的两种不同态度的对立。同时又由于这时的光绪帝在"治国"思想上还没有发生变化，在这方面他与西太后仍保持着基本的一致。因此在这期间，光绪帝虽然与西太后及以她为首的后党之间的矛盾有所激化，但是这种矛盾和对立还仅仅限于对待侵略者的态度方面。正因为如此，在这时光绪帝与西太后势力的斗争，其结果又都落到他们的共同点上。不能不说，这就是光绪帝在甲午中日战争中最后扮演了个"替罪羊"角色的根源所在。

当然也不能不看到，光绪皇帝有着与一般封建帝王不同的处境，他在清廷统治集团中处于不操实权、受制于人的地位。从而使他的忧国之愤不能伸；抗敌之策不得行，极大地限制了他的才能和作用的发挥。曾有人把光绪帝未能在甲午中日战争中左右局面归结为"没有多大才干"，这是不公道的评说。

甲午中日战争，是年轻的光绪皇帝自"亲政"以来所经历的一场最大的中外战争风浪。在这个过程中，侵略者的凶残和清政府的腐败都得到了充分的暴露。这一切，对于颇有些进取心的光绪帝来说，在思想上的确受到了深深地触动。

同时，就在光绪帝被迫批准《马关条约》的当天（5月2日），康有为即联合在京的一千多各省举人发动了颇有震动的"公车上书"事件，吹起了变法图强的号角。由此而奏起的新的时代旋律，也逐渐波及了光绪帝。总之，甲午中日战争，又成为光绪皇帝的思想发生新变化的一个转折点。

第五章 深陷逆境倍忍辱

危机四伏的形势

1895年以后,日本军国主义者侵略中国的战火渐渐停息了。然而,这场侵略战争给中国人民带来极其深重的灾难。从此,民族危机开始急剧深化。

在清王朝统治下的中国,经过半个多世纪西方列强的侵略扩张和蚕食掠夺。已是百疮千孔,支离破碎,陷入了半殖民地的痛苦深渊。甲午中日战前,在表面上,清王朝还保持着一个大国统治者的躯壳,但通过这场战争,大清王朝仅存的这层躯壳也被剥得一干二净荡然无存,它那腐朽、无能和充满矛盾的原形,在列强的面前暴露无遗。国家的虚弱和对外的屈辱,招致无穷外患和深重的民族灾难。

日本军国主义者,通过发动甲午侵华战争,从中国获得了更多的侵略特权和巨额的战争赔款,并侵占了具有重要战略地位的中国领土台湾及其附属岛屿,使它在中国取得了与其他列强同样的侵略地位,从而也震动了列强的营垒。

这两种情况汇集在一起,对于中国,便造成了一个突出的严重后果。那就是,在甲午中日战争后,列强宰割中国的活动空前加剧了。面对这种危急的情景,1894年年末,中国资产阶级民主革命伟大的先行者孙中山先生草拟的《兴中会宣言》中,就作了这样沉痛的揭示。

近之(指甲午中日战争)辱国丧师,蕞藩压境,堂堂华夏,不齿于

邻邦，文物冠裳，被轻于异族。方今（指甲午中日战争后期以来）强邻环列，虎视鹰瞵，久垂涎于中华五金之富、物产之饶，蚕食鲸吞，已效尤于接踵，瓜分豆剖，实堪虑于目前。

《兴中会宣言》所预示的这种严峻局面，在中日战争刚一结束，很快就出现在中国人的面前了。

日本侵略者通过甲午侵华战争所掠夺的侵华权益（除割地、赔款外），也已被其他列强援引片面最惠国待遇条款都"一体均沾"了。

但是，列强侵略者是欲壑难填的，它们为了维护和扩大自己在华的侵略权益，又都趁中国之危，通过诱骗、讹诈施加各种压力，从政治、经济、文化等各个领域展开了一个争夺控制中国的大竞赛。其来势之猛和对中国危害之深，都是前所未有的。

在中日《马关条约》刚一签订，沙皇俄国看到日本抢先夺去它垂涎已久的中国辽东半岛，便迫不及待地勾结德、法两国，向日本施加压力，迫使日本放弃辽东半岛（史称所谓"三国干涉还辽"）。它采取这一行动，主要是出于对俄国的利益的考虑，而不是对中国的利益的考虑。

实际上，这是沙皇俄国为它下一步侵占中国的这一战略要地所做的准备。紧接着于1896年6月3日（光绪二十二年四月二十二日），俄国政府利用沙皇尼古拉二世举行加冕典礼的机会，在诱使清政府派出李鸿章前往祝贺的期间，即以威胁和贿赂等手段，迫使李鸿章秘密地签订了《中俄御敌互相援助条约》（即《中俄密约》）。

通过这一《密约》，沙皇俄国夺取了横贯中国东北北部的中东铁路的修筑和经理等特权。"三国干涉还辽"事件和逼签《中俄密约》，揭开了甲午战争后帝国主义列强争夺和瓜分中国的序幕。

继沙俄之后，德、法、英等列强，都接踵而至，掀起了一个争夺在华修筑铁路、开设矿厂和进行政治贷款的浪潮。在战后的几年之间，帝国主义各国就在中国掠夺了近一万公里长的铁路修筑、经理权；签订了折合三亿余万两白银的、附有严苛政治条件的奴役性贷款合同；到1900年，它们在中国开办的各种工厂增加到九百三十多家。

与此同时，帝国主义列强又加紧在中国各地设立各种文化机构，大力出版报刊，极力扩张其文化侵略势力。

通过上述的各种途径，在甲午中日战争后，帝国主义列强即进而把中国变成了它们输出资本的重要场所，拼命掠夺中国的社会财富，榨取中国人民的血汗，奴役中国人民的身心。

正是在这些罪恶的侵略过程中，帝国主义进一步垄断和控制了中国的经济、财政、交通命脉和文化舆论阵地。

至此，帝国主义在中国织成了密密麻麻的侵略网，牢牢地束缚了中国的手脚，更为严重地阻碍了中国民族经济的发展。

至19世纪末期，列强在中国的所作所为，明显地体现了世界上一些主要资本主义国家陆续过渡到帝国主义阶段而加紧争夺殖民地和落后国的鲜明特色。

《马关条约》的签订和"三国干涉还辽"事件的发生，是列强宰割中国的信号；在战后几年间帝国主义对中国的激烈争夺，又成为它们妄图瓜分中国的前奏。

总之，在甲午中日战后，帝国主义已开始掀起了瓜分中国的，从而把中国的民族危机推向空前深重的境地。

从另一个方面来讲，当清政府签订丧权辱国的《马关条约》时，即使国人"共愤"，拒约和谴责清政府当权者卖国行径的怒吼声响彻神州大地。

在国家越发危机之际，康有为、梁启超代表自由资产阶级和部分开明地主的要求，在发动了"公车上书"事件之后，继续高举着救亡图存的爱

第五章 身陷逆境倍忍辱

国旗帜,进一步展开组织变法维新运动。

在这期间,台湾同胞为捍卫祖国的神圣领土,掀起了波澜壮阔的反"割台"的武装斗争。

与此同时,燃烧在各地的以反"洋教"为主要形式的群众性的反侵略斗争也出现了新的势头。随着民族危机的加剧,活跃在内地的四川农民起义军也发出《告示》,对日本侵略者"割台湾"、索赔款和列强"意欲瓜分"中国的侵略罪行表示了"呼天之痛!"并对清政府卖国官吏"畏洋人"等卑鄙行径进行了愤怒的声讨。

帝国主义列强加紧宰割中国的侵略暴行,极大地激发了中国各阶层人民的爱国热忱,他们的斗争矛头集中地指向了帝国主义侵略者,出现了同仇敌忾、一致卫国的斗争形势。不过,来自下层人民群众的、自发的反侵略斗争,还需要一个进一步集聚力量的酝酿阶段。

在这种特定的历史情况下,迅速形成的以康有为、梁启超为代表的资

炮台遗址

产阶级维新派所从事的、有组织的变法图强运动，便得到了迅猛的发展，在社会上产生了日益广泛地深远影响，成了甲午中日战争后中国人民救亡图存运动的主流。

国家和民族的危机在日益加深，不愿做奴隶的人们在奋起图强。这种既惊心又触目的现实，构成了甲午战争后中国的一幅悲壮图景。

甲午中日战争后清王朝的最高统治权，还控制在西太后的手中，光绪皇帝继续处于不操实权的傀儡地位。

西太后这个近代中国历史上地主阶级中最昏庸、最腐朽势力的总代表，即使在这黑云压顶、国势极度衰微的情况下，在她的心目中，除了竭力维护其女皇宝座和极尽穷奢极欲、尽情挥霍之能事外，什么国家的权益、民族的兴衰，仍旧通通没有放在她的眼里。

事实上，西太后对在甲午中日战争中所得到的那种屈辱和局是十分得意的，甘心于"苟安目前"。就是在战后出现群魔乱舞，国家和民族面临深重危机，凡是有些民族情感的人都无不痛心疾首的时候，西太后那麻木不仁的灵魂又进一步暴露在人们的面前，她还在无视"国库空虚，民力凋敝"，"又将大兴土木，修圆明园，以纵娱乐。"

另外，西太后为了强化其专权地位，置国家和民族的危亡于不顾，依旧醉心于内部的派系之争。

年仅十八岁的寇连材，原来是深得西太后信赖的一个梳头房太监。他曾被西太后作为心腹派去以"伺候皇上"为名，"实则使之监督（光绪帝）行止，侦探近事"。

就是这样一个普通的青年太监，甲午战败、"国危至此"的严酷现实也激发了他的民族情感，而"日愤懑忧伤"，"叹息国事"。

并且，他通过在宫内侍奉西太后和接触光绪帝的亲身经历，逐渐对西太后骄奢误国和虐待光绪帝的种种挥霍暴虐的行径也越发不满；对处处受

第五章 身陷逆境倍忍辱

到牵制不能自主的光绪帝反而愈加同情了。

寇连材仅仅是出于"忧国"之念和对光绪帝处境的不平感,在1896年3月(光绪二十二年二月),"冒死"向西太后跪谏:"一请(西)太后勿揽政权,归政皇上;二请勿修圆明园"等十条。

实际上这完全是寇连材"自为"的一种善良劝告,流露了作为一个中国人的爱国情怀,与光绪帝以及所有的帝党官员都毫无直接的关联。可是,西太后却认为这是寇连材"受人(即受光绪帝等人)指使"的"叛逆"行为而火冒三丈,立即命令内务府把连材杀害,并大行株连,将平时同情或接近光绪帝的"内传"多人,分别发遣、处死,在清宫内制造了又一起残暴的大血案。西太后制造这一血案的指向是路人皆知的,明显是想为了削弱光绪帝的势力。

在甲午战争后,西太后的两大支柱之一洋务派的阵容发生了明显的变化,原来洋务派首领李鸿章已声名狼藉,遭到"朝野上下的唾骂"。因此,当他在日本签订了《马关条约》回国后,不敢露面,便到外地躲起来了。

并且通过甲午中日战争的实践,也使起来起多的人看到,李鸿章等人搞的那套"自强"新政,也"不知其本,故仍无补于国势之屡弱。"对洋务派搞了几十年的"洋务"活动产生了更大的怀疑。

可是,西太后为了维持与帝国主义勾结的"苟安"局面,离不开这个深受外国侵略者赏识的李鸿章,而对他百般庇护。

到1896年秋,在全国一片喊杀声中又把他召入北京"入阁办事",随即任命他为专使出使沙俄等国,又在国外干了一些新的卖国勾当。

不过,李鸿章在清王朝中的势力和在社会上的影响却大大的削弱了。当时不仅他那煊赫一时的"自强"术已遭到人们的唾弃,就是他的"北洋"地盘也从此失掉。

当然作为一种政治势力，却并未因此而消失，后起的洋务派显要人物湖广总督张之洞和两江总督刘坤一，却成了这个政治势力的继承者。

当然洋务派也不是铁板一块，尤其是在对外态度方面，张之洞以及刘坤一确与李鸿章有着明显的区别。

早在19世纪80年代初，中国与沙俄进行伊犁问题交涉对，对于崇厚误国签约，"之洞论奏其失，请斩崇厚，毁俄约。"坚决反对沙俄蚕食我国西北边疆。

后到中法战争时，张之洞"建议当速遣师赴援，示以战意，乃可居间调解"，并保荐善战将领赴前抗法，主张在坚持抗战的前提下进行谈判，其态度也有积极的因素。

他在甲午中日战争中的态度更为鲜明，基本是站在了清廷主战派一边，提出了一些御敌拒和主张。由于上述的缘故，在甲午战争后他的声望有所提高。

不论是张之洞还是李鸿章，在敌视人民和维护清朝封建专制统治等方面，却是完全一致的，他们在政治上的根本立脚点都是半殖民地半封建统治秩序的维护者。因而，在甲午战争后国内政治风云变幻莫测之时，这些人又都企图插足维新运动企图浑水摸鱼。当新与旧、进步与反动的营垒日益分明时，他们便又先后退回到原地，又与封建顽固势力合流。

西太后的另一大支柱，以后党骨干为中心的封建顽固派，在战后也发生了一点儿变动。在甲午战争中直接站在前场，一味秉承西太后的懿旨，与李鸿章内外串通、死心塌地地推行妥协投降路线的军机大臣孙毓汶、徐用仪，到1896年7月（光绪二十一年六月），因在战争中"主持和议，为舆论所攻"，借"病"退出了军机处和总理衙门。

但随之而后，唯西太后是从的老官僚王文韶，被正式任命为直隶总督，控制了北京的门户；西太后的亲信荣禄，也被加衔晋级，权势进而大

第五章　身陷逆境倍忍辱

张。

于是，他们便与后党原来的骨干徐桐、刚毅等人，结成西太后的"新"班底。这些人在甲午中日战争期间多是主张妥协投降的头面人物，他们与西太后鼻息相通，在战后"以为和局已定，泄沓相仍"，对国家和民族的前途，无动为大，漠不关心。

但在甲午战争后国内日益动荡的形势下，他们却对其统治地位可能发生动摇而有所顾忌，如荣禄曾主张"设武备特科，参酌中外兵制，造就人才"，鼓吹了一阵子所谓的"新政"。不过他们奢谈的这种"富强之道"，在实际上只"不过开矿、通商、练兵、制械"，至于"其他大经大法"，则认为"自有祖宗遗制，岂容轻改。"

可见一些顽固派官僚所兜售的如此"新政"纯粹是洋务运动的陈旧货色，其目的依然是为了修补和强化其统治机器罢了。对真正的社会变革，他们是坚决反对的。

因此，无论是洋务派首要者还是"纯"牌的封建顽固派，都与近代中国半殖民地统治秩序结下了不解之缘，是帝国主义统治中国的政治基础。

在甲午中日战争后，国势日衰和在社会上兴起的救亡运动的激发、推动下，在清王朝统治阶级当中确实游离出一部分人，感到"时势所逼"，纷纷出来"急求雪耻之方"，在清朝统治阶级的内部，也卷起了一股"竞言言自强之术"的热流。

作为这股热流的推波者，当首推顺天府尹胡燏棻，他在1895年7月（光绪二十一年闰五月）进呈的《条陈变法自强事宜》折中说：

日本一弹丸岛国耳，自明治维新以来，力行西法，亦仅三十余年，而其工作之巧，出产之多，矿政、邮政、商政之兴旺，国家岁入租赋，共约八千余万元，此以西法致富之明效也。

反镜以观。得失利钝之故，亦可知矣。令士大夫莫不以割地赔费，种

碧玉"太平有象"（清）

种要挟为可耻。然时势所逼，无可奈何，则唯有急求雪耻之方。以坐致强之效耳。昔普法之战，法之名城残破几尽，电线、铁路处处毁裂，赔偿兵费，计五千兆佛兰克，其数且十倍今日之二万万两。

然法人自定约后，上下一心，孜孜求治，从前弊政，一体蠲除，不及十年，又致富强，仍为欧洲雄大之国。今中国以二十二行省之地，四百余兆之民，所失陷者不过六七州县，而谓不能复仇洗耻，建我声威，必无是理。但求皇上（光绪帝）一心振作，破除成例，改弦更张，咸与维新，事苟有益；虽朝野之所惊疑，臣工之所执难，亦毅然而行之，事苟无益；虽成法之所在，耳目之所习，亦决然而更之，实心实力，行之十年，将见雄长海上，方驾欧洲，旧邦新命之基，自此而益巩，岂徒一雪割地赔费之耻而已。

纵观世运，抚念时艰，痛定思痛，诚恐朝野上下，高谈理学者，狃于清议，鄙功利为不足言。今日即孔孟复生，舍富强外亦无治国之道，而舍

第五章　身陷逆境倍忍辱

仿行西法一途，更无致富强之术。

胡燏棻的思想主张，确实反映了当时朝野的一个侧面的新动向。

在战后的几年里，在一些官员、士大夫当中提出的这种"自强之术"，就其基本内容来看，仍不外乎筹饷、练兵、敦劝工商和办学育人，等等。

虽然从这些内容的本身而言，还是没有超出旧"洋务"的老框框，但他们在这时提出要奋起"自强"的立足点，却是为了"一雪割地赔费之耻"，渗透着抵制侵略、维护国家与民族尊严的奋发精神。

与此同时，他们在抨击了洋务派官办企业的种种弊端之后，还提出了"准民间自招股本"，广"开民厂"等主张，无疑，这些建议较之旧"洋务"却是一种明显的进步。

这些在清朝统治阶级当中要求御侮自强的人，除胡燏棻之外，还有礼部尚书李端棻、给事中高燮曾，等等。

这些人里的多数，均是与光绪帝在思想、政见方面有联系的帝党或倾向维新的官员、士大夫。

这些人中，尤其是与光绪皇帝有着特殊关系的军机大臣、户部尚书翁同龢，经甲午惨败和列强围逼的深切触动，同时又较早地接触了康有为，使他的思想发生了显著的变化。由原来看到一点儿"洋器"犹如洪水猛兽，竭力抵制任何改革的顽人、尊王攘夷的旧式学者，现在对康有为的变法主张大为"惊服"，成"省俗大局"，意识到"非变法难以图存"的开明人物了。并因此使他与后党和洋务派李鸿章的矛盾，也日益尖锐化。

这些清廷官员、士大夫提出的这种"致富强之术"，与资产阶级维新派主张的变法图强相比较，当然有着不同的阶级内容。这些官员力图"致强""雪耻"，基于对国家前途的忧虑，力求抵制列强的压迫与宰割，使中华祖国得以保存。

就此说来，他们与维新派又有着某些相通的地方。并且在他们当中的许多人，与光绪皇帝既有相似的处境；又在思想主张方面有着密切的联系。基于上述情由，他们（尤其是翁同龢）由于与光绪帝关系密切，互有影响，所以在此后光绪皇帝与维新派逐步结合的过程中便充当了媒介和桥梁作用；有的人甚至进而投入变法维新事业。

显然这些人的出现，表明甲午战争后在清朝统治集团内部，也发生了日益显著的分化。而这种分化无疑也是影响光绪帝思想演变的重要因素之一。

甲午战争期间的硝烟弥漫，对在战争中"一力主战"的光绪皇帝来说，的确是犹如一场噩梦般的"苦痛"经历。尤其是这场战争的结局，竟然使堂堂的中华大国被一个"弹丸岛国"打得一败涂地，蒙受了奇耻大辱，这对颇有生气的光绪帝来说当然是难以忍受的。

光绪帝对《马关条约》的割地、赔款深恐"失民心，丧国体"，一直陷入无限的忧虑和痛苦之中。

紧接着，到战后的1896年4月（光绪二十二年三月），当光绪帝又得知帝国主义列强进而大肆向中国扩张经济侵略势力时，他立即颁谕指出，这"与华民生计。大有关得，亟宜设法补救，以保利权"。"收""保"利权，早已成为一些人要求维护国家和民族权益的一种爱国口号了。

此时光绪帝也如此惊呼，这就清楚地表明，到这时他对国家和民族权益被人侵夺的严酷现实，也引起了深切的关注，流露出不可抑制的义愤。特别是，面对列强"相逼而来"，伸出了宰割中国的罪恶之手的危急形势，光绪帝更是心急如焚，强烈地意识到"强邻狡焉思启，合以谋我"，感到了严重的威胁。

由于光绪帝在甲午战争后越发沉痛地意识到"国势艰难"而"殷忧危亡"，他便急切地要求"上下一心，图自强而弭祸患"，产生了奋起"图

强"的迫切感。

苏继祖在《清廷戊戌朝变记》中说，"自甲午、己未兵败地割，求和偿款，皇上（光绪帝）日夜忧愤，益明中国致败之故，若不变法图强，社稷难资保守。"在于维新运动期间，驻华的外国人评论说，甲午战败以后，光绪帝"对于他的国家之被击败于日本之手感到耻辱，亟于要采用一切维新的政策，以期使这种耻辱不再发生"。

我们把甲午战争后光绪帝的思想表现和上述有关的历史记载综合起来考察，可以清楚地看到，清王朝在甲午战争中的惨败，也使光绪帝的思想受到了极大的刺激。他既对此深感"耻辱"，又意识到列强在"合以谋我"使"国势艰难"。

从而，光绪帝便产生了深切的"忧危之心"。作为清代封建地主阶级的最高代表者光绪帝的"陇危"，固然是出自唯恐"失人心"，造成"社稷难资保守"，忧虑其统治地位可能丧失，他的"化危"带有鲜明的阶级烙印。

然而，光绪帝产生这种"忧危之心"的触发剂却是源于战败受辱、山河破碎和随后列强"相逼而来"的严峻危局。在他的这种"忧危"的心情中，显然包含着浓烈的忧国之愤和强烈的雪耻之恨，寓积着爱国的情怀。

从光绪帝要求"图强"的立足点来说，当然与那些感到"时势所迫""急求雪耻之方"的清廷一般官员是完全一致的，同时也与资产阶级维新派的心情有着相同之点。

正因如此，当光绪在1895年7月间（光绪二十一年闰五月），首次得到康有为激励他"赫然奋发，扫除更张，"以"雪仇耻而扬天威"的上书"览而喜之，"引起了他的共鸣。

在这期间，如胡燏棻等人也纷纷上奏，"但求皇上一心振作，破除成例，改弦更张"，力促振作图强。与此同时，在光绪帝身边的翁同龢，又反复以康有为的一些变法主张和"万国之故，西法之良，启沃皇上"。这些来自内外要求图强的呼声，对光绪帝的思想变化又给予了巨大的推动，使他的"雪耻""图强"之念进一步坚定起来。

不过，在1897年以前，仍然处于封建顽固势力包围之中的光绪帝，还是难以与外界发生联系的。他在这时所了解到的情况，基本是来自清廷统治集团的内部。

因此在当时光绪帝急迫地要求图强弭患，并认为"惟以蠲除积习，力行实政为先"，意识到进行改革的必要。然而在他思想中的主导方面，也同样认为"目下欲图自强，自以修明武备为第一要义"。表明光绪帝在这时的图强思想，还未越出洋务派和荣禄等顽固派官僚所设下的那一套"自强"的旧路子。

但是，光绪帝的"图强"思想却未始终停留在只是"修明武备"这一点上。此后随着民族危机的日益深化和社会上的变法维新运动迅猛发展，他的思想也在继续变化，不断地向前推进。

中国在甲午战争后，既蒙受着奇耻大辱，又面对危机日深的严峻形势，社会上那些不甘做奴隶的人们已作出了明确而坚定的回答，他们各自采取了不同的斗争方式踏上了救亡图存的征程。

与此同时，在清王朝统治阶级当中，也引起越来越多的人在思考和议论这一严峻的新课题。

从亲政以来，逐渐怀有"励精图治"思想的光绪皇帝，也从中受到了猛烈的冲击，产生了"忧危之心"，进而起来"急求雪耻之方"。无论他的主观目的如何，这种思想倾向，却是顺应了时代的要求和社会上各阶层人民的迫切愿望。

可以说中国在甲午中日战争中悲惨的结局，既进一步唤醒了社会上各阶层的广大人民，也激发了年轻的光绪帝。所以甲午中日战争，又成了光

第五章　身陷逆境倍忍辱

177

绪帝政治思想发展、变化的一个分水岭，加速了他在政治上走向成熟的步伐。

关注外面的世界

1897年（光绪二十三年）冬，在凛冽寒潮袭击下的中国，让人觉得十分的寒冷，冰冷的空气阵阵袭来，大有窒息之感。继德国侵占胶州、魔掌伸向山东，沙俄又陈兵旅大，把整个东北置于它的魔爪之下。随后，其他列强也纷纷效尤，接连到来，掀起了抢占港湾，争夺势力范围的瓜分中国的惊涛骇浪，把中国的民族危机推到了空前深重的地步。在此国家的存亡系于千钧一发之际，救亡图存，成了当时中国压倒一切的紧迫课题。

在这黑云压城城欲摧的危机时刻，资产阶级维新派领袖康有为当即从南方返回北京，通过继续上书和联络翁同龢等人加紧策动光绪帝来推进变

颐和园

法救亡运动。于是，整个中国便进入了大变革的前夜。

在国家和民族处于生死存亡的紧急关头，清王朝统治集团内部的分化也越发明显了。自从"德人占据胶州，上（光绪帝）益忧惧"。至此，光绪帝对国家前途的"忧危之心"又受到了更为剧烈的震动。到1898年（光绪二十四）3月间，当沙俄诱迫清政府签订"租"占旅大的条约时，光绪帝的心情已是怒不可遏，他对"俄之索旅大"，"大怒，面责恭邸（即恭亲王奕䜣）及合肥（李鸿章），谓汝等言俄可恃，与定约（指《中俄密约》引者），输以大利，今约期未半，不独不能阻人之来分，乃自渝盟索地，密约之谓何？"

对光绪这一义正词严的斥责，奕䜣和李鸿章竟然回答说："若以旅大与之，密约如故。"

面对奕䜣、李鸿章顽固坚持妥协立场，光绪帝更是勃然"大怒"；而当时的西太后，却颠倒黑白地训斥光绪帝；"此何时，汝（光绪帝）乃欲战耶？"公开支持奕䜣、李鸿章，压制光绪帝的正义声音。

在围绕是否与沙俄签订《旅大租地条约》这一关系着国家的领土和主权的重大问题上，光绪帝与奕䜣、李鸿章及西太后展开的这场面对面的舌战，可谓是非昭然，营垒分明。西太后与奕䜣、李鸿章继续合污同流，坚持推行对侵略者的妥协方针，因而他们对帝国主义列强瓜分中国的猖狂活动，依然采取着置若罔闻的态度。

当时的光绪帝，既揭露了沙俄伪善、狡诈和狰狞的嘴脸，又痛斥了奕䜣、李鸿章等

第五章　身陷逆境倍忍辱

中国著名帝王 光绪传

"联俄误国"的罪恶行径。虽然在当时光绪帝还未能驳倒西太后等人坚持迎合侵略者要求的卖国言论，抵制住《旅大租地条约》的签订，但从他的这些言行当中，却表露了他对列强瓜分中国的暴行和清廷媚外、卖国势力的满腔怒火。

国家的存亡势如累卵，清王朝的"当国"者却越发昏庸。这种触目惊心的情景，似如利剑刺痛着光绪帝的心弦，他愈加感到"事机日迫"，再不能坐守待毙了。

如前所说，在甲午战争刚刚结束后时，光绪帝对于"图强"的认识还是与后党官僚荣禄等人停留在一个相同的水平线上，认为"修明武备为第一要义"。

但事态的发展说明，这种修修补补的陈旧办法并不能挽救国家的危机。于是他便博览群书，力图在他的"祖宗"给遗留下来的"治国"武库中寻求出路。但结果还是没有找到他急需的妙方，国家的形势仍在日益恶化。

正当光绪帝忧愤交加、心急如火的时候，翁同龢继续"备以康（有为）之言达皇上，又日以万国之故，西法之良""辅导皇上"。

与此同时，倾向维新的给事中高燮曾，也不断把康有为上书的一些内容"疏荐"给光绪帝，在光绪帝与康有为之间加紧了沟通工作。

在事态垂危，中华民族与帝国主义之间的矛盾空前激化的情况下，通过翁同龢、高燮曾等人的"启沃"、疏通，使光绪帝和康有为在救亡图存这一基点上进一步想到了一起。并由此给光绪帝的思想变化以新的促进，使他在探索"图强"的道路上又大大地向前跨进一步，逐渐睁开眼睛看世界，要以新的尺度来衡量中国的现实了。

帝国主义列强侵略中国的目的，"是要把中国变成它们的半殖民地和殖民地。"可是在它们侵略中国的过程中，却又产生了与其主观目的相反的客观效果，极大地激发了中国人的爱国热忱。

在当时的历史条件下，外国为什么那样富强？中国为何如此衰弱，而又总是被人欺辱？这个十分尖锐的问题便引起越来越多的人的注意。

因此，向外国探索富强之道、救国之途，便成了近代求进取的中国人的必由之路。从1840年鸦片战争外国资本主义势力侵入中国以后，在中国便逐渐涌现出一批向西方资本主义国家寻求救国真理的先进人物。

至19世纪七八十年代以来，要求学习外国来振兴祖国的呼声越来越高，进而形成了一股新的社会思潮。

至甲午中日战争以后，在民族危机急剧深重的刺激下，来自社会上的这种要求，便很快地汇集成激荡全国的时代潮流，以康有为为首的资产阶级维新派，就是这一新潮流的导航者之一。

此前，清朝统治阶级中的洋务派官僚，也曾倡导过所谓的"西法"，但正如梁启超所说，这些"言西法者，不过称其船坚炮利制造精奇而已，所采用者，不过炮械军兵而已，无人知有学者，更无人知有政者。"洋务派鼓吹的"西法"，是为了挽救其统治地位的一种"栽植"法、"修补"术。

洋务派的这种"学习"，在客观上也曾产生一定的积极作用，但是他们却不是以此来全面地革新中国，这样的"学习"外国，还不能把中国引向真正的独立富强。

在这一历史时期，在清朝统治者的中下层里，也确有人想认真地学些外国的优点，使落后的中国得到一定的更新，但其为数却寥若晨星，也未在社会上产生多大的实际作用。

至于在清王朝最高的"当国"者之中，他们都恪守封建主义的传统观念，又出于愚昧、守旧的"积习"，从进入近代时期的道光皇帝以来，没有一个人勇于放下他们自以为"天朝至上"的臭架子，起来认真学习些外

第五章　身陷逆境倍忍辱

国的政治、经济及社会状况，了解一下世界发展的大势，对照一下本国的现实，对中国进行一些切实的革新，因而使中国在衰弱落后的泥潭中越陷越深。如果说在这方面有所突破，那是在特定的历史条件促使下，由处于特殊地位的光绪皇帝开始在这方面有所起步的。

甲午战争之后，光绪皇帝在极力探索中国的"致败之故"和寻求"图强"之道的时候，曾出使过外洋的顽固派官僚张荫桓，充当了一个不自觉的"启诱圣聪"的角色。每当光绪帝听他讲述"欧美富强之机"时，均"喜闻之"，并对他"不时召见"来了解外国的情形。

继而，通过翁同龢等人转介康有为希望如何适应世界发展潮流的劝告，在光绪帝的传统思想的脑海里又得到了进一步的松动。经德国占领胶州湾和列强在中国掀起瓜分狂潮的"一震"，陷入"忧惧"、苦闷之中的光绪帝，为了寻求救亡图存的妙方，更"喜欢看新书"了，对于了解外国情况和世界的发展形势产生了强烈的兴趣。

1898年2月（光绪二十四年正月），光绪帝为认真、细致地考察外洋情形，主动向翁同龢、张元济等人索取黄遵宪的《日本国志》，详加阅监。《日本国志》，在当时是一部难得的、详细介绍日本明治维新前后政治、经济、军事以及社会风俗等情况的书籍。

光绪皇帝通过对这部书的研读，对自己起了很大的启蒙作用。

随后在当年4月13日（三月二十三日），经光绪帝的催索，由翁同龢"代呈"的康有为之作《日本变政考》《俄彼得变政记》和英人李提摩太编译的《泰西新史揽要》《列国变通兴盛记》等书。光绪帝将这些书籍奉若至宝，"置御案，日加披览"。

在这此其间，光绪皇帝对康有为介绍日本明治维新的《日本变政考》一书感到尤"而善之"，继研读黄遵宪的《日本国志》之后，使他受到了更大的启示。

总之，这些书对光绪帝的图强思想的发展，给予了深刻的影响，对他形成"效法"日本进行革新的志向，起到了不容忽视的促进作用。

在三年前，日本还是一个令人痛恨的侵略自己的国家。可是到现时，在极欲寻求图强之方的一些中国人眼里，它却又变成了"先生"，这也是一种历史的辩证法。视野逐渐扩大的光绪皇帝，在追求未来的道路上继续向前迈进。

在此期间，他又通过各种途径"大购西人政书览之"，而且对于"考读西法新政之书，日昃不惶"，表现了越发浓厚的兴趣。

在19世纪末叶的中国，由于各种条件的限制，光绪帝还不可能看到更多的"新书"，特别是"西书"。但是在当时的历史环境中，对于那些憧憬未来，急于追求进取的人来说，即使获得一滴之新见，也有可能使他顿开茅塞，吸取到超过它本身多少倍的力量，收到见微知著的效果，这是不足为奇的。

当时苦心探索救亡图强之道的光绪皇帝，通过精心研读这些介绍外国

龙纹清刀

第五章 身陷逆境倍忍辱

183

情况的"新书"，大大拓宽了他的视野，"千万国之故更明"，初步触到了世界发展的脉搏，受到了新的启示和鼓舞。

于是，他深有感触地说，"现在外洋各国是今非昔比的，都强起来了"！很有点进取心的光绪皇帝，在获得了新的认识的基础上，其视野在不断地扩展，开始摆脱了"天朝至上"的虚渺观念，逐渐以中外对比的眼光，来观察中国的现实了。

从而，光绪皇帝深深地感到，中国"一切落后，什么事都赶不上外国，怎么好和人家办交涉呢？"

同时，光绪帝又以十分激愤的心愤怒视那些无知的庸官"对于西洋思想是从没有给予过适当的注意的，而且对于世界的进步也是漠不关心"的劣性；并斥责控制清廷的权贵大臣们，在平常的时候，只"知在无味虚面上用心，到了大节割地赔款事，即一筹莫展。"

另外，光绪帝对于当时那些"昧于域外之观"的、因循守旧、不知天多高地多厚的士大夫们，也表露了强烈的厌恶。显而可见，这时光绪帝的思想境界，已经远远地超越了封建顽固派和一些洋务派大官僚的认识水平，达到了一个新的高度。

在这种情况下，光绪帝感触颇深地看到，"西人皆日为有用之学，我民独日为无用之学。"因而光绪帝在气愤之余，即对他原来视为"治国"法宝而日夜攻读的那些经理之书，以"皆无用之物，命左右焚之。"

光绪帝的这种思想举动，亦有一定的偏颇之处。但无可否认，他这样做的出发点，却是为了面向中外现实，体现了他要从外国寻求救国之方的急切心情。透过这一表象可以看到，时至此刻，在光绪帝的思想中已越发明显地加大了与封建传统观念的距离，对他原先奉为至宝的"祖宗之道"产生了某种程度的怀疑，表明光绪帝有了较强烈的、仿照外国来改变中国落后地位的愿望。

由于光绪皇帝开始关注外面的世界，接触了一些新事物和新思想，至1898年（光绪二十四）的春、夏之际，他的思想变化发生新的飞跃，越发偏离了封建传统观念的轨道，公开与封建顽固派坚持的"祖宗成法不可改，夷（外国）法不足效"的顽固立场对立起来。

光绪帝明确而坚定地认识到，面对"各国环处，凌迫为忧"的形势，衰弱陈旧的中国，"非实行变法，不能立国"，光绪帝决心要"效法"外国，来革故图新了。到此，光绪帝的思想愿望与以康有为为首的资产阶级维新派的要求有诸多方面都融合在一起了。

救亡图存思变法

康有为为代表的资产阶级维新派，自甲午中日战后开始组织、发动变法图强的维新运动之时，以西太后为首的封建顽固派，就对它采取了极端仇视的态度。他们倒行逆施，唯"苟全富贵于目前"，无视国家的存亡兴衰，对人们要求救亡图存的爱国呼声百般地加以抵制和压抑。

开始，洋务派的头面人物及一些政治投机分子李鸿章、张之洞、袁世凯等人，各自心怀鬼胎，也曾企图混迹于维新运动之中。

实际上他们的这种动向只不过是挂着羊头卖狗肉的伎俩而已。因此，随着政治风向的变化，这些人便先后现出了原形，又继续与手握清廷实权的顽固派结成反动的"神圣同盟"，公开来对抗蓬勃发展的维新运动了。

光绪皇帝，在甲午战争后与以西太后为首的封建顽固派在政治见解方面的分歧日益扩大；与康有为等维新派人士的见解、主张日益合拢，所以光绪帝对维新派从一开始就与顽固派分道扬镳采取了同情的态度。随着光绪帝的新的思想倾向不断扩展，他对维新运动又从同情进而到支持，并且他的这种态度也越发明朗和坚定。

中国著名帝王

光绪传

当时，西太后虽然"仍静居于颐和园"，但她一直关注着清宫，她的心腹、军机大臣刚毅、礼亲王世铎以及荣禄等人随时将朝廷内的动向"传达于（西）太后"，因此西太后还是牢牢地控制着清廷的政局。

同时，西太后又通过李莲英派出大批亲信太监，作为她的耳目在各个角落"监视"光绪帝的行动。

在这种情况下，当时的光绪帝仍要遵循西太后立下的"家规"，每月必须照例到颐和园向西太后"请安"，同时，"皇帝每遇国事之重要者，必先禀商（西）太后，然后降谕"施行，光绪皇帝依旧处于西太后的控制之下。可以看出，光绪皇帝的图强热情很高，但其面对的局面却十分险峻的，他支持变法图强仿佛是在以西太后为首的清王朝实权派手心中跳舞，随时都有被毁灭的危险。

由于存在着来自社会、尤其是来自清廷统治集团内部的种种顽固的阻力，既决定了这次维新必然具有极大的复杂性和曲折性，及预示着光绪帝在支持维新运动的过程中，其前进的道路也定然是步履维艰的。

但是，深重的"忧国"之情和越发坚定的图强之志，驱使着光绪帝甘愿在这条革新图强的崎岖道路上向前迈进。

此后，帝与后之间，也就围绕着如何对待这场维新图强运动，在清廷统治集团中激烈地展开。而且他们之间在此时期进行的较量，与维新图强运动的发展和结局，又紧紧地交织在一起了。

在1895年《马关条约》签订后呈递的《公车上书》，以及此后康有为的几次个人上书。既表达了中国新兴资产阶级在政治、经济、文化等方面的迫切要求，也反映了一切要求救亡图存、希望祖国走向独立富强的人们的共同心声。

同时，这些上书，又成为资产阶级维新派宣传、组织和发动维新图强运动的主要手段。

因此，在当时反对还是支持康有为等人的这些上书，便成为直接关系着这场维新图强运动能否开展起来的关键。

当时的清王朝，从内阁、军机处到总理衙门和各部院等几乎完全被后党顽固派官僚所控制。

这些人秉承西太后的旨意，并出自他们个人的顽固守旧心理，利用种种借口对康有为等人的连续上书，一再加以无尽地刁难，使之不能上达，企图以此把这场维新运动扼死在摇篮里。与此形成鲜明对照的是，光绪皇帝和翁同龢等"帝党"官员，对康有为等人的上书，却采取了与顽固派截然不同的态度。

由于顽固派官僚从中阻挠，光绪帝对《公车上书》和康有为在甲午战争后的前两次上书均未得见。可是，他通过翁同龢、高燮曾的居间传介，已引起了对这些上书的重视。当1895年7月初，光绪帝在偶然中首次得到康有为的《上清帝第四书》时，便"览而喜之"，受到鼓舞，为之振奋。

1897年（光绪二十三年）冬，当德国侵占中国胶州湾时，康有为返回北京进呈了《上清帝第五书》，进一步吐露了满腔的爱国情怀，他以极其沉痛的心情陈说了国家面临的严峻形势，并且说出了变法的紧迫性。

康有为在上书中的言语，可谓句句千斤、语重心长。特别是他指出，在"瓜分豆剖。渐露机牙"、亡国大祸迫在眉睫的情况下，如不"及时发愤，革旧图新"，中国将无可保存，可以说是表达了全中国人民的共同心声。

他虽然也流露出对人民起义的恐惧心情，但这不是他的主要针对者。

可是，清廷中那些顽臣，对这样一份既充满爱国激情又提醒清朝统治者应认清利害的上书依旧采取了敌视的态度，拒"不为代奏"。

不过，由康有为发出的这些时代的强音，顽固势力终究未能把它完全捂住。通过给事中高燮曾的引荐，光绪帝还是听到了一些声息，并进而引

第五章　身陷逆境倍忍辱

起了他的更大关注，表示要召见康有为，面询救亡事宜。

光绪帝准备采取的这一积极举动，又遭到了恭亲王奕䜣的阻挠，他借口"本前前例，非四品以上不能召见"，给顶了回去。

虽然这样，在1898年1月24日（光绪二十四年正月初三日）顽固官僚为了蒙骗光绪帝和搪塞舆论，让翁同龢以及李鸿章陪伴，假惺惺地接见康有为"问话"，破坏了光绪帝力图与康有为尽快建立起直接联系的努力。

铜麒麟

但是，他们可能没有料到，这种由清王朝当权大臣面会康有为的事件本身，又是对清王朝"成例"的一种突破，它为资产阶级维新派进一步打破这一顽固、森严的堡垒提供了一定的条件。

显然，这一突破又是由光绪帝促成的。随后，光绪帝终于看到了康有为于上年年底写的《上清帝第五书》。这时，光绪帝的态度更加明朗、坚定，尤其当他读到康有为指出的，在此危机之秋，"如再徘徊迟疑，苟且度日，因循守旧"，不奋起变法，"恐皇上与诸臣求为长安布衣而不可得"，有可能重演"煤山"悲剧等内容的时候，更触动了他的"忧危之心"和激励了他的图强之念，使之"肃然动容"。

从而光绪皇帝深有感触地认为，"非忠肝义胆，不顾生死之人，安敢以此直言陈于朕前乎！"对康有力的这份《上书》又大加赞赏，立即"命总署诸臣，自后康有为如有条陈，即日呈递，无许阻格"。

至此，由于光绪帝力排干扰，终于打通了一条资产阶级维新派与光绪帝进行公开联系的渠道，加速了维新图强运动的进程。

1898年（光绪二十四年）春，康有为等人在北京成立的"保国会"，响亮地提出了"保国、保种、保教"的口号，这是资产阶级维新派为了进一步组织力量，推进维新运动的发展所采取的一个重要步骤。

正因为如此，当它一成立，封建顽固派就惶恐不已，一些大小顽固派官僚纷纷跳出来拼命攻击康有为和"保国会"是"聚众不道"。

御史文悌更气急败坏地上奏"弹劾"康有为"招诱党羽，因而犯上作乱"，甚至说什么这是"名为保国，势必乱国"，发出了一派恶毒的叫嚣；恭亲王奕䜣和军机大臣刚毅，还气势汹汹地喧叫要追查入会之人。就这样，由封建顽固势力掀起了一股猖狂地围攻康有为和"保国会"的逆流。

在处于风口浪尖之时，光绪帝又对这些顽固派人物针锋相对地指出："会为保国，岂不甚善！"接着他还驳回了其他顽固派官僚的"弹劾"奏折，回击了顽固势力的嚣张气焰，公开支持了康有为和"保国会"。

虽然光绪帝未能最终制止住顽固派对"保国会"的破坏活动，加上"保国会"自身成分混杂，参加者的目的不一，后来夭折了。

但通过这一事件再次表明，在关键之时，光绪帝能为维新运动伸张正义，毋庸置疑是难能可贵的。

在维新运动发展的过程之中，思想、政治领域里进行的"变"与"反

第五章 身陷逆境倍忍辱

变"的斗争在激烈地进行着,是资产阶级维新派与封建顽固派及洋务派头面人物之间斗争的一个焦点。

这一斗争的实质,在于是维护悲惨落后、任人欺凌的半殖民地半封建社会的现状,还是把中国引向资本主义的独立富强?所以这又是当时中国两个阶级、两条道路斗争的集中反映。

早在《公车上书》当中,康有为等人即以《易经》里的"穷则变,变则通"的变异思想为据,大力主张国家的事物也要因时变通,否则便要造成"空疏愚陋,谬种相传"的恶果。

他们认为,特别在"列国并立之势"中,"非交通旧法,无以为治。"

另外,梁启超、严复等人,更鲜明地以西方资产阶级的进化论观点,大声疾呼必须应时而变,以适应新的时代潮流。资产阶级维新派所以如此强烈地宣传因时变通的思想学说,是为他们革新中国,救亡图存,以推进中国资本主义发展而提供的理论依据。

在这个关系着中国的前途和命运的重大问题上、尤其是封建顽固派中的一些人,只从"苟全富贵"于目前的私利角度出发,死抱着"天不变,道亦不变"的唯心史观不放,动辄以"祖宗成法不可改,夷法不足效"的谬论来压人,竭力反对资产阶级维新派的变革思想主张。

实际上,他们是想把中国"永远"困在半殖民地半封建社会的牢笼里,不得翻身。

在这方面,光绪帝也与封建顽固派的观点不一致,原在甲午战争后的一年间,他就与资产阶级维新派的主张遥遥呼应,亦同样大力提倡"因时制宜",意识到"当国事艰难"时进行变革的必要。

此后,光绪皇帝随着眼界的开阔和思想的急剧变化,在这方面的思想认识又在不断发展。在一八九七年底德占胶州、俄侵族大,康有为加紧推进变法运动的时候，恭亲王奕䜣又在清廷大叫"祖宗之法不可变"，对此，光绪帝以与康有为用的相同的语言当即给予了驳斥。

光绪皇帝说，"今祖宗之地不保，何有于法乎？"回击得何等有力！在国家危难愈深的日子里，康有为沉痛呼号，"若不及时图治"变法，将"不能立国"光绪帝也在清廷内部急切地表示，"非实行变法，不能立国"，他们之间配合得十分默契！

自1895年战败以来，至1898年春，随着民族危机的加深，光绪皇帝的思想又朝着新的境界不断地演化，在救亡图存、奋发图强的基点上，他从思想感情到实际行动上，逐渐顺应了时代的潮流，越发明确地站到了以康有为、梁启超等人为代表的资产阶级维新派的一边。

但是，光绪帝的思想变化在当时还没有达到成熟的阶段，他的"图强"思想尚未形成一个完整的体系。他对社会上出现的五花八门的"自强"舆论和倡导"西学"之说，还不可能加以严格地分辨。

在1898年春，当光绪帝"决意革放图新"的时候，曾欲召洋务派官僚张之洞来京"辅翊新政"。此事表明，一方面，这个后起的洋务派显要人物张之洞，在对外态度方面与李鸿章有所不同，特别在甲午中日战争中他也倾向主战，应和了以光绪帝为首的主战派，则使光绪对张之洞"自甲午权署两江，更信重之"；另一方面，在甲午战争后张之洞也在提倡"西学"和主张"改弦更辙"，这对当时力求革新的光绪皇帝定然会具有一种吸引力。并且这时的张之洞，既有了较大的影响；又有一定的地方实力。基于上述种种情况，光绪帝对张之洞产生了信任感，试图重用，显然是可以理解的。

在历史上人们对客观事物的认识均不免会有个曲折的过程。康有为在组织变法运动的初期，也对张之洞产生过幻想。

在上海强学会被封闭后，康有为曾"复说张之洞筹款"创办维新事

第五章 身陷逆境倍忍辱

业。显然考察一个人的立足点究竟站在哪一边,应主要看他的基本政治态度和政治倾向是什么。

从甲午中日战争后,光绪帝的政治思想是步步向上、趋向改革的。救亡图存,逐渐成了他的思想发展的主要倾向。正因如此,光绪帝的言行才日益与资产阶级维新派合拍,顺应了时代潮流。如果说光绪帝要以此"来摆脱自己的傀儡地位",也是基于这种缘故,显然是理所应当的。

随着维新运动的深入发展,新、旧势力之间的斗争日益尖锐化、复杂化,处于思想、立场继续转变中的光绪帝。在对待张之洞等特殊人物的态度上,既有应和的地方,又在推行变法新政的前进过程中,与他发生了越发明显的对立。这一切,既体现了光绪帝这个历史人物的矛盾性格;又反映了近代中国的复杂性和这场变法革新运动的艰巨性。

恭亲王奕訢之死

光绪帝的变法求存之志益愈坚定,但其受制于人的处境还是无法改变。他要公开支持变法维新,犹如在以西太后为首的清王朝实权派(即顽固派)掌心中"玩火",随时都可能飞来灾祸。但是,沉重的"忧国"之心和强烈的图强求存之志,驱使着光绪帝心甘情愿地在这条险峻的道路上向前迈进。

这时,清宫中发生一件令上下皆为之震惊之事,四月初十(1898年5月29日)恭亲王奕訢突然病危致死。

奕訢,自甲午复出后,不仅在当时整顿朝政和推进抗战方面"无所建树",相反,却成为西太后推行妥协投降方针的主力。

战后,奕訢在晋升为军机首座之后竟又成了清王朝的看家老手,竭力抵制变法维新,不时地在光绪帝面前大谈"祖宗之法不可变"的陈词滥调,反对变法革新。

在光绪二十四年(1898)年初,奕䜣又以祖师爷的架势阻挠光绪帝召见康有为。当其病重之时,还对前来探视他的光绪帝"张目语曰:"闻有广东举人(指康有为)主张变法,当慎重,不可轻信小人"。直到最后他在留下的《遗折》中,仍然有所指地"劝帝凡事皆谨遵太后之意旨而

银碗

行"。可谓奕䜣抵制变法直到其终。

原来,由于恭亲王奕䜣是道光帝仅存之一子,并在清廷"久襄密务",其地位既至尊而又显要。因此,他在朝中"大臣多以夙望,群小不得妄进,德宗(光绪帝)亦有所惮。"

显然,到这时,奕䜣已在清廷统治集团中取得了权势凌人的显要地位。他既成为光绪帝变法的一大障碍,又是为西太后维持局面的一个头面人物,其"于改革及废立(对光绪帝的废立)皆有大关键"。因而奕䜣在病重时,光绪帝及西太后均数次"亲临看视",但其彼此的心情并非完全相同。

恰是在奕䜣病危的四月初(5月下旬前几天中),一向对西太后望而

第五章 身陷逆境倍忍辱

生畏的光绪帝，却以其前所未见的勇气，通过西太后的亲信、当时在实际上主持清廷日常政务的庆亲王奕劻，让他转告西太后："我不能为亡国之君，如不与我权，我宁逊位。"

在历史上，统治集团内部派系之争的激化，从来不是完全孤立的历史现象。在此之前的多年里，光绪帝与西太后之间的矛盾与斗争，时起时伏从未间断。在甲午中日战争期间及战后，帝、后之间曾几度形成水火，并出现过有利于光绪帝收权的局面，但均未发生过公开索权的事。

在两年前的光绪二十二年（1896），西太后下令杀害寇连材欲挑起党争时，文廷式曾"请上收大权"，但光绪帝"摇手嘱勿言"，他仍无此决心。但到光绪二十四年四月初（1898年5月末）此事终于发生了。之所以如此并非偶然，除帝、后长期存在纠葛的历史背景之外，其直接导因是由他们在如何对待国家危机的问题上的分歧与对立激化促成的，也是光绪帝决意变法的结果。无疑这种斗争的结果，必然关系着当时中国的去向。

可以这样说，无论光绪帝要权的主观动机如何，他为了不做亡国之君、支持和推行变法维新，而毅然向清王朝黑暗腐朽势力的总代表西太后收权，无疑这更是跳出派系之争的正当举动，因为此权要得有理，具有无可否认的正义性。

西太后是个权力欲极强的"女皇"，至此时，她已控制清王朝达三十多年之久。但在权势问题上，她从未真心退让过。光绪帝大婚期间，西太后标榜的"归政"等说法，已被她自己的实际行动戳穿了。

现在光绪帝真要收回权力，在她看来这当然是大逆不道的行为。因此，当西太后得知光绪帝要权的事时，她立即暴跳如雷地扬言："他（光绪帝）不愿坐此位，我早已不愿他坐之"。不过在当时，不仅京城内外业已"沸腾"起来，而且救亡图存已成为社会的主旋律。就是在清廷内部也不平静了，一些爱国官员相继投入鼓动变法图强的行列。

面对这种"风满楼"的局面,对于阴险狡诈的西太后也不能不形成一种不可忽视的压力。而正当她处于心绪不宁之时,恭亲王奕䜣突然病危死去。奕䜣之死,既使西太后失去一大支柱,又使她的统治阵势失去了平衡,顿时陷入一片慌乱之中。

然而西太后毕竟是"久经权场"的老手,经与奕劻策谋,她表示"由他(光绪帝)去办,俟办不出模样再说。"于是,奕劻便奉西太后之命转告光绪帝:"皇上欲办事,太后不阻也。"很明显,西太后的这种"让权",即是她被迫采取的一种权宜之计,也是给光绪帝设下的一个新圈套。

同时又说明,光绪帝收回的权力,是有限的。当然,无论如何,光绪帝毕竟从西太后口中得到可独自"办事"的承诺,并有第三者为见证,这又不能不对西太后产生一种约束力。

到了这个时候,光绪帝利用奕䜣病危至死的时机,从西太后那里得到的这种有限之"权"。显然是由于各种矛盾交织、激化所促成的。同时,也是光绪帝多年来力求进取、顺应潮流、坚持以国家前途为重,历经曲折的斗争所取得的一种结果。虽然结果颇为有限而又充满险阻,但却为他在其一生中做出最为显赫的政绩,提供了一个政治舞台。

第五章 身陷逆境倍忍辱

第六章　变法革新绘蓝图

《明定国是诏》

奕䜣死后不久，康有为立即上书翁同龢，建议应马上搞变法更新，不要贻误大好时机。与此同时，康有为已知道了光绪手中掌握了一定的权力，因此，从奕䜣死后的四月初（5月末）以来，原欲南归又留在北京的康有为，便在一些支持变法的官员协助下，一面为革新积极献策；一面加紧敦促光绪帝颁诏定国是。康有为公开宣布变法为国策的方式，作为推行变法新政的开端。

康有为原在《上清帝第二书》中提出的"乞皇上下诏鼓天下之气"，还仅是为了达到废约的目的，还没有把"下诏"与变法直接联系起来。

此后，在他写的《上清帝第四书》里，即提出变法如同求医，应像先"讲明病证（症）"一样"尤以讲明国是为先。"在此，康有为不但把要求光绪帝颁诏定国是与变法联系起来；而且还将其视为变法的首要条件。

到德国侵占胶州湾之后，康有为在递上的《上清帝第五书》中，又进一步指出，变法必须"明定国是，与海内更始"。

至此，康有为虽然仍把明定国是视为变法的重要步骤，但是他已将其作为举国变法的起点了。

继而，康有为在其《应诏统筹全局折》（即《上清帝第六书》）中，与明确提出应仿照日本明治维新进行变法而向光绪帝献出三"要义"之时，就将"大誓群臣以定国是"列为其首。

在经过围绕保国会展开的激烈斗争之后，虽然无视国家之危的顽人越来越不得人心，但随着光绪帝日益加大支持变法的力度，一些开明的爱国官员也迅速向维新派队伍靠拢。因此，顽固派犹如火烧眉毛狗急跳墙，其干扰活动更加嚣张，而且他们的矛头更明确地集中于变法的关键人物身上了。

当时，不仅康有为早已成了内外守旧势力攻击的靶子，支持光绪帝变法的军机大臣翁同龢也频频遭到弹劾，使其在清廷中的处境越发困难。甚至由于仅仅曾向光绪帝介绍一些外洋情形的侍郎张荫桓，也被顽臣诬为"汉奸"。一时间，射向变法的明枪暗箭纷纷射来，致使黑白混淆、是非颠倒，严重阻碍了变法的推行。在此逆风狂扑的时刻，康有为曾几度愤然意欲回归；身在朝廷中枢的翁同龢也只求明哲保身。在此之间，因受命续进康之书而发生的帝、翁口角，便是翁同龢惶恐心态的一种表现。

此外，翁同龢还企图"听任"康有为离京以解其困。之所以如此，抑或体现了这个学者式的高官翁同龢，在面对严重政治风险时产生了动摇，但却充分表明当时守旧势力之猖獗。

不过，由于康有为看到通过光绪帝变法的时机已经到来。于是，他更加急迫地希望光绪帝尽快颁诏定国是，来排除干扰启动变法维新。从而，进一步提高了明定国是的重要性。正是在这种情况下，康有为于四月初（5月末6月初）相继写出数份请定国是的奏折，从四月十三日（6月1日）起分别由支持变法的官员杨深秀等有，陆续进呈给光绪帝。

翰林院侍读学士徐致靖，又在四月二十日（6月8日）递上康有为的《请明定国是疏》。

徐致靖，是江苏宜兴人，寄籍顺天（今北京）宛平。光绪二年（1876）进士，以庶吉士授翰林院编修，累迁侍读学士。致靖为人"廉静寡欲，无意仕宦"，刚直不阿。甲午中日战争后，在国家危难益深之际

第六章　变法革新绘蓝图

"陇外患日迫",于是在北京兴起图强热的影响下也倾向变法求存。后来因为与康有为在京新搬进的居处相近,从而彼此"往来辩难无虚日",其间关系日益密切。到了这时,在康有为急需助力之时,徐致靖也加入请定国是的行列。在他出面代康有为呈递的《请明定国是疏》中,康除强调中国"万不能复守秦汉以后一统闭关之旧",必须适应世界的发展形势之外,又指出"泰西诸国为政,亦未尝无新旧之分,然皆以见诸实事为断,无以空言聚讼,敷衍塞责者,盖亦虑夫众喙繁兴,国是莫定,进退失据,坐误事机"。从而强烈要求,通过明定国是分明是非"力行新政"。

从上述内容可以看出,康有为急切地要求光绪帝颁诏明定国是,意图是学习日本明治维新并鉴于中国守旧势力之强,力求以皇帝的权威来肯定变法维新。而且主张以此作为国家的"行政方针",公布于天下。康有为认为,如此似乎就可以排除"群疑",摆脱守旧势力的干扰与阻挠,收到"人心乃一"、统一思想的效果。

康有为像

这样一来,便可使上下群臣有所遵循而"力行"变法新政了。

显然,至此康有为又进而把光绪帝的明定国是,视为具有战略意义的变法誓师之举。这在当时对促使变法高潮的到来起到重大作用。

西太后在多方面的压力下,在权力上对光绪帝作出了让步。当光绪手中取得有限的权力之时,他看到杨深秀、徐致靖请求诏定国是的奏疏。于是光绪帝同翁同龢等相商,决意采纳杨、徐的奏请,颁诏定国是,推行变法新政。但是,作为这样一件大事,在采取行动之前,光绪帝又要亲往颐和园向西太后请示。

西太后毕竟是很有政治手段的清王朝"太上皇"。而且由于她"已许不禁皇上办事,未便即行钳制"。因此,这时的西太后可是使用权宜之计,准备等待时机再下毒手。另外,她也或许感到,杨深秀、徐致靖要求定国是的奏请,并没有对她对其构成威胁。

于是,西太后在表面上说杨、徐请定国是之奏"良是";并还装作赞赏地表示"今宜专讲西学,明白宣示"。摆出同意光绪帝之主张的姿态。

在这种情况下,光绪帝从颐和园返回清宫的当天,也就是光绪二十四年(戊戌年)四月二十三日(1898年6月11日),便不失时机地向群臣颁布了《明定国是诏》,正式向中外宣告进行变法维新。诏曰。

数年以来,中外臣工讲求时务,多主变法自强。迩者诏书数下,如开特科,裁冗兵,改武科制度,立大小学堂,皆经再三审定,等之至熟,甫议施行。惟是风气尚未大开,论说莫衷一是,或托于老成忧国,以为旧章必应墨守,新法必当摈除,众喙哓哓,空言无补,试问今日时局如此,国势如此,若仍以不练之兵,有限之饷,士无实学,工无良师,强弱相形,贫富悬绝,岂真能制梃以挞坚甲利兵乎?

朕惟国是不定,则号令不行,极其流弊,必至门户纷争,互相水火,徒蹈宋明积习,于时政毫无裨益,即以中国大经大法而论,五帝三王,不相沿袭,譬之冬裘夏葛,势不两存,用特明白宣示,嗣后中外大小诸臣,自王公以及士庶,各宜努力向上,发愤为雄,以圣贤义理之学,植其根本,又须博采西学之切于时务者,实力讲求,以救空疏迂谬之弊。专心致志,精益求精,毋徒袭其皮毛,毋竞腾其口说,总期化无用为有用,以成

第六章 变法革新绘蓝图

199

通经济变之才。

京师大学堂为各行省之倡。尤应首先举办，著军机大臣，总理各国事务王大臣，会同妥速议奏，所有翰林院编检。各部院司员，大门侍卫，候补候选道、府、州、县以下官，大员子弟，八旗世职，各省武职后裔，其愿入学堂者，均准入学肄业，以期人才辈出，共济时艰，不得敷衍因循，徇私援引，致负朝廷谆谆告诫之至意，特此通谕知之。

光绪帝颁布的《明定国是诏》，采纳了以康有为为首的资产阶级维新派的迫切要求；通过了西太后的"关口"。

在"国是诏"中，指出今后必须"博采西学"，强调采西学"毋徒袭其皮毛，毋竞腾其口说"，必须脚踏实地地认真提倡。可见在向西方学习的问题上，"国是诏"比康有为代杨深秀、徐致靖起拟的奏折强调得更为突出。

但在同一诏书里，却又说仍要"以圣贤义理之学，植其根本"，显然这是前后矛盾的。不过似应看到，在19世纪末叶，即使在那些强烈地追求进取、希望学习西方振兴祖国的先进人物之中，在如何学习西方的问题上，仍然处于探索阶段。

当时，就是站在时代潮流前列的康有为，在其变法维新的思想中也夹杂着浓厚的封建糟粕。光绪帝与枢

臣议定"国是诏"之时，翁同龢认为"西法不可不讲，圣贤义理之学尤不可忘"。这里体现了其牢固的传统观念，亦反映了当时人学西方的认识水平。西太后已经有言在先，推行变法新政，必须以"不违背祖宗大法"为前提。在这种情况下，如果光绪帝不打出"圣贤"的旗号，在变法刚起步时就会遇到麻烦，以致影响变法维新的大局。

在《明定国是诏》颁布之前，光绪帝与翁同龢等人对其进行再三斟酌，其用意无非是出于慎重。因此，在这个宣布变法的"国是诏"中，具

有些新旧矛盾的内容，对此也不必过分指责。

从《明定国是诏》的中心内容及其基本思想倾向看来，它尤其与杨深秀代康有为呈递的请定国是折一脉相承、紧相呼应。

在诏书里，鞭挞了那些"以为旧章必应墨守，新法必当摈除"的因循守旧势力，同样也用尖锐的语气道出："今日时局如此，国势如此"，无非是那些"空言无补"的守旧之徒造成的。

从而，光绪帝在这里还以与康有为用的相似比喻，针对性鲜明地郑重指出："即以中国大经大法而论，五帝三五，不相沿袭，譬之冬裘夏葛，势不两存。"这就清楚地阐明了"变"是不可违抗的必然趋势。

于是，诏令"嗣后中外大小诸臣，自王公以及士庶，各宜努力向上，发愤为雄"，力行变法图强。

同时又提出，今后上下诸臣"不得敷衍因循，徇私援引"，阻挠新政。就这样，光绪帝把推行变法维新提到清政府的施政"宗旨"和基本国策的高度。

康有为力求以此来排除顽固势力抵制变法的企图及光绪帝对上下顽臣的忠告，并不可能由此改变守旧之徒抵制变法的立场。光绪帝颁布的《明定国是诏》，宣告以变法为国策，并通过群臣公之于世，这一郑重举动之本身，势必对所有仇视变法的人形成一种约束力。

此后，除西太后之外，任何人反对变法维新都失去了"合法"性。因此，在一定的范围内，为光绪帝推行变法新政提供了条件与保证。可以说《明定国是诏》的颁布，是以康有为为首的维新派及光绪帝，在推动变法的过程中，历经反复、曲折的酝酿与斗争，取得了具有里程碑意义的重大进展。它反映了人心之所向。

因此，当宣布变法的"国是诏"颁下，首先在社会舆论界产生了强烈反响。认为"谕旨如日月之照临通国人民，如再不奋起向学，是真不知高

第六章 变法革新绘蓝图

201

厚而有负生成矣"！这在很大程度地激发了人们的奋发精神。

恰似康有为所指出的："奉明定国是之谕，举国欢欣。"

山东道监察御史宋伯鲁亦云，《明定国是诏》颁下，"臣民捧读感泣，想望中兴。"梁启超说得更为具体，他指出，光绪帝"召军机全堂下此诏书，宣示天下，斥墨守旧章之非；著托于老成之谬，定水火门户之争，明夏葛冬裘之尚，以变法为号令之宗旨，以西学为臣民之讲求，著为国是，以定众向，然后变法之事乃决，人心乃一，趋向乃定。自是天下响风，上自朝廷，下至人士，纷纷言变法，盖为四千年拨旧开新之大举，一切维新，基于此诏，新政之行，开于此日。"梁启超对颁布《明定国是诏》的评说，或有过分渲染之处。

于是，光绪皇帝依照康有为等人的要求，把变法维新作为基本国策公开诏示群臣，布告天下，使那些希望中国振兴的人们看到了希望，受到鼓舞。在群顽环绕的朝廷中，光绪帝采取这一断然举动，的确似一股汹涌的洪水冲着清朝统治层中因循守旧的壁垒。把变法维新付诸实施，起到无可否认的决定性作用。

事实上，以康有为为首的资产阶级维新派发动的变法维新运动，自宣传、组织到进入实际推行阶段，都是通过光绪帝颁布《明定国是诏》实现的。光绪帝的这一举措，是其在支持变法维新的道路之上，走出的具有决定性意义的一步。

议定变法方略

当光绪帝决意采纳杨深秀等出面要求颁诏定国是的奏请时，西太后仿佛意识到变法之势是阻挡不了的，包括她的亲信们也有这样的预料，如果光绪帝公开颁诏变法，他们抵制革新的活动将更会受到限制。

中南海瀛台

于是，西太后召集心腹、亲信们，加紧密谋防范措施。

与西太后等此次密谋紧相响应的有，于四月二十二日（6月10日），荣禄被授予大学士"管理户部事务（时户部尚书是翁同龢）"；授予刚毅为协办大学士调任兵部尚书。从而既进一步提高了后党两大骨干的地位，又扩大了西太后核心班底的权势。种种迹象表明，围绕颁布《明定国是诏》，西太后等人确实采取了密谋活动。通过他们的精心策划，一个阻挠和准备破坏变法维新的周密阴谋，便在颁诏后的几天内公开出台了。

四月二十七日（6月15日），西太后"勒令上（光绪帝）宣布"了三道谕旨和一个任命。

谕旨之一，以所谓"渐露揽权狂悖"之"罪"名，将协办大学士、户部尚书翁同龢革职并遣返原籍。

谕旨之二规定，嗣后凡有赏项或补授文武一品及满汉侍郎之臣工，均须具折后再到西太后前"谢恩"。各省将军、都统、督抚、提督等官，亦须一体向皇太后"具折奏谢"。谕旨之三，提前宣布，于当年秋光绪帝"恭奉"西太后，由"火车路巡幸天津阅操"。

一个任命是，将王文韶调进清廷枢府，任荣禄"暂署直隶总督"。

此前，翁同龢已是连任帝师近二十年之久的帝党首领。但是，直到甲午中日战争时，面对西太后接连挑起矛头指向光绪帝的党争，翁同龢为了避免"朝局嚣凌"以便稳定内部一致对敌，他力主"宜静摄之，毋为所动"，在帝、后之间竭力调和。

但为坚持抗战及维护国土台湾，在与外敌、内奸进行艰苦的斗争与周旋中，他却与光绪帝同舟共济、密切配合，充分体现了其君臣之间的情谊。

中日战争后，当光绪帝欲奋起图强时，在清廷统治集团的核心中"辅翊皇上，筹划新政，仅其（翁同龢）一人"。与此同时，在后党顽固派官僚的严密监控下，他尚为最早接触与向光绪帝推荐康有为的第一个清廷大员。在促进帝、康走向结合共同推动变法的过程中，翁同龢起到了无可替代的作用。因而，在清廷统治集团里，他又成为光绪帝决心变法的一大支柱。

不过，久经宦海的文人高官翁同龢，他也具有封建官僚的一些习性是不言而喻的。在朝野内外，翁同龢有自己的关系网；也有其对立面。直到甲午战争后期，西太后对他还时而委以重任，表明他们之间的关系还没有达到紧张的程度。至战后，由于翁同龢支持变法图强，并首先向光绪帝保荐康有为。因此，朝内的守旧大臣便对其"皆忌之"。在其中，早已视翁同龢为"伪君子"、与其势不两立的荣禄，首先成为反翁的主力。此外，刚毅与大学士徐桐，也"集矢于（翁）同和"。这些人及其追随者，亦在暗中诋毁翁同龢。因而早就对翁同龢存有戒心并重于"猜疑"的西太后，便进而对翁氏日益"恶之"。在光绪二十二年年初（1896年2月）她下令撤书房及罢翁同龢值毓庆宫，就是西太后向翁发出的一个警告。

至光绪二十四年（1898）年初，当光绪帝与康有之间推动变法的迹象日趋明显时，顽固派官僚继续大肆造谣中伤翁同龢。此时，这些人又对光绪二十三年（1897）年末康有为来京大做文章，鼓噪这是翁同龢"所引，将树朋党以诱皇上变法"。于是，廷内外的守旧势力在极力攻击康有为的同时，西太后与其亲信亦把翁同龢视为心腹大患，一些顽臣便公开跳出来参劾翁同龢。

面对守旧势力的猖狂进攻，翁同龢曾企图在表面上以拉大与光绪帝及康有为的距离，来改变自己受攻击的处境。但是，以西太后为首的顽固派，已把他与帝、康及变法紧紧地拴在一起了。而且，他们在尚不敢直接触动光绪帝的情况下，便把翁作为在朝内打击的明靶子。

因此，当变法维新已成不可逆转之势时，竭力谋划对变法构筑新"防线"的西太后一伙，便加紧策划除掉翁同龢以警光绪帝的阴谋了。

原在光绪帝颁诏定国是之前，西太后与其亲信官僚密谋时，荣禄、刚毅扬言"只有翁同龢能承皇上意旨"，其中即充满着"杀机"。于是西太后在加固其核心班底时，命新授予大学士之荣耀的荣禄"管理户部事务"，也是为顶替翁同龢做准备的。

至此，除翁之谋已定。随后，当光绪帝去颐和园向西太后请示颁布"国是诏"一事时，西太后在不得不表示同意此诏之余，又提出了"必去翁同龢"的条件。当时的光绪帝，或是由于过分兴奋抑或出于其他考虑，对此未加可否便匆匆回宫了。

事情很明了，在变法新政开始推行的时刻赶走翁同龢，这就等于切断了光绪帝的臂膀和他的活动渠道。使其"失所倚"，进一步把光绪帝孤立起来。所以，当光绪帝果真得到指令革职翁同龢的懿旨时，他顿时"惊魂万里，涕泪千行，竟日不食"，陷入万分的悲伤之中。翁同龢被罢官的次日，他在离京前于宫门和光绪帝相遇时，帝"回顾无语"；翁亦颇感"黯然如梦"。

事已至此，这对君臣的心情，显然都不是用言语可以表达的。在光绪

帝颁布推行变法新政的诏书墨迹未干之时，西太后就把他在内部的积极支持者除掉。无疑，这仿佛冷水泼头，对变法革新事业不能不说是一个沉重的打击。

此时，西太后又重新揽过对重要官员的赏赐和授任权，从而限制了光绪帝任用新人推行变法的活动余地。西太后对其班底作了调整，以填补翁同龢的空缺，把顽固官僚王文韶调入清廷中枢，加强了她在清中央的实力阵容。

西太后将其嫡系亲信荣禄安插在显要的直隶总督位置上，并以他来统辖警卫京津的北洋三军，为其进一步巩固了后盾。提前放出准备于当年秋让光绪帝"陪"她到荣禄辖区阅兵的空气，又是设下的一大陷阱。

总之，这些都是西太后对光绪帝推行变法所设置的重重"防线"，也是她向光绪帝发出的个个危险信号。

十分明显，西太后在大变革的关键时刻采取这一连串的行动，实际是企图控制和准备扼杀变法维新（包括迫害光绪帝）于萌芽之中。

在光绪帝发布《明定国是诏》，开始进行变法维新之时，以西太后为首的封建顽固派并未旁观。不过，光绪帝是站在了时代潮流的正面，并且他又已经把变法纳入了正常的施政轨道。

在这种情况下，阴险狡诈的西太后及其亲信们，还不敢立即冒天下之大不韪公开对变法维新大下毒手。他们宁愿把线拉得长一点儿，"俟到时候"再算"总账"，好像这对他们更为有利。但，这却又给光绪帝推行变法新政，提供了一定的时空。

当西太后持续不断大放明枪暗箭，对变法维新构筑层层障碍之时，想通过变法图强的光绪帝没有被这咄咄逼人的气势所吓倒。反而，他要以其得到的有限"事权"与时空，毅然把变法维新付诸实施了。

在变法新政刚刚起步推行的时刻，尽快实现光绪帝与康有为的会面，共商变法图强大计,是关系着这场变法能否沿着维新派的指向推进的一大关键。早在年初,急于变法维新的光绪帝就想召见康有为。

但在当时,由于受到恭亲王奕䜣等人的阻挠未能实现。至此,特别是在帝、康之间起桥梁作用的翁同龢被革职逐出北京之后,在开始变法之初,尽快打破光绪帝与维新派之间的人为屏障显得十分紧要。恰恰是为适应变法形势发展的需要,在四月二十六日(6月14日),翰林院侍读学士徐致靖上奏"保荐"康有为等维新人士。徐致靖的奏请,光绪帝得见后深为"大悦"。

他立即抓住这一时机,谕令"工部主事康有为、刑部主事张元济,著于本月二十八日预备召见。湖南盐法长宝道黄遵宪、江苏补用知府谭嗣同,著该督抚送部引见。广东举人梁启超,著总理各国事务衙门查看具奏。"著名的维新人士,几乎均已列入光绪帝准备召见的计划中。四月二十八日(6月16日),光绪帝便按其目前的安排,首先召见了康有为与张元济。

很明显,光绪帝同时召见康有为和张元济两人,不过是为了减少顽固派的"疑忌"而作出的精心安排。值得注意的是,光绪帝召见这两人的地点,不是在远离西太后的紫禁城里,而是选在西太后眼皮底下的颐和园仁寿殿。这时正是西太后放出四支毒箭的第二天,当时的紧张气氛是可以想见的。

并且光绪帝召见康有为,又是以西太后为首的封建顽固派最为敏感的事。在如此的情势中,光绪帝的这种安排,是力图把他的召见尽可能使之染上堂堂正正的色彩,避免西太后等人的"猜忌"。

在新政伊始之际,光绪帝亲自召见康有为,具有特别的重要意义。在召见过程中,光绪帝的态度和表现如何,又是考察他的变法走向等问题的重要依据之一。

光绪传

多宝琉璃塔

这时光绪帝对康有为的召见，对他们两人来说，都有着迫切的需要。而这种需要，又直接关系着变法维新的走向等重大问题。

在召见过程中，康有为充分地利用了这一难得的机会，又进一步向光绪帝面陈了在列强围逼之下，只有奋起变法方可求存的道理。同时也为光绪帝筹划推行变法新政的具体方针、步骤，以及应变的主要内容和变法方式，等等。

在颐和园和光绪帝的周围，西太后早就布满了眼线。就在光绪帝接见康有为的时候，西太后的心腹荣禄，作为不速之客突然来到颐和园的仁寿殿。而且他还抢先一步，向光绪帝"面劾"康有为"辩言乱政"。

荣禄在此刻出现在光绪帝面前，是企图通过继续攻击康有为的变法维新主张，来达到离间光绪帝和康有为的目的，同时也是对光绪帝施加压力。因此，在召见康有为的过程里，光绪帝还不断地注意"帘外"的动向，并不时地流露出为难的神情。在他们的对话当中，光绪帝的语言不多。尽管如此，对于康有为提出的所有就变法维新的看法和建议，光绪帝都逐一地表示了肯定和赞成的态度。

诸如变法方可图存、守旧必致误国，以及应该果断地废除"八股之害"等紧要问题，光绪帝的态度同样是明确而坚定的。

事实上，光绪帝通过这次与康有为的面谈，他们在变法的必要性等重大问题的看法上，意见完全趋于一致。

帝、康的对话，突出了如何对待守旧势力的问题。在这方面，光绪帝鉴于自己的实际处境，的确表露出无可奈何的苦衷。

实际上，摆在他面前阻挠变法的势力既顽固而又强大，这是活生生的事实。对此，就康有为来说，他也是无法回避的。

在对话之初，康有为曾一再强调必须"全变"。但当光绪帝谈到因充塞宫廷的权臣"多因循守旧，罚不及众"而感到苦恼时，他也不得不改变主意，又提出"就皇上现在之权，行可变之事，虽不能尽变，而扼要以图"的"渐变"方针。

至于在守旧官僚充斥朝廷的情况下，应依靠哪些人变法？康有为也只得面对现实，建议"皇上欲变法，惟有擢用小臣，广其登荐，予以召对，察其才否，皇上亲拔之，不吝爵赏，破格擢用"。

与此相应的是，为了避开守旧官僚对变法的抵制和干扰，康有为又要求光绪帝"凡变法之事，皆传下诏书"，采取公开推行的方式。

但又怎样处理新、旧势力之间的关系？他只得从实际出发，向光绪帝建议"勿去旧衙门而惟增置新衙门；勿黜革旧大臣而惟渐擢小臣，多召见才俊志士，不必加其官，而惟委以差事，赏以卿衔，许其专折奏事足矣。彼（守旧）大臣向来本无事可办，今但仍其旧，听其尊位重禄，而新政之事，别责之于小臣，则彼守旧大臣既无办事之劳，复无失位之惧，怨请自息"。

康有为认为，这样似乎就可以排除干扰顺利地进行变法革新了。此后，光绪帝就是按照这一方针、策略推行变法新政的。

第六章　变法革新绘蓝图

从光绪帝与康有为议定的变法方略来看，固然具有对守旧势力妥协的因素。然而，在新旧力量对比悬殊的特定环境中，搞变法维新，对根深蒂固的守旧势力在一定的条件下作某种程度的妥协，是在所避免的。十分明显，他们准备做出的这种让步，其根本的立足点，还是为了推进变法维新事业。因此，帝、康议定采取这种具有妥协气味的对策，既有其现实性，也有策略性。

年初，康有为被总理衙门大臣接见后，光绪帝便乘机予康"具折上言"权。至此，光绪帝在召见康有为之后的当天，又命其"在总理各国事务衙门章京上行走"。很明显，这既是光绪帝出于任用康有为参与变法的意图；也是作为帝、康议定的变法方略的体现。但是，按康有为的推动变法中所处的实际地位和作用来说，授予他较高的衔位是顺理成章的事。其实，在光绪帝准备向康"赏官"时，荣禄与刚毅就竭力阻挠。对此，光绪帝曾力图通过，征询枢臣的意见来排除这种干扰。当时，已倾向变法的军机大臣廖寿恒认为应授予康有为五品卿衔。

于是，荣禄、刚毅看到硬顶已无济于事，于是又企图对康"予微差以抑之"。无疑，荣禄与刚毅多是反映西太后的意图的。因此，光绪帝为了避免由此引起更大的风波，才又不得不按着康有为的主张作出这一决定。鉴于当时的特定情况，对于已成为顽固势力众目睽睽的维新派领袖康有为，关键不在于衔位的高低，而在于是否使他取得筹划变法新政的必要条件。何况刚刚还被权臣荣禄指为"辩言乱政"的人，现在竟被光绪授任。就这方面来说也确是一"创举"。

光绪帝通过召见康有为，在进一步统一了思想认识的前提下，共同议定了推行变法新政的方针、策略及步骤、方式等具体事宜，摆脱了顽固势力的纠缠。康有为与光绪帝从变法思想到具体方策均达成共识，又通过已在清廷取得的合法地位与奏事权，这也是左右变法维新的必要条件。因而这又为光绪帝推行的变法新政,纳入维新派铺设的革新轨道做好了铺垫。

推行变法新政

到光绪二十四年(1898)夏天,多年来被西太后压抑但又力图有所作为的光绪帝,终于被变法图强的滚滚洪流推到了历史的前台。

显然,从变法图强的使命与光绪帝自身的境况来说,这种局面的出现,仿佛是一种很不协调的历史安排。但是,这却深刻地体现了历史发展的合理性。

光绪帝自颁布《明定国是诏》和召见康有为与其共商变法大计以来,资产阶级维新派的革新建议和其他一些图强要求,都通过他发布的诏书像雪片飞向全国各处。于是,在短短的二三个月内,便在清王朝的政治思想界卷起了"除旧更新"的汹涌波涛。到此,从甲午中日战争后兴起的奋发图强的救亡运动,迅速形成激荡全国的革新高潮。衰弱落后、任人欺凌的近代中国,迎来了一场前所未有的变革洗礼。这一革新热潮,虽然首先是在清王朝统治阶层的内部展开的,但其影响却很快地冲破了这个王朝的政界围堰,成为19世纪末叶中国政治生活中的轴心。

若以光绪二十四年四月二十三日(1898年6月11日)颁布《明定国是诏》正式宣告推行变法新政为起点,到当年八月六日(9月21日),西太后发动宫廷政变宣布变法维新为非法的"百日维新"期间,光绪帝先后发布有关革新的各种诏令,计约一百八十条左右。按一百零三天计算,平均每天颁发一点七条,最多者,如在七月二十七日(9月12日)的一天之中,即颁发了十一条维新谕旨,可见这场变法维新的来势何其迅猛!这种盛况的出现,当然是以康有为为首的维新派客观反映振兴祖国以求存的时代要求所促成的,但是它也体现了光绪帝"深观时变,力图自强"的急迫心情。

中国著名帝王 光绪传

通常所说的"百日维新",指的只是这场变法维新运动的初期阶段。期间,如梁启超所言,"因皇上无权,不敢多所兴举。"这就是说,当时光绪帝是按照他召见康有为之时,康提出的"就皇上现在之权,行可变之事"逐步改革的方针进行的。

因此这期间光绪帝颁发的革新诏令,诸如废八股改试策论;兴学、出洋造就与选拔"通达时务"的新式人才;发展近代农工商及交通、邮政等事业;奖励发明创造、倡译外国书刊、淘汰腐败的绿营兵和编练新式陆海军以及编造财政预算、修整京师道路等方面的革新措施,都是采纳或是以康有为的建议为基础制定颁诏推行的。

当然,其他官员提出的革新要求,光绪帝亦采取了兼收并蓄的态度。就是在这些官员当中,如山东道监察御史杨深秀和宋伯鲁、翰林院侍读学士徐致靖、江西道监察御史王鹏运等人,他们呈递的改革奏疏,或是为康有为"代递"的;或是"受命"于康有为上呈的。

谈到其他官员提出的革新建议,也基本上没有超出维新派主张的范围。光绪帝推行的这些维新措施,"大多为康有为先生之政治主张"。康有为自己也证实,在戊戌变法当中,"皇帝已经采取了很多我的奏折中的建议。"

在光绪帝推行的改革措施中,例如设厂、开矿、兴商、修筑铁路、编建近代海军以及办学、译书,等等,这些内容在洋务运动时期就进行过。引进"西学",也是洋务派官僚早就提倡过的。

人们知道,这些又都是近代中国人要搞近代化所离不开的,不能把从事这些事业的活动都一概镶在洋务运动的框子里。

前面说过,以李鸿章为首的老洋务派,搞了些有限度的近代建造,却是紧紧服务于封建统治的。至此,后起的洋务派官僚张之洞,对"西法""西学"更加推崇。

然而，他仍然认为"今朝政清明"，好像封建统治制度根本没有改革的必要。从而张之洞针对维新派和光绪帝的变法改革，提出了一个所谓"可变"与"不可变"的严格界限。

张之洞认为，"夫不可变者伦纪也，非法制也；圣道也非器械也；心术也非工艺也"。即是说，在他看来可以仿效外国加以变通的只不过是"法制（统治方式）""器械""工艺"之类；至于封建专制主义的道统及其政治体制，那是无可挑剔的，绝不可以弃而变之。

另一个后起的洋务派官僚刘坤一，也对维新派宣传的西方资产阶级的"平等、民权"说，斥之为"伤理害道"。对在当时具有反封建作用的西方政治学说，他表露了切齿之恨。可以看出，张之洞、刘坤一等洋务派大官僚的"西学"观，与顽固派官僚荣禄、王文韶提出的观点是同出一辙的。

光绪帝是在甲午战败之后，出于"忧国伤时"，对封建的传统观念产生了怀疑，感到不得不另寻出路。他在了解到一些国外的情况之后，便又萌发了仿照西方强国来革新中国的愿望。

当光绪帝在被历史的潮流推到变法维新的前台以来，其胸怀得到了进一步的扩展。于是，一方面，光绪帝深切地感到，在当时的形势

《高山流水图》

第六章 变法革新绘蓝图

213

下,要维新必须"讲求时务,勿蹈宋明积习",不应再走回头路了。

另一方面,他看到,那些"昧于域外之观者",才"不知西国政治之学,千端万绪",意识到要学习外国各个领域之先进经验。因此光绪帝在《明定国是诏》里就强调指出,必须"博采西学""毋徒袭其皮毛"。

这种思想是对洋务派有限度地引进"西法""西学"的一种批判性的发展。

因此,光绪帝在采取或准备采取的各方面的改革措施中,都贯穿了向西方强国学习的线索,而且又把这种学习提到了国策的高度。只因这样除了其个人探索之外,主要是体现了维新派的启导作用。根本上说,还是反映了时代的必然趋势。

在这一学习的过程中,是要模仿先进的资本主义国家来改造落后的中国;还是只图栽植一些西方强国的"皮毛"技艺以维护自己的统治地位?已越来越明显地成为近代中国各阶层人们学习外国的两种不同走向。

光绪帝明诏在推行改革措施来看,无论其广度和深度,都远远地超出了洋务运动。有些改革,如裁撤绿营兵、废弃驿站,尤其是取缔八旗人的寄生制,等等,都是直接触犯其"祖制"的变革措施。

在此之前,洋务派官僚在福州、天津等地创办过新式学堂,派出一些人出国留学。李鸿章等人在上海的江南制造局设立了翻译馆,译出一些西方近代数理矿务等科学著作,对国内外都曾产生过一定的影响。

但是所有这些,都是在几个洋务派大官僚牢牢的控制下,仅仅是为他们从事的洋务事业服务的,根本没想把它们推广到全社会。因此,江南制造局翻译馆译出的西书,三十余年来仅销售十三万来本,这些书满足不了有识之士学习知识的需求。

康有为、梁启超,要模仿日本的明治维新来革新中国,从而对培养各种新式人才都极为重视。光绪帝也"以为改革之事,全赖人才,故首注意教育"，并把发展近代教育视为变法维新之"急务"。同时，光绪帝也以此作为学习外国的重要途径。光绪帝进行的变法改革，就是以创办京师大学堂作为其开端的。

后来，光绪帝在改革科举考试制度的同时，又接连颁发了大量谕旨，采取"奖励"等各种方式，指令全国各地广泛设立新式的高、中、小学堂"中外兼习"。甚至他为了克服经费的困难以便尽速推广，又鼓励各地私人"自行筹款"创办速成中学。

此外，光绪帝还频繁指令在国内各地设立矿务、农学以及医学等专业学校，培养各种专门人才。与此同时，光绪帝并反复降旨，号召上自宗室王公下至各地的"聪颖学生"，皆可赴日本等国考察就学。他把派出员生出洋考察、学习，列为变法维新的重要内容。翻译西书，光绪帝也不是仅仅立足于吸取外国的先进技艺，他还试图"借以考证政治得失"，把仿照外国的改革扩展到政治领域。

光绪帝在十分重视发展近代工、商、交通和编练新式军队之外，又大力提倡"参用西法"振兴中国的农业；"仿用西法"发展中国的丝、茶业；模仿西方各国"预筹用度之法"编制财政预算，以及"仿西法"修整京师道路。

与此同时，光绪帝还参照各国的情况倡导在各地设立商会、农会和蚕桑公院等群众性团体；鼓励"士民"上书言事；出版各种报刊"胪陈利弊，开广见闻"，给人们一定的结社和言论自由；以及整顿吏治、改革民政、采取与民休息的政策，等等。

所有这些，都是在洋务运动中不曾想象过的。可以看到，这次改革已具有较为广泛的社会性。也表明光绪帝在仿照外国来改革中国的道路上，已走出了相当可观的一段路程。

光绪帝主张向外学习，体现了挽救民族危机和维护国家、民族权益

第六章 变法革新绘蓝图

215

中国著名帝王 光绪传

的鲜明特色。在推行变法新政的过程中，除继续提醒人们注意列强环视的严重局面之外，还反复强调了"近来中国利权，多为外人所夺"的严酷现实。

从而他指出，"讲求工艺，设厂制造，始足以保我利权"；发展商务、开发矿藏和振兴农业、丝茶业等，亦应以防止"利权外溢"。

为此，光绪帝申明，在发展商务开拓商埠时，要"详定节目，不准划作租界，以均利益而保事权"。可以看出，光绪帝学习外国的基本立足点，还是为了"以强中国"。

从光绪帝推行的这些革新措施的整体来说，是侧重于引进西方先进生产技术、近代交通设备、商品流通方式和培养与此相适应的新式人才等。也不可否认，光绪帝却在极欲改变中国的落后面貌。

光绪帝依据维新派的要求，仿照日本明治维新制订的这一系列维新改革措施，是在绘制着一幅近代中国第一个力图通过国家政权力量付诸实施的、较为全面系统的近代化蓝图。

在变法新政推行的过程中，当革新的"诏书每下，薄海有识之士，皆感激零泣，私相劝奋"。有的官员马上在其奏折中兴奋满怀地指出，"朝廷变法自强，举行新政，此乃中国图存之命脉"。还有的官员欢欣鼓舞地说："皇上（光绪帝）发愤自强，奋厉风行，破数百年积习之弊，造四万万苍生之福"。

因此，所有渴望国家复兴的人们，都在变法维新之中看到了祖国美好的前途。

从此，当变法进行之际，就在一些地区出现了"争言农商之学，争译农商之书，上行下效，风气大开"的可喜局面。

变法新政的推行，犹如薄云遮盖中的明月，让中国人民隐隐见到了希望之光。

216

第七章　艰难拼搏话浮沉

步履艰难

列强铁蹄践踏、魔掌笼罩下的中国，要奋起变法图强，的确极大地焕发了关心祖国命运的人的自信心，在他们当中形成了一股民族自强的热流。

但是，这条变法维新的道路，却是荆棘遍布、曲折难行。光绪帝起来变法时，依旧处于"上扼于西后，下扼于顽臣"的不能完全自主的状态中。

自甲午中日战争以来，志锐被发遣，文廷式遭革取，继而翁同龢又被逐出清宫，使原来就十分脆弱的"帝党"基本瓦解。

至此，虽然又有如翰林院侍读学士徐致靖及御史宋伯鲁等人积极支持光绪帝变法维新，但他们也都是些职位较低的文职官员，起不到参与决策的作用，再没有出现像翁同龢那样的人物了。

因此，光绪帝在清廷统治集团中的地位，更加孤立。对于这种情况光绪帝自己是十分清楚的，他在召见康有为的时候，就流露出唯恐顽臣"掣肘"的苦衷，因而接受了康有为提出的必须另外"擢用小臣"的建议。

在颁布《明定国是》诏之后，他就降谕指出，要"切实图维，用人一道，最为当务之急，尤须举贤任能"。

此后他又连续颁谕旨令上自京官下至督抚学政，都要迅速推举"通达时务"又"志趣向上者"随时"引见"以备录用。光绪帝想通过选拔、任

用有志变法维新的人来改变自己被孤立的处境；又想在学习外国的过程中以广设学堂、派员出国游学的途径再于全国造就一批基础力量。

但是，封建守旧势力根深蒂固，光绪帝要实现这一愿望谈何容易！所以在实际上，仍然造成以"旧人""委以新政"的局面。

清王朝中，手握实权的顽固派大臣，鉴于其统治地位的危机，对于栽植一些外国的皮毛技艺并不是全盘否定。但是，他们都唯恐变法运动脱缰危及其所谓的"祖制"，因为这是维护他们统治地位的护身符。

在光绪帝颁布《明定国是》诏时，西太后即对她的心腹官僚奕劻、刚毅、荣禄等人交了底，并向他们发出了暗示，对光绪帝开展变法的"要紧处"，要力行"阻之"。

随后，他们便采取了一系列的"防范"措施。当变法刚要迈步的时候，在光绪皇帝的身边，便设下了层层围扼变法维新的明碉暗堡。至于全国各地的督抚等地方实力派人物，只有如湖南巡抚陈宝箴等个别人还有些进取的志向，尚能遵旨进行一些兴举。其余同样都是些"庞然自大"，

范湖草堂图（局部）

"贪劣昏庸者"流，他们只图谋取"高爵厚禄"，"置国事于不问"，终日"如梦如醉"花天酒地、养尊处优，对于频频而下的新政诏令"置若罔闻"，无动于衷。

另外，有很多人还在地方制造事端，公开阻挠维新措施的贯彻，甚至有些地方官吏居然"籍新政以扰民"。就是口口声声高谈"西学"的洋务派官僚张之洞，在新政进行的紧要时刻，他抛出了《劝学篇》，打出维护"圣道"的旗号，对资产阶级维新派的主张加以放肆的抨击，极欲把变法维新运动引向更加温和的轨道。与张之洞鼻息相通的另一个洋务派大官僚两江总督刘坤一，也在暗中抱定，凡是光绪皇帝"责成各督抚者，可办办之，否则静候参处"，对变法维新采取了观望、放挺的态度。

原被左宗棠器重、"疏荐"步步进入高官行列的两广总督请钟群，其态度尤其顽固，对光绪帝皇的新政诏令甚至公然对抗。当时已失去实力地盘的老洋务派首领李鸿章，由于名声败坏，只是在西太后的庇护下寄予清中央。

这个深谙世故的洋务派大官僚，为了收买人心，有时在暗地里向康有为传递一些信息，但其基本的立场和态度并没有改变。

总之，在来势迅猛的这场大变革面前，洋务派官僚虽然以一种"新人物"的面孔，怀着复杂的心理游动在新、旧势力之间，在政治上他标却与封建顽固派仍保持着牢固的联盟关系，显示出半殖民潘半封建社会土壤中成长起来的这个新势力的特有性格。

在当时，像张之洞这样的疆臣大吏可算为"有闻于时"的"使位"者，尚且对挛法维新持以不屑一顾的态度。

自全国上下手操大小实权的官僚群的心理状态来讲，梁启超把它分为三种类型："其一兽然不知有所谓五洲者，告以外国之名，犹不相信，语以外患之危急，则曰此汉奸之危言惊听耳，此一种也；其二则亦知外患之

可忧矣,然自顾已七八十之老翁矣,风烛残年,但求此一二年之无事,以后虽天翻地覆,而非寻身之所及见矣,此又一种也;其三以为即使吾及身而遇亡国之事,而小朝廷一日尚在,则吾之富贵一日尚在,今若改革之论一倡,则吾目前已失舞弊之凭借,且自顾老朽不能任新政,必见退黜,故出死力以争之。"

从而梁启超指出,"全国握持政两之人,无一人能出此三种之外者。"可见,通过这些人来推行变法新政,如同与虎谋皮。至于来自社会上的因循守旧的传统习惯势力,更令人触目惊心。

因此,当光绪皇帝按照资产阶级维新派的指向推行变法新政时,从一起步就遇到了来自各方面的重重阻力,而且随着变法改革的深入发展,它所遇到的阻力也越来越大,遂决定了这场改革必然具有的极端复杂性。

康有为在要求光绪帝颁诏定国是、确定变法方针的同时,同时把清设制度局作为推行变法新政的重要保证。康有为要求设立制度局的设想由来已久,康有为具体系统的主张,是在1898年3月11日(光绪二十四年三月十九日)由总理衙门代递给光绪帝的第六书中提出的。

康有为提出这一建议的出发点和具体主张,是想模仿日本明治维新的办法,并鉴于"分之部寺,率皆守旧之官,骤与改革,势实难行"的特殊情况,要求在颁诏确定以变法为施政方针的同时,又请在内廷设制度局。

同时他又看到,"一省事权皆在督抚",而这些地方实力派为维护自己的名位、权势,必将恪守"旧制",抵制新政的举行。康有为认为,还应在每道设一民政局,每县设民政分局,"准其专折奏事,体制与督抚平等",在地方"督办"新政事宜。

康有为请设的制度局,是把它作为在清中央协助光绪帝议定变法方策的最高机关,十二局,是其所属的分门别类的办事处;在各地设立民政局和民政分局,是作为贯彻新政措施的地方机构。在康有为看来,这是与颁布《明定国是》诏确定变法方针具有同等作用的两项关系变法新政能否顺利开展的重大措施。

这里，不拟对康有为提出这一主张的由来和演变等方面作全面、系统的评说。但从中可以看到，这一建议绝非仅仅是为资产阶级维新派"争取参政权"，其主要的目的，是为了排除上自中央下至地方的清王朝实权派的干扰，为推行变法新政提供组织上的保证。

在这里，既正视于现实，又力求进取，如果这一建议付诸实现，必将非常有利于变法新政的推行。

当光绪皇帝在3月11日（二月十九日）看到康有为的第六书的时候，他对请设制度局一事也引起了重视。不过在这时，确定以变法为治国方针的《明定国是》诏尚未颁布，而且这一建议的落实，势必牵动清王朝的统治体制，触及到各级官吏们的切身权势，特别是西太后更是难以容忍的。因而，光绪帝"盖知西后之相忌，故欲籍众议以行之"，便当即"饬下总理衙门议行"，从中可见他同意开设制度局的意向是明确的。

在这时，还未被革职的翁同龢也"欲开制度局"，并主张命康有为"直其中"主持制度局事宜。此外，已经倾向变法维新的御史杨深秀、宋伯鲁和翰林院侍读学士徐致靖等人"皆以制度局为然"，他们对于设立制度局同样持以积极的支持态度。

但是，西太后的心腹们，却对此显得那样的敏感，他们很快就意识到此议"事关创制"，预感到他们的统治地位将受到威胁，则对光绪帝的旨令肆意"搪塞"，直到《明定国是》诏颁布以后还没有拒不议行。于是，光绪带又次降旨，敦促总理衙门大臣"速议覆奏"。迫于光绪帝的一再催促，到了7月2日（五月十四日），西太后的亲信、总理衙门大臣奕劻等人联名上奏，对康有为请设制度局和十二局的建议硬与原来的六部相套，遂以所谓"成宪昭垂，法制大备"为由，认为"不必另开制度局"，把康有

第七章 艰难拼搏话浮沉

为的这一建议公然驳回。

于是光绪皇帝又在"震怒"之下，紧接着于7月5日（五月十七日）再次命军机和总理衙门大臣复议。几天之后，庆亲王奕劻一伙又联合具折，继而借口牵涉"变易内政"，"事关重要"，把康有为请设制度局与十二局的要求再度顶了回来。显而易见，这些权臣的顽固言行，既驳回了康有为的建议，也违背了光绪帝的旨意。他们敢于这样明目张胆"屡次抗拂上意"，当然还是由于西太后在后面支撑的缘故。

设立制度局、十二局与民政局，对于推动和抵制变法维新的人来说都具有关键性的作用，在康有为正式提出这一建议之后，它便成为新旧势力斗争的焦点。

在一段期间里，虽然它一再遭到顽固派官僚的抵制，但光绪皇帝并未灰心，他继续为促其实现而全力以赴。

但当他感到以降旨催促议行不能奏效之后，迫于无奈，光绪皇帝又召见总理衙门大臣张荫桓，当面对其指责他又想在这个有点新见识的顽固派官僚身上打开一个缺口。

可是，光绪帝的这一新的尝试，结果也照样化为泡影。到7月13日，光绪帝看到奕劻等人继续抗拒议行的奏折时无比气愤，当即采取了更为郑重的手段，颁出亲笔朱谕命"军机大臣，会同总理各国事务衙门王大臣，切实筹议具奏，毋得空言搪塞"。向以西太后为首的封建顽固派发出了"通碟"式的旨令。于是，围绕是否设立制度局及十二局的问题，使新旧两种势力的斗争达到了极为尖锐的程度。

在对立的双方已经公开僵持起来的时候，顽固派官僚也进一步施展了他们的惯用伎俩。一方面，有的军机大臣狂妄地叫嚷要顽抗到底；另一方面，他们又继续制造流言蜚语煽动说，康有为要设立制度局、十二局和民政局就是"尽废内阁六部及督抚、藩臬司道"，掀起了一场轩然大波，使

向北京进犯的八国联军旧照

"京朝震动,外省悚惊"。

在这一片喧嚣声中,刚被西太后纳入军机处的顽固派官僚王文韶显得尤为阴险。他认为,对于议设制度局"上(光绪帝)意已定,必从康言,我全驳之,则明发上谕,我等无权矣,不如略敷衍而行之"。

光绪皇帝要采纳康有为的建议设立制度局,这已是众所周知的事实。不过,光绪帝明明知道西太后对此"相忌",他若不明诏强行设立,必然要与西太后发生直接的对立,这对开始不久的变法维新事业将会产生更加严重的影响。

但在光绪帝已与顽臣对峙起来的情况下,王文韶为预防光绪帝有被迫下明诏的可能,主张采取欺骗的手法来实现扼杀制度局的目的,表明他的用心更加险恶。就这样,王文韶的主张,便很快得到了顽臣们的赞同,一个新的阴谋遂酝酿而成。

到8月2日(六月十五日),在西太后的得力亲信、军机大臣世铎等人出面上呈的一份奏折中,对于议设制度局、十二局和民政局提出了一个所谓的"变通办法",这便是他们"定议"的那个新阴谋的集中体现。

在这个"变通办法"中,表面上装出对光绪皇帝的旨意"不敢执守成见"的样子,实际上是采取了偷梁换柱的手法对康有为的建议进行了彻头彻尾的篡改。

十分明显,经过这种"变通",康有为的这一建议"皆成为虚文矣"。

在此还应看到,世铎等顽固派官僚提出的这个"变通办法",又是以迎合康有为之要术和顺从光绪帝之旨意的面目出现的。并且这件事,起起伏伏历经四个多月的时间。在这个过程中,光绪帝为了促其实现尽到了最大的努力,可是他终未冲开这个顽固堡垒。结果使这个变法维新的首项改革被顽固派弄得面目皆非,实际是流产了。

阻力重重

当议设制度局、十二局和民政局的问题受到顽固派极力抵制的时候,决意革新的光绪皇帝,并没有停下他的脚步。

光绪帝在接见康有为之后,便按着康有为的迫切要求,又发起了一个新的攻势,这就是为了打破在文化教育界相沿久长的精神枷锁,废除八股和改试策论。并又以此作为新的突破口,把变法改革的战线全面拉开。

于是,革新与守旧的斗争也就广泛地展开了。在这个斗争日趋激化的期间里,形形色色反对革新的势力都站在了它的对立面,极尽其捣乱、破坏之能事。使通过光绪帝推行的变法新政,虽在一些方面取得了一定的进展,从总的形势来说,却出现了全面的危机。

八股,这个从明代沿袭下来的死板僵化的文体越发陈腐,它已成了在文化教育界束缚人们的思想、维护封建专制统治的工具。资产阶级维新派要为发展资本主义扫清道路,势必也要触及封建主义的文化思想领域。

因此，维新派人士在宣传、组织变法维新的过程中，就把八股取士视为"禁锢"人们思想的精神锁链，甚至认为它是中国"致弱之根源"。

他们大声呼吁，要求废除八股，并把它作为变法图强的一个重要环节。实际上，这也是资产阶级维新派为冲破封建主义思想的藩篱所采取的一个重要步骤。

康有为在被光绪皇帝召见时，又当面强调了八股之害，从而他强烈要求断然废除这种积弊。光绪帝出于要向"西人"学习力行改革的愿望，对康有为的这一要求均以"然""可"表明了他的支持态度。

这时，正是顽固派官僚利用"众议"，在竭力抗拒谕旨阻挠开设制度局的时候。也许从中吸取了教训，在光绪帝接见康有为的次日（6月17日），当他看到康有为早已"草定"、现经宋伯鲁上呈的请废八股改试策论的奏折后，态度越发坚决，准备按照康有为的要求采取不经"部议"的方式直接推行。

光绪帝的这一果断行动，马上遭到了顽固派的竭力抵制。

当时公开出场的顽固官僚刚毅，以"祖制，不可轻废"为理由，还想利用"部议"加以阻止。对此，光绪皇帝直截了当地指出："部臣据旧例以议新政，惟有驳之而已，吾意已决，何议为！"予以顶回。但顽固透顶的老官僚刚毅，又想搬出他们的后盾相威胁，扬言"此事重大"，让光绪帝必须先向西太后"请懿旨"而后行，事态的发展又集中在西太后的身上了。

为了冲破阻力，光绪帝不得不硬着头皮，亲自到颐和园向西太后作了请示。

西太后不愧为一个地主阶级老练的权术家，她或许感到还没有到最后下毒手的时机，所以在表面上予以应允，但这却是光绪帝求之不得的。于是他便来了个趁热打铁，遂于6月23日（五月五日）颁发了上谕，宣布"自

第七章　艰难拼搏话浮沉

下科为始，乡会试及生童岁科各试，向用四书文（即八股文）者，一律改试策论。"光绪皇帝采取的这一改革措施，同样是经历了一场尖锐、激烈的斗争的。可是这一斗争风波至此并未平息。

康有为在草拟的《请废八股试帖楷法试士改用策论折》中，在要求"罢弃八股试帖楷法取士，复用策论"的同时，也意识到此举可能遇到守旧群臣的"阻挠"，并根据当时"学校未成"的现实，所以提出"科举之法，未能骤废，则莫先于废弃八股（文体）"的主张。他认为，在当时只要达到废除八股文体改试策论，"以其体裁，能通古证今，会文切理，本经原史，明中通外，犹可救空疏之宿弊"。可见，在康有为的这个建议中并未要求一并废除科举制度，在这里就留有很大空间。

光绪皇帝在6月23日颁发的废除八股、改试策论的上谕里，又指出"至士子为学，自当以四子六经为根柢，策论与制议，（亦即八股文）殊流同源，仍不外通经史以达时务，总期体用兼备"。

从此内容来看，更可谓新旧混杂。所以出现这种矛盾的情况，似可认为：是光绪帝自身矛盾思想的反映；或是光绪帝为了能通过西太后的"关口"而作的一种妥协；这里所说的是在废八股改试策论之后，新式学堂尚未广泛建立起来的条件下，一般生童还应照旧学习"四书五经"，并以此打好基础，进一步做到"通经史以达时务"。

就此而言，这又可视为一种从旧到新的过渡性措施，是与康有为所说的"本经原史，明中通外"相呼应的。至于"体用兼备"之说，显然又涉及到如何处理古与今、"中学"与"西学"的关系问题，而这个复杂的问题又是当时人还不可能给予解决的新课题。

稍后，洋务派官僚张之洞，在其《劝学篇》一书中明确地提出了所谓"旧（或中）学为体、新（或西）学为用"的口号。实际上他的这个主张的侧重点，还是放在"旧学"之上的。

张之洞认为，若不以"中学"为体，"其祸更烈于不通西学者"。同时，他又把封建专制制度及其思想基础和整套的封建伦理道德均视为永恒不变的"圣道"，可见张之洞的中体西用说，是有其鲜明的政治倾向的。

但光绪帝所说的"体用兼备"，却是为了"通经致用"，"以励实学"，它的侧重点是"以达时务"。因此，光绪帝的思想倾向是为了进取，力求改革，显然不能笼统地把它与张之洞鼓吹的"旧学为体，新学为用"相提并论。光绪帝颁发的这个上谕，其主要的意图是面向中外现实，废除八股改试策论，培养"通达时务"的新式人才，以适应推进变法维新事业的需要。

八股文体，原本只是一种考试做文章的形式，策论也不是康有为和光绪帝的独创，在康熙年间就曾一度改试过策论。但是康有为以及光绪帝提倡的策论，却给它赋予了时代的新内容，力图以此促使人们摆脱"圣贤"的迷网，起来注重"时务"、吸取新思想，为变法维新扫除障碍。

因此，当光绪皇帝甩开刚毅的竭力纠缠，决然颁布了废除八股改试策论的上谕以后，清王朝上下的守旧势力，又气焰嚣张地进行反扑。

在清中央，首先是御史文悌，攻击康有为，实际也是针对光绪帝，接着，礼部尚书许应骙也勾结刚毅，企图通过攻击康有为向光绪帝施加压力，以达到反攻倒算的目的。

与此同时，那些醉心于通过"八股取士"的阶梯以图爬上统治阶级上层的"守旧之徒"，也以为"舍八股无所为学"，觉得"一旦改革，失所凭依"，便也纷"起而力争之"。

甚至直隶（今河北）的一些地主阶级的守旧文人，为了维护八股取士的旧制，居然要以"行刺"的野蛮手段来陷害康有为。

为回击守旧势力的猖狂反扑，康有为通过支持变法维新的杨深秀、朱伯鲁具折上奏，要求光绪帝采取坚决的反击措施。尖锐的斗争面前，光绪皇帝还是旗帜鲜明地站在维新派一边,他迅速降谕"再责旧党",并"怒"斥了文悌的反扑活动欲将其革职,后因刚毅再三求请,乃令文悌"回原衙门行走",实"与革职无异",从而煞住了顽固守旧势力的嚣张气焰。

此后,对废八股改试策论持以敌视态度的人,感到再公开对抗已无济于事了,于是又采取各种阴谋伎俩,力图尽量冲淡这一改革的影响。

在这样的背景之下,洋务派官僚张之洞又披挂上阵,急忙于7月4日(五月十六日)递上了一个《妥议科举新章折》。张之洞在这个奏折中,既表示同意废八股改试策论,又打着维护"圣道"的旗帜,大肆宣扬"四书五经道大义精,炳如日月;讲明五伦,范围万世,圣教之所以为圣,中华之所以为中,实在于此"的说教。

在这里,张之洞以要求将考试"三场先后之序互易"的手法,想尽力提高"四书五经"的地位来冲淡策论。光绪帝与张之洞的个人关系比较微

圆明园遗址

妙，尤其张之洞亦大谈"西学"，有一定的迷惑力。光绪帝在7月19日（六月初一日）所发布的一个上谕中，表示同意张之洞"将三场先后之序互易"的要求。就这一点来看，光绪帝似乎是加大了向张之洞的倾斜度。但是，他并未因此而取消考试策论，反而又强调和补充了康有为的要求，宣布今后"一切考试，均以讲求实学实政为主，不得凭楷法之优劣为高下，以励硕学而黜浮华"的内容。这项改革经过了一段曲折的过程，到八月十九日（7月初3日），光绪皇帝终于顶住了来自各方面的干扰和压力，又回到了原来的轨道，再次颁发上谕郑重宣告："各项考试，改试策论，一洗从前空疏浮靡之习。"同时又决定，过去的"朝考一场，著即停止"。并且"一切考试诗赋，概行停罢"。至此，康有为等维新派人士，在这方面第一步的改革建议，可谓全部实现了。

上面所述是有关考试制度方面的一些改革。但其影响却远远地超出了考场的范围。当时的舆论界也为之欢呼，认为这一改革是"中国由衰而盛，由弱而强之一大转机"。

梁启超说，当废八股改试策论的诏书颁下，"海内有志之士，读诏书皆醉酒相庆"；又指出："八股既废，数月以来，天下移风，数千万之士人，皆不得不舍其兔园册子帖括讲章，而争讲万国之故及各种新学，争阅地图，争讲译出之西书"，使人们的"耳目既开。民智骤进"，人们的思想和社会风气都起了明显的变化。从废除八股文体的本身来说，似乎只是形式上的改变，事物的形式和内容是不能绝然分开的。

在19世纪末叶令人窒息的中国文化思想界，通过这种改革，把束缚人们思想的精神链条给砸开了一环，使人们可以自如地思考一些问题和吸收点儿新鲜的空气了。这一切，对于关心国家前途的人们来说，无疑是一种莫大的激励，进而在社会上促使更多的人摆脱陈习，起来探索和寻求新知识、新思想，导致社会风气的改变。梁启超把废八股改试策论誉为"维新

第七章　艰难拼搏话浮沉

第一大事",显然是有道理的。

但是这一开创性业绩的取得,则历经了周折、险阻,并且在光绪帝颁诏定制以后,直到9月份,身为重臣的两广总督谭钟麟仍"故出八股题"。他的这种抗拒改革的行为,受到了光绪帝的严词训斥,但却从中告诉人们,在贯彻这项改革的过程中并非是一帆风顺的。

对康有为和光绪皇帝来说,废八股改试策论与创办各种新式学堂、鼓励出国游学等,是相辅相成的一个问题的两个方面,都是为学习外国培养变法维新所需要的新式人才这一总的目标服务的。光绪帝为了培养需要的人才,确也尽到了最大的努力。但是,对于这样一个有关国家昌盛的基本建设,因为亦将引起社会的变革,所以它又触动了守旧势力的神经,而敏感地加以阻挠。

光绪帝在变法的初期,就"降旨谕令各省开办学堂,限两个月复奏"。但大多数的督抚均熟视无睹,一再"延缓",拒不行动。就连张之洞这样的"新人物",亦站出来指责光绪帝急切倡导办学育人是过激行为,予以冷视。

结果,除了在光绪帝直接插手、全力筹促下,京师大学堂终于在7月3日(五月十五日)正式创办以外,其他各地均因遭到各方面的阻拦而举动寥寥,光绪皇帝在设学、育人的决策上,并没有达到预期的目的。

在经济方面的改革,依然是阻力重重。从甲午战败之后,在清朝统治阶级当中,主张设厂、开矿、筑路、兴商的人确实多起来了。那些顽固派权贵的目的,也仅仅是为了修补其百疮千孔的统治肌体,并不是要以此来改造整个社会。洋务派官僚确实是"西学"的积极倡导者,然而如张之洞仍在竭力强调所谓"官权"的重要性,在他看来,"华商素鲜钜资,华民又无远志",好像中国商民根本没有创办工商的能力。

因此,他认为,要开矿设厂、发展工商,离开"官权"必然"无益"。实际上他还是在继续维护"官办"或"官督商办"的老路,并且张之洞的这种观点,在洋务派中是有代表性的。

资产阶级维新派,强烈要求仿照外国发展近代工、矿、交通、商务事业,是想以此来改造衰弱的中国。因此他们特别强调其"商办"或"民办"性,力求普及,为民族资本主义的发展开辟道路。

光绪皇帝,在经济方面的改革,虽然也只能通过其原来的国家机构及各级官吏来推行,但是,他对民间著书、制器和商办工、矿、交通、商业也给予了充分的重视。

在推行变法新政初期的7月5日(五月十七日),光绪帝即颁谕号召破除"旧习",宣布"各省士民著有新书,及创行新法,制成新器,果系堪资实用者,允宜悬赏以为之幼"。

并且又决定,凡"所制之器,颁给执照,酌定年限,准其专利售卖",此后,他又多次降谕"奖励""各省士民著书制器"。同时还谕令各省将军督抚,"严饬各该地方官,务须体察商情,尽心保护"商贾。

当光绪帝得知粤东商人张振勋在烟台创办酿酒公司、道员吴懋鼎在天津等款设厂制造的情况后,便于7月14日命直隶总督荣禄"务令"张振勋、吴懋鼎等人"切实筹办,以收成效"。在7月29日,光绪帝对宋伯鲁提出"各省举办铁路矿务,官不如商,亟宜及时鼓励"的建议,给予了明确而及时的支持。

直到9月7日,光绪帝又采纳康有为的建议,旨令在民间停办"昭信股票",实际上这是为减轻"富商小民"的困苦,以促进民间"农工商之业"的发展而采取的另一项具体措施。

总之,光绪皇帝对"士民"发明制造给予奖励,授予专利权;对于向资本家转化的"官纳"和一些上升的商人力行保护。说明他对私人投资发展近代工商交通事业,也采取了鼓励的政策。

第七章 艰难拼搏话浮沉

为把这一政策贯彻到全国，光绪皇帝选定工商业比较发达的沿海、沿江地区作为试点，于7月25日降谕，命湖广总督张之洞、两江总督刘坤一，在各自的辖内试设商务局和筹办商报、商会等，"以期逐渐推广"，促进整个工商业的振兴。

在经济改革方面，光绪帝所走的道路与资产阶级维新派的主张基本吻合，超出了顽固派和洋务派设下的禁区。所以，在经济改革的过程中，光绪帝与顽固派和洋务派发生了正面的冲突。

直到在北京设立了农工商总局之后的8月29日，对于光绪帝要求在长江流域一带进行试点和在其他地区尽力兴办的一系列改革诏令，张之洞一直在"观望"；刘坤一"藉口部文未到，一味塞责"；两广总督谭钟麟，对之也"置若罔闻"，既无行动又不回复；至于距北京近在咫尺的直隶总督、顽固派官僚荣禄，更是静坐观之，蓄意顽抗；特别是地方的权势者更是无动于衷。

康有为为发展近代工商业排除障碍，曾极力要求废弃漕运、裁撤厘金，对此遇到的难题更为错综复杂。

梁启超说，本来康有为提出的"请裁漕督"的建议"上知而决行之"；在其他材料中也说，康有为要求"裁厘金"等项"帝皆嘉纳之"。

光绪帝在颁布的许多上谕中也一再指出过厘金"弊端丛集"，"厘差勒索工商"，则多次谕令要"整顿厘金，严杜中饱"。关于废漕，光绪帝亦曾降谕提到"漕督一缺，究竟是否应裁"，命两江总督、江苏巡抚"详议具奏"。

在这期间光绪帝已经清楚地知道厘金危害工商的严重"弊端"，可是他只提出"整顿厘金"；对于废漕，他在众人面前的态度也不明朗。

康有为提出这两项建议皆在农历七月，至"百日维新"的末期。这时光绪帝已经发现西太后"不愿将法尽变"，正在策划绞杀变法维新的阴

232

谋，他们之间已至"决战"阶段，光绪帝根本无力兼顾"其他"了。再者，漕运，"宦竖旗人，多食于此"，废弃漕运波及面较广。厘金，虽已"积弊日深"，但它却仍是清政府的重要财源之一。

在这期间，一方面清政府的"帑藏奇绌"；另一方面，还要大加兴举，"需饷浩繁"。光绪皇帝所以未能如愿以偿断然废漕、裁厘，除反映了他在这时还缺乏果断性之外，也有其难言之隐。

光绪帝为了挽救国家的危亡，力图把中国引向"富国强兵"的道路，又连续颁谕指出，"思御外侮，则整军经武，难再视为缓图"。故命各地将军、督抚应迅急整顿武备，对水陆各军"裁弱留精"，仿照外国"勤加训练"以成"劲旅"。可是各将军、督抚亦"不肯实力奉行"。光绪帝要整顿吏治，命所有衙门删减烦琐的治事"规则"另订新章。结果，各衙门也"借口无例可援，滥引成案"加以抵制，如此等等。

光绪帝推行的变法新政，遇到阻力越来越大。他为了改变这种局面，把维新改革推向前进，从8月10日以来，就接连向下面发出道道谕旨，反复宣说必须"舍旧图新"；无情地抨击了"墨守旧章""附会古义""胶执成见"或"面从心违"敷衍塞责等种种抵制和破坏变法维新的卑劣行径；

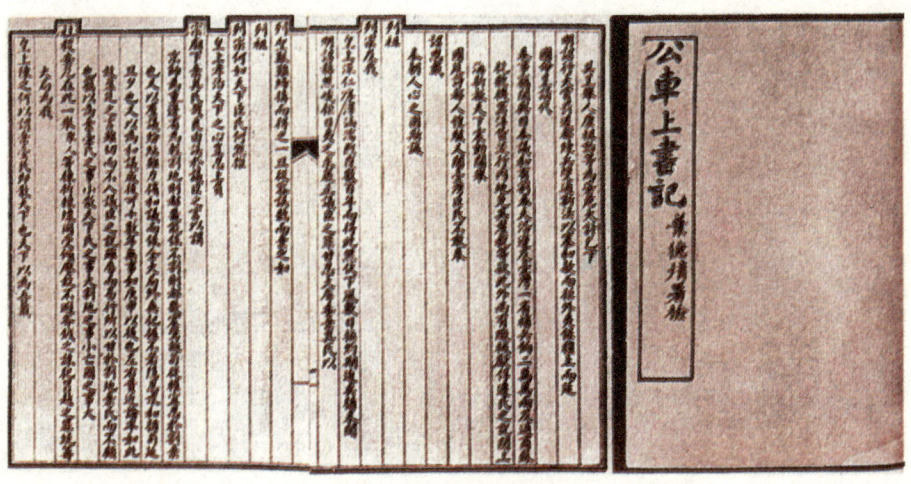

《公车上书》书影

第七章 艰难拼搏话浮沉

对举国上下"不知振作"、只求"自便身图"的昏庸之辈表露了切齿之恨。

接着,光绪帝又语重心长地告诫他的臣属"务当洗心革面","力矫疲玩积习",希望能"一心一德,共济时艰",把变法维新进行到底。然而光绪皇帝的这些忠告,对于那些守旧之徒来说,犹如对牛弹琴,东风过耳。

光绪皇帝决心要"发奋为雄,励精图治",革新祖国。到8月底,变法维新以迅雷之势推行了二个多月。在这期间,虽有一定的建树,在社会上产生了较大的积极影响。但一系列重要的改革:有的尚未公开推行就被扼止;有些被改头换面使原议走形;多数既经颁谕推行但却未能得到切实贯彻。变法维新,面临着严峻的考验。

进退之间

两个来月变法维新的曲折历程,清楚地表明,清王朝上自西太后下至各级拥有大小实权的绝大多数官吏,无论是顽固派还是洋务派,皆从不同的角度与维新运动对抗,构成了一个强大的反对派势力。从而,使新旧营垒越发分明,他们之间的矛盾和斗争,也就愈形尖锐激烈了。

在推行变法新政之初,光绪皇帝和康有为,对顽固派权贵抵制变法的危险性是有所预料的。光绪帝在康有为的启示和促进下,曾想通过设立制度局、选用"通达时务"和有志维新的人士辅政的办法,来避开守旧势力的干扰;以大力创办各种学堂培养新式人才的途径,在地方培育一层基础力量。

但是,议设制度局,历经周折,还是夭折。办学育人,一方面远水不解近渴;另一方面也很不顺利,成效不大。选用人才,光绪帝也同样付出了力量，颁发了大量"选贤任能"的谕旨，采取了一系列相应的措施，但一开始光绪帝就陷入重围而难以举足。

对于左右变法维新方向的康有为，起初光绪帝没敢公开委以重要职务，只是让他在幕后筹划变法事宜。后来仍然"旧党皆侧目于康"，进而"谤言益甚"，特别荣禄等西太后的亲信大官僚气焰益形嚣张，他们利用一切机会，既猛烈攻击康有为，又阴险地中伤光绪帝。

这时，就连脚踏两只船的交部尚书、兼管京师大学堂的孙家鼐，也公然随波逐流地极力排挤康有为。于是，康有为便完全成了西太后和所有的反对派人物敌视、攻击的中心目标。

实际上，这是敌对势力企图以集中火力攻击康有为来破坏变法维新运动，其用心极为险恶。在这种剑拔弩张的情况下，光绪帝既"不敢多召见"，更不敢把康有为纳入清廷中枢。

至7月26日（六月初八日）光绪皇帝出于"不得已之苦衷"，作为一种"保全"措施，任命康有为到上海督办官报。当时康有为正忙于编写准备进呈光绪帝的《波兰分灭记》和《英德变政记》等书，或许还有其他原因，故未成行。

光绪帝准备召见康有为的同时，另一个维新派领袖人物梁启超也引起了光绪帝的重视，命总理衙门"察看"梁启超以备召见。随后，还是由于顽固派官僚的作梗，拖到7月3日（五月十五日），光绪帝才得以召见梁启超。梁启超自己说，他以"布衣"被破例召见，亦足见光绪帝对他的器重。

在当时，梁启超已成为几乎与康有为齐名的维新派领导人，并也引起了顽固势力的极端恐惧。光绪帝通过召见同样只是授予梁启超六品衔，命其办理译书局事务，未能加以高官，应当说还是迫于以西太后为首的顽固派的强大压力的结果。

从一种策略上的角度来看，在此特定的情况下，光绪帝让康有为、梁启超主持负有"开通民智"使命的两大官办的舆论阵地，也可谓此"职任不为不重"。

但从变法维新的全局来看，作为推动变法的两大支柱康有为、梁启超，终未在清中央取得发挥更大作用的应有权位，这对整个的变法维新事业而言，又不能不认为是一大损失。

所以造成这种不正常的局面，主要原因在于新旧力量对比悬殊，也与光绪帝虚弱无力有关。

光绪皇帝在6月13日（四月二十五日）宣布准备召见康有为和梁启超的时候，经徐致靖的推荐，又命湖广总督张之洞、两江总督刘坤一将著名的地方维新人士、湖南长宝盐法道黄遵宪及江苏候补知府谭嗣同"送部引见"。

可是，就在他作出这一决定的当天，在清中央即有御史黄均隆跳出来"参劾"黄遵宪、谭嗣同等人；随后湖南的一些"守旧党"人，也"妄造谣言"，恶毒地诽谤黄遵宪、谭嗣同等人的维新活动。

其时，作为两湖地区的最高长官张之洞，对谭嗣同等在湖南等地宣传、组织变法的活动亦认为"其偏尤甚"，心怀恶感，所以他与刘坤一迟迟不予引送，也是具有其用心的。或许因为公开反对黄遵宪和谭嗣同的人，还不是清王朝中最有权势的人物，则光绪帝的态度毫无动摇。

至7月30日（六月十二日），他又电谕张之洞、刘坤一及湖南巡抚陈宝箴，气愤地指出，"湖南盐法长定道黄遵宪，江苏候补知府谭嗣同，前经谕令该督抚，送部引见"。于是光绪帝又严词责令刘坤一、张之洞、陈宝箴，"即行饬令该二员迅速来京，毋稍迟延。"

事实说明，光绪帝在力图任用地方维新人士的问题上，同样遇到了来自各方面的阻力。

在用人的问题上，光绪帝只是从表面上看是否"通达时务"和有否维新的表现来决定任取。不过，这样一来，就不可避免地使一些冒牌人物也受到任用。

如在8月21日（七月初五日）于北京设立主持全国工商改革事务的农工商总局时，光绪帝委派直隶霸昌道端方及候补道徐建寅、吴懋鼎等人督理其事。

从一方面来看，端方，系举人出身，号称"通人"，曾"附保国会"，似乎他与变法维新还有些联系；徐建寅是近代中国著名科学家徐寿之子，懂得一些近代科学知识，并曾"颇游外国"，可算为一个"通达时务"的人；吴懋鼎，在这时正于天津创办了一个商办的硝皮厂，更可以说是个既"通达时务"又从事制造者。

从另一方面来说，这三个人又皆为顽固派官僚刚毅、裕禄、王文韶的"私人"，他们对变法维新并无诚意。这里既暴露出光绪帝的弱点，但主要是反映了当时的复杂背景。不过，在选拔人才方面，光绪皇帝还是有一个大的界限的。那些支持或倾向变法的官员向他推荐的人，基本都予采纳，力求召见任使；相反，在当时，如反对变法维新的死硬派官僚荣禄，先后曾向光绪帝推荐了三十余人，但"无一召见，无一用者"。

另外，在远离清廷之地，有许多官吏又利用光绪帝让"保举"人才之机，出于各自的企图"滥保私人"，趁机安插心腹，"同出一气"，狼狈为奸。

例如两广总督谭钟麟，竟公然违抗光绪帝的旨令，对"全省有谈时务者，不委差使"，明目张胆地抗拒光绪皇帝的旨意。

对于以上种种违旨营私的卑劣行径，光绪帝曾多次降谕予以严词训斥，甚至还郑重宣告，各种"滥保"行为"一经查出，定将原保大臣，从严惩处"。

但是，对于那些以西太后为靠山的官僚来说，光绪皇帝的这种旨令，岂能放在他们的眼里！

实际上，光绪帝的保举人才的谕旨，竟成了一些权势者"营私牟利"、网罗党羽的借口。

就这样，光绪皇帝以及康有为，要尽力在清廷上下扶植维新势力的迫切愿望，也未能实现。在光绪帝周围终未形成坚强的领导核心，在地方也未形成有力的支持力量。

新旧力量对比悬殊的局面毫无改变，反而更加突出了，笼罩在变法维新上的阴影更加浓重了。

在严酷现实面前，作为这场变法维新运动的发动者和组织者康有为也产生了悲观失望的情绪。他感到，"上既无权，必不能举行新政，不如归去"。在康有为看来，只要再重新准备三年，"然后议变政，救中国，未晚也。"显然，康有为的这种看法并非毫无道理，并且他的维新救国之志也未因此而破灭，后来还是留在北京继续筹划挽救变法的大计，确是事实。相形之下，光绪皇帝在这场火热的斗争实践中又使他经受了更加深刻的磨炼，思想认识和斗争毅力都得到了明显的提高和加强。

在这期间，光绪帝通过接触各种各样的奏疏，当然进一步丰富了他的见识；同时在此复杂、激烈的斗争过程中，他十分注意从外国的情况中引为借鉴。约在8月中旬（七月初），当光绪皇帝看到康有为进呈的《波兰分灭记》，对康有为在该书中痛"言波兰被俄、奥分灭之惨，士民受俄人荼

粉彩人物故事笔筒

毒之酷，国王被俄人控制之害，守旧党遏抑之深，卒以割亡"等惨状时而为之"唏嘘感动"。

光绪帝出于感慨的心情，马上赏给康有为"编书银二千两"以示奖励。随后在8月28日（七月十二日），康有为又以上《谢恩折》的方式，据俄国伙同奥地利、普鲁士瓜分波兰的历史教训，再次"极陈时变之急，分割之苦，新政变而不变，行而本行之无益，制度局不开，零星散杂之无裨"等利害所系，光绪帝看后更"大"为"感动"。

在变法维新遇到严重挫折的时刻，光绪帝又从上述等事况中得到了新的激发力。

于是，光绪帝又抖起精神，以一种力挽狂澜的气魄，有针对性地对准反对派势力发起了更加猛烈的攻势。力图冲开顽固派设置的道道"防线"，排除障碍，打开局面。从8月末以来，已处于衰萎状态中的变法新政，呈现出新的生机。

在8月30日（七月十四日）光绪皇帝颁谕，将清中央的詹事府、通政司、光禄寺、鸿胪寺、太仆寺、大理寺等衙门"既行裁撤"；并把督抚同城的湖北、广东、云南三省巡抚，闲置的东河总督、不办运务的粮道、无盐场的盐道，也一并裁掉。

同时还宣布，对于其他上下的冗员也要"一律裁撤净尽"。

为此，光绪帝又在这个上谕中严正指出，内外诸臣都"不准借口体制攸关，多方阻格，并不得以无可再裁，敷衍了事"。接着他还下了死命令，无论在廷诸臣还是封疆大吏，谁要在这项改革中夹带私情，"推诿因循，空言搪塞，定当予以重惩，决不宽贷。"

对于清王朝上下那重叠臃肿的机构和庞大的官僚群来说，光绪帝裁撤这几个闲散的机构和冗员似乎是不值一提的。但是在当时，关于这个王朝上下的统治机构和职官设置，在封建顽固派看来都是"祖制"，绝不允许轻易去掉。

特别在封建专制时代，机构与官、官与势、势与荣华富贵都是紧紧地联系在一起的，谁要触犯于它，就等于挖了那些官僚们的祖坟，他们是绝不会善罢甘休的。

事实上，在光绪帝采取和银行这一改革措施的过程中更不平静。就在他准备颁诏裁撤机构、冗员的时候，也照样遇到了"枢臣"们的竭力阻挠，但光绪帝并未"获听"，还是付诸实行了。

对于光绪帝的这一举动，康有为也感到有些唐突，他说，"吾向来论改官制，但主增新，不主裁旧"，坚持采取妥协"共处"的方针。或许由于康有为在这方面持见温和，则在当时有的守旧官僚曾请他出面"谏止裁官"。

康有为对光绪帝的这一果断行动认为是"变政勇决"之举，深表钦佩；梁启超也看到，在当时的情况下"裁官为最难之举"。由此可见这时的光绪帝之魄力。光绪皇帝之所以采取这一断然措施，如说为了节省"冗费"或许是原因之一，但其主要目的是以此来拔除一些守旧官吏的活动据点。当光绪帝的这一谕旨颁出，即使"旧臣抱向隅之泣"，发出一片悲鸣。至此，光绪帝在维新改革的道路上，已显示出自己的主见和一定的勇气了。

9月1日（七月十六日），光绪帝不失时机地抓住礼部顽固派官僚阻挠王照上书言事的事件，强化了对顽固派的攻势。

到这时，反对派阻挠新政的矛盾突出了，并随着光绪帝的思想认识进一步提高，才引起了他对这方面的重视。而且光绪帝又力图以此作为打击顽固势力嚣张气焰的另一个重要的突破口。

王照是直隶宁河（分属河北省）人，字小航，出身进士，后任礼部主事，在清廷本是一个无足轻重的小官。王照"性勇直"，甲午中日战后，既倾向变法图强；又对光绪皇帝怀有同情感。

在光绪帝发出鼓励上书言事的谕旨后，王照出于响应"求言"，具折请光绪皇帝到日本等国游历并抨击了守旧官僚之"谬"，开了"人所不敢开之口"。王照是礼部的官员，遵照8月2日光绪帝的旨令，他便请求和部尚书怀塔布、许应骙予以代递。

王照的这一建议，不管其用意如何及要求光绪带出国考察的时机是否适宜，但对增进光绪帝的见识，推动国内的维新改革，显然都是有益的。

但由于他把斗争矛头明显地指向了封建顽固势力，因此，顽固透顶的怀塔布、许应骙见之如临大敌，当即粗暴地将其奏折掷回不予代呈。王照在气愤之下，亲自带折到礼部大堂，在面责怀塔布、许应骙等人阻挠上书言事的违旨行为之后，又愤怒地表示，如礼都堂官仍拒不为代递，就亲到都察院请求代呈。

由于矛盾的盖子已被揭开，怀塔布、许应骙看到不好收拾，才"不得已乃允其代奏"。可是，他们在向光绪帝代呈王照的奏折时，又夹进私货，将其串通拟就的奏疏一并呈上。他们在其奏疏里，一方面，以"日本素多刺客"，恐"置皇帝于险地"为借口，说"不敢代递"，为自己抗拒谕旨的行径进行辩解；另一方面，这些顽臣又以反咬一口的卑鄙伎俩，控告王照"乃敢登堂咆哮"，要求光绪皇帝必须对之给以"惩治"。

光绪皇帝在见到王照和怀塔布等人的奏折后，是非鲜明，态度坚定，遂于9月1日（七月十六日）颁出上谕，在上谕中重申了鼓励各级司员官吏均可上书言事的方针，澄清了是非，为王照上书伸张了正义，也抓住了怀塔布等顽固官僚的黑手。

光绪皇帝还进一步把"士民"与各级官吏上书言事列为同等的地位，都给予切实的保护。而且对于"士民"的上书，还特别地规定一条，命都察院必须"随到随递，不准稽压"。在此还应指出，对于所说的"士

第七章 艰难拼搏话浮沉

241

民"，在光绪帝的心目中并没有严格的界限。

事实说明，到这时，光绪帝已把鼓励"天下人"上书言事提到了相当重要的地位，并且他又把鼓励人们上书言事和打击顽固势力紧紧地结合在一起了。

光绪帝在重申鼓励"士民"上书言事的时候，并未放松对怀塔布一伙的惩处。当然，清廷中的顽固派官僚确也没有就此坐视，就在光绪帝授命拟旨要对礼部顽臣进行最厉惩处的时刻，顽固派老官僚徐桐等即迫不及待地出来以"应议"奏称，"查律载，应奏而不奏者杖八十，系私罪，降三级调用"。显然，老奸巨猾的徐桐等人，又想借助清廷旧律以歪曲事实的手法，尽力为其同伙减轻罪责。然而，光绪皇帝并没有听他们的这一套，仍按自己的既定方针，以空前的胆略和勇气于9月4日（七月十九日）下诏，以迅雷不及掩耳之势，对怀塔布、许应骙等礼部大堂官来了个一窝端；同时又对敢于抗暴言事的主事王照加官晋爵，立场鲜明，态度坚决。

以怀塔布、许应骙为首的礼部六堂官"均太后党，阻挠变政甚力"。特别是身为礼部最高长官的怀塔布和许应骙，仅就光绪帝发布《明定国是》诏推行变法新政以来，无论是在废八股改试策论，还是在议设制度局等重大问题上，他们都伙同其他顽固派官僚要阴谋、放暗箭，竭尽其捣乱、破坏之能事，为变法新政设置了一系列的障碍。

其中的许应骙，虽出自翰林院，但却"素以不学名，语言甚鄙"，是一个恶棍式的顽固官僚。早于康有为在北京开保国会号召"保国、保种、保教"的时候，他就伙同御史文梯，出来恶毒地弹劾和攻击康有为及保国会。他也是反对变法维新的老手之一。

至于怀塔布，做官多年"得孝钦（即西太后）宠最专"，又是一个西太后最为得力的亲信。怀塔布、许应骙等人把持下的礼部，在清廷成了一个顽固堡垒，也是顽固势力策划破坏变法新政的一个重要的黑据点。

花鸟扇面 清

因此,光绪帝对怀塔布、许应骙等"恶之久矣",他这次一举将其全部革职,并非偶然。当然光绪帝采取这一举动,犹如在虎口拔牙,充分地显示了他在日益增强的革新勇气。

如果说,光绪帝裁撤一些机构、官员,还只算是打击顽固势力的"外围战",那么,他这次把礼部六堂官一网打尽,可以说是触到了以西太后为首的封建顽固派的中枢部位。在变法维新处于十字路口的关键时刻,光绪帝继拔除了一些顽固官吏借以活动的"领地"之后,又连续采取了这一更为果断的举动,既大灭了反对派势力的威风,又使"维新者无不称快"。因此,罢免礼部大堂官,可谓在推行变法新政期间发生的对新旧势力都有巨大震动的一起具有特别重要意义的事件,使在维新中排除干扰的斗争推进到一个新阶段。

纵深推进

据梁启超说,此时光绪皇帝已"知守旧大臣与己不两立,有不顾利害,誓死以殉社稷之意,于是益放手办事"。大致在礼部六堂官被革职之后,当光绪皇帝照例到颐和园向西太后"问安"时,西太后面责光绪帝:

第七章 艰难拼搏话浮沉

243

"九列重臣，非有大故，不可弃；今以远间亲、新间旧，徇一人（似指康有为）而乱家法，祖宗其谓我何？"

对此，光绪帝果断地回答说："祖宗而在今日，其法必不若是；儿宁忍坏祖宗之法，不忍弃祖宗之民，失祖宗之地，为天下后世笑也。"

从光绪皇帝在这期间的言行可以清楚地看出，他确实被反对派势力逼迫得横下了一条心；为了不失去"祖宗之民"，维护"祖宗之地"，以免给"天下后世"留下笑柄，宁可玉碎不为瓦全，甘愿"坏祖宗之法"，也要将变法新政推行下去。

而且光绪帝的这种信念，竟然达到敢于向历来望而生畏的"老佛爷"公开摊牌的地步。

9月5日（七月二十日）的一天当中，光绪帝又采取了两项关系重大的措施。其一，任命署汉军部统裕禄、仓场侍郎李端棻署礼部尚书；内阁学上寿耆、原詹事府少詹事王锡蕃署礼部左侍郎；翰林院侍读学士徐致靖、原通政司通政使萨廉署礼部右侍郎。其二，经分别召见颁谕宣布，内阁侍读杨锐、刑部候补主事刘光第、内阁候补中书林旭、江苏候补知府谭嗣同"均著赏加四品卿衔，在军机章京上行走，参预新政事宜。"

这两项措施既有联系，但又有所不同。前者是对清中央政府原有官署官员的更换；后者是光绪帝"以辅新政"而自行任用的官员。

更换官员，当然要按照清廷的惯例进行，而且尚书、侍郎通常属于二品以上的高级官员，对于这些职官的任用权已被西太后重新揽去。很明显，光绪帝要能使他的这一任命得到西太后的批准，对在这些新任官员的搭配上自然要动些脑筋。在光绪帝任命的这七个礼部尚书、侍郎之中，李端棻、是贵州贵筑（今贵阳）人。同治二年（1863）考中进士，累擢学政、御史、内阁学士、刑部侍郎，后调任仓场侍郎。他长年担任乡试考官，累操"文柄"，"喜奖拔士"。

李端棻在广东担任主考官时,"赏梁启超才,以从妹妻之,自是颇纳启超议,娓娓道东西邦制度",与梁启超在思想上互有影响,关系甚密。

在变法维新期间,他积极支持康有为、梁启超以及谭嗣同的变法活动。尤其在兴学、译书、办报和派员到外国考察等方面多有建议,他是唯一的一个"二品以上大臣,言新政者"。

徐致靖,是江苏宜兴人。光绪二年(1876)考中进士,自此进入官场,后任翰林院侍读学士。甲午中日战后,见"外侮日深,思变法图存"。在变法之初,徐致清是清廷官员之中推荐康有为的人之一。

在光绪帝颁布《明定国是》诏,废八股改试策论和议设制度局等重大改革的举动中,除致靖均站在维新派一边,成为改革的积极促进者。

在推行变法的风风雨雨的过程里,他一直与维新派为伍,使康有为倚为"知己,一日三往叩谢",康有为的很多奏疏、建议是通过徐致靖过是给光绪帝的,并且他个人亦有建树。徐致靖是康有为的得力助手和维新派的可靠同盟者。

王锡蕃与徐致靖同样,皆是常为康有为代呈奏议,"频言新政"的人。内阁学士阔普通武,满族正白旗人。在变法期间,力主"舍旧图新",建议"仿泰西设议院",他是在满族高官当中唯一的一个与康有为等维新派人士关系密切,积极支持变法维新者。

总之,以上四人,均可谓是维新官员。至于其他三人,都是守旧势力方面的人物。不过,寿耆与萨廉,既不属于西太后的嫡系,在维新变法时亦未见有多么露骨的抵制活动。

说起来,只是裕禄虽对变法维新还没有大露锋芒,但他却有点来头。裕禄,自同治本年和进入光绪年间以来,历任安徽巡抚及湖广、两江总督、盛京将军等要职。在其任总督期间,廷议修建卢汉铁路时,他"力陈不可",思想十分守旧。

第七章 艰难拼搏话浮沉

后在甲午中日战争中，因其辖地半失"数被议"，受到参劾。其时"德宗（光绪皇帝）将罢之，荣禄说于孝钦，强帝调之福州兼理关税"。

裕禄正是得到西太后以及荣禄的庇护终未丢掉乌纱帽，他可谓是受到西太后宠信的一个顽固派官僚。光绪帝对这样一个原要对其罢职、后又得到西太后赏识的人，现在竟任其为礼部尚书，显然是有其特殊用意的。并在这新任的七个礼部堂官当中，有四个（占多数）是始终站在维新派方面、积极支持维新变法的官员。

就此安排，对于没有任用二品以上高官全权的光绪帝来说，无疑也是一个果敢的举动。其实，在当时的情况下，就光绪皇帝而言，在将礼部六个顽固派官僚革取之后，马上任用新人，其重要的意义在于，这时的光绪帝不仅敢于罢掉阻挠变法新政的高级官员，即使是西太后的亲信，也勇于擢用他人。这种影响是巨大的，也是极为必要的。

事实上，光绪帝采取的这种措施，也确实产生了深刻的积极影响。

光绪皇帝为了建立"辅佐维新"的班子所选用的这四个人，当然也各有自己的特点和不同的经历、不同的社会联系，但他们却有其明显的共性。

杨锐是四川绵竹人，自幼聪明无比，后在张之洞督学四川时"奇其才"，受"奖拔"，继续在其门下受业。此后多年，又随张之洞"任奏牍文字，佐幕府"。

光绪十五年（1889）考中举人，授内阁中书（后任内阁侍读），他从这时起即到北京做官。张之洞"爱其谨严"，所以直到在北京任职期间，他们之间仍保持着密切的联系。

可是，当《马关条约》签订后，杨锐也"益慷慨谈时务"，并与康有为"过从极密"，在康有为、梁启超于北京创立强学会，大力宣传。组织变法维新的初期，他"起而和之，甚力"。

后来强学会被顽固派封禁，维新派人士将遭镇压，气氛愈显紧张的时候，杨锐又"奋然率诸人以抗争之"。后来康有为又到北京继续从事上书活动时，杨锐仍然"日与谋"，并且利用自己身为清廷官员的便利条件，又在给事中高燮曾面前"极称"康有为。高燮曾"疏荐康（有为）先生，君（杨锐）之力也"。

到1898年春，康有为在北京倡立保国会之际，他又率先署名加入该会为会员。

刘光第是四川富顺人，家境"奇贫"。其人在家读书刻苦，学之有成。光绪九年（1883）考中进士，被授任刑部候补主事，仍"闭户读书"，是一个能文诗善书法、注重"实学"的"傅学"者。刘光第为人较为"廉洁"，不媚权势，除与其本省人杨锐相近而外不善交往。

在甲午中日战后，亦鉴于"时危民困，外患日迫"产生了"虚怀图治"的思想要求，后在康有为开保国会时，他也"翩然来为会员"。其人乃为文人官员，"性端重"，公开表露无多。

林旭是福建侯官（今闽侯）人，在四卿当中数其年轻。林旭也可谓才华横溢，本省乡试第一名。林旭于1895年到北京应试时，正值《马关条约》签订，为挽救国家的危机，"发愤上书，请拒和议"。当他被任为内阁候补中书之后，继续投身于救亡运动之中。

康有为、梁启超创立强学会鼓动变法图强时，林旭亦"奔走其间"。以后便频繁接近康有为、梁启超，议论"国事"，对康有为"所论政教宗旨，大心折"，遂拜其为师。1898年春，他在北京首先倡立闽学会，与其他各省在京人士相继成立的学会密切配合，推动变法图强运动的发展。

在开保国会时，林旭又是"会中倡始董事"。正在这期间，到天津任直隶总督的荣禄，欲网罗林旭入其幕府。为此，他特地请命于康有为"问可就否"？康有为说，"就之何害，若能责以大义，怵以时变，从容开导

第七章 艰难拼搏话浮沉

其迷谬，暗中消遏其阴谋，亦大善事也。"

于是，林旭便应聘入荣禄幕府，直到被光绪帝召见任用时止。

谭嗣同是湖南浏阳人。他出身于官僚家庭，但在多灾多难的社会条件下，从少年时代起就胸怀"大志"。从而他与一般的求学者不同，"鄙科举"，注重经世致用，接触西方近代科学知识，思想要求进取。后便远离家乡，到新疆入巡抚刘锦棠幕，继而为"察视风土，物色豪杰"踏遍新疆、陕甘、东南沿海和大江南北、黄河之滨。

甲午中日战后，空前的国难，更加激发了他的爱国热忱，进一步"提倡新学"，积极探索救国之道。当他得知康有为鼓动变法图强，他就历经周折亲到北京访求。但因是时康有为已经离京南下，经梁启超的介绍，他对康有为的思想主张"感动大喜跃，自称私淑弟子"。

从此，谭嗣同放弃江苏候补知府奔而不做，集聚在康有为、梁启超高举的变法维新的旗帜下，踏上了革新祖国的征程。自光绪帝宣布推行变法新政以来，他们又支持巡抚陈宝箴大加兴举，使湖南成为在全国推行变法新政的最力者。正是在这个过程中，谭嗣同的名字也就和黄遵宪一样广

克林德牌坊

泛传开，引起光绪帝的重视，一再旨令引进召见。后来黄遵宪受命出使日本，谭嗣同怀着对"国事大有可为"的热望，应诏入觐，被委以辅助新政。

杨锐与洋务派官僚张之洞的关系极为密切，早年即从张之洞门下就学，当然对杨锐的思想不无影响。或许与此有关，他在被光绪帝委任之后，一方面，当他获悉其兄死去的"凶耗"时，鉴于任事紧急不忍回归；另一方面，他又对谭嗣同等人存有某种异见、感到"积久恐渐不相能"。

刘光第，书生气十足，或许还有其他缘故，后来对变法的形势产生疑虑，他既感激"圣恩高厚，急切不忍去"；又抱着"于政事，无新旧畛域"之分的折衷态度，并且他还时而思念"归田"，幻想躲避新旧势力的"互争"。杨锐、刘光第二人在辅理新政期间，思想并不稳定，然而对于这些情况，当时的光绪皇帝是难以觉察的。不过，刘光第在有的紧要时刻还确曾表现了一定的献身精神。谭嗣同、林旭，对于变法新政事业却是始终坚定不移的。

特别是谭嗣同，经过尖锐斗争的锤炼，竟成为一个激进的维新志士。后来在康有为的心目中重谭、林，而轻刘、杨，是不无其源的。但这四个人，在甲午中日战后国势临危的情况下，又都产生了程度不同的救亡思想，并在康有为、梁启超宣传、组织变法维新的过程中，都有大小不同的作为，除谭嗣同最突出之外，杨锐、林旭的表现亦为明显。

就此而言，他们既可称为"通达时务"，又与维新运动有缘，显然这是符合光绪帝的任人原则的。再者，谭嗣同一直活跃在变法维新的第一线，但是他在地方，虽曾遭到一些守旧人物的忌视，可是他却没像康有为、梁启超那样成为王朝上下所有敌对势力攻击的焦点。

其余三人，在光绪帝正式推行变法新政以来，均没有突出的维新活动了。这种情形，抑或成为光绪帝任用他们辅佐新政的原因之一。

第七章 艰难拼搏话浮沉

因为光绪皇帝把杨锐、刘光第、林旭、谭嗣同都作为自己的信臣选入中枢，所以他在颁谕宣布了任命之后，又向他们分别授予笔谕，命其"凡有所见，及应行开办等事，即行据实条陈"，并又强调说，"万不准稍有顾忌欺饰"，其用意显然是让他们放手经理变法新政。

梁启超说，此后"所有新政奏折，皆令阅看，谕旨皆特令撰拟以国政系于四卿，名为章京，实则宰相也"。这是对四卿的地位和作用的具体概括。

另外，原来"皇上欲大用康（有为）先生，而上畏西后，不敢行其志"，致使光绪帝与康有为等维新派人士虽近在咫尺，但却犹如隔着万重山，彼此难以相通。而今，在光绪帝身边终于有了一个辅佐自己的班子，便于贯彻个人的意图了。

从翁同龢被革职后，在光绪皇帝和维新派之间又重新搭起了一座互通的"桥梁"，这就为光绪帝的变法继续沿着资产阶级维新派指引的方向前进提供了新的保证。

可见，光绪皇帝采取这一前所欲为而不敢为的重大举动，以公开颁谕的方式宣布任用"辅佐"自己推行新政的官员，既等于宣告他要冲破重重阻力"欲行大改革"；也表明，到这时他又敢于按照自己的意志来选拔任用维新人才了。

在这期间，光绪皇帝是把回击顽固势力排除变法障碍和聚结力量推进改革结合起来进行的。就在他任命礼部堂官和任用"辅佐"新政的四卿之后，又随之在9月7日（七日二十二日）降谕宣布，对在浑水摸鱼的老洋务派首领李鸿章和昏庸腐败的宗室官僚敬信"均著毋庸在总理各国事务衙门行走"，把他们一并赶出清廷中枢，又踢开了两块绊脚石，当然这也同样是打在反对派势力身上的两大闷棍。

同时，对来自守旧势力方面的反扑，他也采取了更加坚定的态度予以无情地回击。也就是在这一二天之内，有些守旧官僚打着为筹集军饷的幌子，反复奏请继续实行"捐官"的弊政。对此，光绪帝毫无所动，最后愤怒地指出，"一面裁官，一面捐官，有此政体否？勿多言！"坚决地给予驳回。在此斗争急剧紧张的时刻，光绪皇帝又一面回击守旧势力的挑战；一面保护维新派的核心力量。事实充分说明，光绪帝对推进变法、革新中国的毅力和斗争性有了明显的加强。

当光绪皇帝大煞了反对派势力的嚣张气焰和组建起辅佐新政的班子后，他便以一种新的态势来推进变法维新了。大致到9月中旬（七月下旬），光绪帝即从下列两大方面下手，力图把变法维新向纵深推进。

一方面，光绪帝紧紧抓住鼓励天下臣民上书言事的渠道，试图把这场维新改革引向社会，以摆脱权势者干扰。在这方面，继为勇于上书言事的王照伸张了正义之后，又在9月12日（七月二十七日）的一天里，先后颁布了两个深有影响的上谕。

在上谕里，光绪皇帝在重申了通过鼓励天下臣民广泛上书言事来"革除壅蔽"的基础上，又特别指出，必须让"百姓咸喻朕心"，使变法维新做到"家喻户晓"，以期"上下同心，以成新政，以强中国"。把实现变法的目标与取得社会上人们的支持联系起来了。

光绪帝不断完善这一重大决策，虽然是从"大小臣工，狃于积习，不能实力奉行"变法诏令出发的，但也表露出他对变法维新的坚定志向和在一定程度上意识到利用社会力量的必要性。这与历代"明君"仅在臣子当中的"举贤纳谏"，显然是不能同日而语的。

在专制乌云笼罩大地，社会上的人们对国家事务毫无发言权的历史条件下，光绪帝为进一步冲破阻力，推进变法而大力提倡"广开言路"，并采取了一系列的保证措施，则更使"海内臣民，莫不欢欣兴起"，纷纷上书议论国家的振兴大计。

第七章　艰难拼搏话浮沉

在9月上、中旬的几天之内，通过各衙门呈递的封奏，即有"一日多至数十件者"，在社会上引起了强烈的反响。自各级官吏到各地读书的生员以及一些"士民"都踊跃上书，为变法献策或评议国家的兴衰得失，甚至一些所说的"野民""渔人"，也加入到上书言事的行列。

这些上书者，固然主要还是在政界和知识界，但也波及社会的其他阶层，因而"闸门"一经打开，必然会造成川决之势。在他们当中，有很多人爱憎分明地表达了中国人民对变法的期望和对破坏者的憎恶。

此外，有的人要求清政权"保护"本国的工商业；有的强烈主张改变由外人控制中国海关的制度，希望由"本国官员"管理关税以护"国体"；还有人要求仿照泰西"设立议院上下相通"，如此等等。就这样，在光绪帝大力倡导和强有力地推动下，使要求变法图强的声音迅速地冲破了由反对派设下的重重壁障而传向中国的四面八方，而且提出改革的方案也愈加丰富，在死气沉沉的清廷政坛出现了活跃的景象。从而，给这场变法改革带来了新的生机，为把它引向深入提供了十分有利的条件。

这种大好局面的出现，又引起了敌视革新的势力的恐惧。这时，一些顽固派权臣，又抓住有的平民在上书中因不懂官场行文的规矩，称"皇上"不抬头等漏洞大做文章。他们像煞有介事地叫嚷，这是"变乱祖法，自称开创，置祖宗于何地者"！在他们看来，这也是大逆不道的行为，要加罪于这些上书的人。

但是光绪皇帝对于这种上书的情形仅以"一笑置之"，并对这些顽臣说，"当广开言路之时，不必有所谴责以塞之"，又压下了这股邪风。由此说明，光绪帝鼓励上书方事是认真的。

在这方面，他也与顽固派和洋务派官僚形成了多么明显的对比！光绪帝的政治思想又踏进了一个新的境界。

另一方面，当光绪帝的目光在逐渐向下、向社会注视的同时，他又试图把刚刚出现的开放气流引向清政权本身。

实际上，这是对康有为在改革官制方面，为避免守旧官员的反对而提出只增新不裁旧和对擢用人员只委差事不加官的主张的发展。光绪皇帝增设的"散卿""散学士"，是运用了他的最大权限而设置的一种过渡性的官员。这种官员与四卿的明显区别，在于"散卿""散学士"的名额，可以无限扩大，并逐步作为正式官员安排到各衙门当中。这一措施，从现实来说，为更多的维新人士参与清廷政事又敞开了一扇大门；从未来而言，可以逐步改变旧臣一统天下的局面。它具有深刻的政治改革意义。

在9月上、中旬（七月下旬），光绪皇帝又在酝酿采取两项直接改革清政权的重大措施。

其一，就是准备模仿西方国家设立"议院"。资产阶级维新派，在宣传、组织变法时，曾把"兴民权"、"设议院"作为变法维新的重要内容之一。

但是到光绪帝决定推行变法新政以来，康有为、梁启超等鉴于守旧势力顽而又强，变法改革步履维艰的现实，便放弃了这一主张。

但在推行变法新政的过程中，内阁学士阔普通武于8月19日（七月初三

墨竹图

第七章　艰难拼搏话浮沉

253

日）上的奏折中，又提出请仿泰西设立议院的主张。随后镶白旗蒙古生员诚勤也提出了这一要求。

阔普通武的具体建议是"请设立上下议院，无事讲求时务，有事集群会议，议妥由总理衙门代奏，外省由督抚代奏。可行者，酌用；不可行者，置之。事虽议于下，而可否之权仍操之自上，庶免泰西君民争权之弊"。

可见阔普通武要求设立的这种议院，只不过是一种辅助皇帝的咨询机构，它仅有议事的义务，但没有任何否决权，还起不到立法作用。

然而在封建专制时代，设立这么一种评议国事的常设机构，在清廷当中不免具有一定的影响作用。特别是这一建议的要点，又在于选用议员的条件上，阔普通武说："惟议院之人实准其选，必须品端心正，博古通今，方能识大体，建高议。此泰西议员，必由学堂出身者，一取其学贯中西，一信其风有操守，亦防弊之深意也。"

按照这种条件，显然是为维新派、资产阶级人士和通过新式学堂培养出来的新人物进入清政权开辟了道路。所以这一改革主张，虽然在基本上还是停留于形式上的变革，但也涉及改变清王朝统治体制的问题。

不言而喻，这种议院，在当时的中国毕竟是一个具有资产阶级民主气味的新事物，也可以说它是一种"兴民权"的低级形式。

正因如此，当这一改革主张由维新派提出之后，便遭到了一切维护封建专制体制的人的拼命反对。

对于设立议院，光绪皇帝无疑是有个认识过程的，也定然会有一个酝酿阶段。可能就在酝酿的过程中，光绪帝逐渐"决欲行之"。于是大学士孙家鼐出来说："若开议院，民有权而君无权矣"，极力阻止。对此，光绪帝作了这样的回答："朕但欲救中国耳，若能救民，则朕虽无权何碍？"表示宁愿使大权旁落也要坚持这一改革。

到了9月中旬（七月下旬），当光绪帝在政治领域进行大刀阔斧的改革时，他对设议院的态度也越发坚决。但在这时，康有为等鉴于"今守旧盈朝"，认为"万不可行，上然之"，乃作罢。

但是，光绪皇帝却未因此而放弃设议院的念头，他在接受了康有为的建议后仍然表承"待后数年乃行之"，表明光绪帝对设议院是坚定的。而这种坚定性显然是来自对变法维新的决心和对世界大势的认识。

其二，议定开懋勤殿以议制度。

关于开懋勤殿的用意，除康有为说"以议制度"之外，梁启超又作了具体说明。他说：

上既广采群议，图治之心愈切，至七月二十八日，决意欲开懋勤殿选集通国英才数十人，并延聘东西各国政治专家，共议制度，将一切应兴应革之事，全盘筹算，定一详细规则，然后施行。

另据王照记述，当开懋勤殿事宜议定之后，康有为前来见他时"面有喜色"，并向他透露，开懋勤殿初用的"顾问官""业已商定"，其中，包括了康有为和梁启超。

懋勤殿，位于清宫内的乾清宫西廊，原是一所供清朝历代皇帝"燕居念典"的宫殿。到同治以后便已虚废。自从议设制度局流产、拟开议院作罢之后，经康有为等维新派人士的策动，光绪帝决意要重开懋勤殿，这实际是想用旧瓶装新酒的办法，以设"顾问官"的方式把康有为、梁启超等维新派的领袖、骨干人物集聚起来，组成一个最高的筹划、指导变法维新的核心班子。

虽然从康有为等人和光绪帝来说，要开懋勤殿都想使之起到制度局的作用。但从其组成人员和赋予它的使命来看，开懋勤殿、设"顾问官"，既与他们设计的"议院"不同，也较原议的制度局有所区别。

这个班子不仅包括了维新派领袖康有为、梁启超，而且还具有了一定

的独立议定权,显然这是为适应当时光绪帝要大举新政的需要而设计的。

同时,这次准备开懋勤殿的筹议,根本没有通过原来的王公大臣,而是由光绪帝和维新人士单独议定的。

所以,无论从哪个角度来说,决定开懋勤殿,也是力图进取的举动,具有无可否认的积极意义。可是,就在光绪帝于次日到颐和园向西太后"禀请"时发现有变,他为筹划应急措施,匆忙返回紫禁城,开懋勤殿一事就此搁浅。

自8月末以来,光绪皇帝以破釜沉舟之势,在维新改革的征途中采取的一系列重大举动和措施,都基本是在政治领域中进行的,从而把这场变法维新引入新的深度。

事实说明,在当时要改变落后的中国面貌,无论是自觉的还是不自觉的都必然要触及到社会的核心部位,这是在激烈进行中的变法与反变法、维新与守旧斗争发展的结果。

斗争实践中,坚持革新的光绪皇帝,其思想又得到了新的升华。他增长了斗争的勇气和才干,在严酷现实的逼迫和时代潮流的导发下,使他在思想中隐伏的政治离心倾向得到进一步的伸展,他在这期间采取或准备采取的一些带有民主色彩的措施显然不是偶然的。

然而,正当光绪帝思想在向一个新的境界转化的关键时刻,却被以西太后为首的封建顽固势力伸出的魔掌笼罩了。

变法夭折

西太后作为封建顽固势力的总代表,表面上允许光绪帝变法改革从来就"非其诚意",她在起初给光绪帝变法定下以不违背所谓的"祖制"为限,便设下了一个陷阱。

在西太后的心目中，封建专制体统那是完美无缺的，绝不允许更改，至于其权势地位更是"神圣不可侵犯"的了。在光绪帝推行变法新政期间，西太后除了利用其心腹出面加以阻挡之外，又时时注视着光绪帝的一举一动。她一直在等待时机，准备借口"收拾局面"再来重新公开操政。

直9月上旬（七月中、下旬）以来，西太后等待的时机终于到来了。

8月末，在光绪帝裁撤一些衙门和冗员的时候，就使"朝野震骇"，那些丢了官的"失职"者无不惊惶失措。

9月，当光绪帝进而罢掉礼部六堂官，把斗争矛头集中指向西太后的班底，并又任用维新人士，极力鼓励天下臣民上书言事，迈开"大行改革"的步伐时，更使"守旧大臣，人人危惧"，当然西太后也就坐不住了，感到她的统治地位受到严重的威胁。似乎光绪帝的行动已经越轨。

当怀塔布被革职后，他就通过其妻以待奉西太后在颐和园"宴游"的便利条件，向西太后"哭诉"光绪帝的所谓"尽除满人"等"罪状"，对光绪帝和变法新政加以恶毒的诋毁。他的这种鼓噪，显然是投合了西太后的心理，从而西太后立即在颐和园召见了怀塔布"详询本末"，进一步掌握了事态的详情。随后，怀塔布便与内务府大臣立山及御史杨崇伊等人勾结在一起，频繁地到天津与手握兵权的西太后心腹荣禄进行"密谋"，加紧了"谋变"活动。

光绪帝打击顽臣，聚结力量的行动，触到了西太后的要害，当然在她眼里这些举动也都成了"乱家法"的叛逆行为。她在怀塔布等人被革职和任用四卿之后，于颐和园警告光绪帝不要"以远间亲、新间旧"云云，实际是向他发出的一种信号，表明她的忍耐已到限度。要最后下手来"收拾局面"了。

经过几天紧张地串通和密谋，到9月13日（七月二十八日）前后，西太后一伙已进入发动政变的准备阶段，荣禄在秘密中调聂士成的武毅军进入

第七章　艰难拼搏话浮沉

中国著名帝王 光绪传

玉瓶

天津，命董福祥的甘军移驻北京城西南的长辛店，便是加紧政变前的军事部署。

与此同时，他们又大肆渲染让光绪帝到天津"阅兵"的气氛。于是，形势急剧紧张，预示着西太后要采取行动了。

在以西太后为首的封建顽固派要大动干戈的情况下，维新派人士也开始筹划对策了。康有为认识到，如果光绪帝不操兵权"恐不及事"，因此他通过谭嗣同向光绪帝建议，应"亲揽胄而统之"，并为光绪帝筹划了"抚将帅"，抓兵事等具体办法。

在这当中最突出的一点，就是康有为等人原想拉甘军首领董福祥，后又根据一些表面的现象认为，农当时"拥兵积，可救上者"只有在天津小站统率新建军的袁世凯。

因而，康有为先由徐致靖呈折"请召见（袁世凯）加它优奖之"；后又经谭嗣同以密折"请抚袁以备不测"。

这时，康有为、谭嗣同等企图拉袁世凯在天津阅兵时"以兵卫"光绪帝，其实这只不过是一厢情愿而已。

9月13日（七月二十八日），光绪帝准备开懋勤殿以便大举新政，他尚未意识到形势的严重性。当天的晚些时候，光绪帝得到一些新的情况，于是他拟就了给康有为和杨锐的两份密谕（但未及时送出）。

第二天，光绪帝到颐和园向西太后"问安"时，原准备利用这一机会请示开懋勤殿事宜，但在他与西太后的对话中，发现"太后神色迥异寻常，自知有变"，光绪帝对开懋勤殿的事没敢谈吐，就急忙准备采取应急对策了。

在此后的几天里，新、旧势力便在半公开半隐秘的状态中展开了最后的激烈较量，当然较量的结果直接关系着这场变法维新的命运。

光绪皇帝于9月14日（七月二十九日）在颐和园发现西太后的异常动向时，心情极为焦灼，他当即召见了扬锐，匆忙地将于前一日准备好给康有为和给杨锐的两份密诏命其带出。接着，便于次日返回清宫。

光绪帝在这两份密谕里均倾吐了满腔的爱国热忱，表露了他与西太后在政见上的主要分歧，也道出了他的苦衷和焦急心情，但从语气和提出的要求来看，两者却截然不同。

给康有为的密谕说得急切，主要是命康有为待"妥速密筹，设法相救"，发出了紧急求救的呼号。

在给杨锐的密诏里，口气就较为缓和了，大部分内容具有解释的意味，发出的要求也只是让杨锐等人"筹商"既坚持缓和的变法又不违背西太后意图的良策，没有提出求救的要求。

而且光绪帝又指出，杨锐等筹议的对策仍按通常的办法由军机大臣代递封奏，从机密性来说，两者也显然有异。所以出现这种区别，可能与当时杨锐的表现已引起光绪帝的疑虑有关。

据说，在光绪帝召见杨锐，向他述说情由时，杨锐竟推脱说，"此陛下家事，当谋之宗室贵近，小臣惧操刀而自割也"，流露出畏惧的神情。于是光绪帝以斥责的口吻对之曰，"尔胡然"，遂拿出手谕命其出。

第七章　艰难拼搏话浮沉

259

事实上也正是这样，杨锐带出密诏后，因为"震恐，不知所为"，迟疑了二天多才转给康有为。

当时事态十分紧急，陷于束手无策之境的光绪皇帝，又采纳了康有为、谭嗣同原先的建议，在召见杨锐送密谕之后，又于当日传旨命袁世凯进京准备召见。

袁世凯是一个靠投机钻营发迹的人，甲午中日战争后，受命在天津小站仿照外国编练新军，到戊戌变法时，他编练的新军已拥有相当实力。

这时的袁世凯，仍见风转舵、两面三刀，大搞投机活动。在康有为、梁启超成立强学会宣传变法维新的时候，他见当朝士大夫等陆续入会，自己也想趁机捞取政治资本，遂寄给强学会五千金以示"赞助"。在变法新政推行以后，当他摸到西太后等权贵对变法怀有敌意时，他又"日短帝于太后之前"，向西太后献谀。时到此刻，在他接到光绪帝的旨令后，同样怀着不可告人的企图马上在当日（9月14日）来到北京（住在法华寺），准备接受召见。

9月16日（八月初一日），光绪皇帝在颐和园的毓兰堂接见了袁世凯。在接见中，光绪帝只对他作了一些试探性的询问，没谈什么实质性问题。袁世凯却趁机奏云："九月有巡幸大典，督臣荣禄饬臣督率修理操场，并先期商演阵图，亟须回津料理，倘无垂询事件，即请训（返回天津）。"

光绪帝与天津"阅兵"和对荣禄的态度，袁世凯不可能一无所知，他说这些话，既有向光绪帝透露顽固派的动向以便从中讨好的意思；也有要以此来激发光绪帝的用心。这时的光绪帝认为不便表露自己的意图，因此在接见后，光绪皇帝就颁谕宣布，以"袁世凯，办事勤奋，校练认真"的名义，授予侍郎候补衔，命其"专办练兵事务，所有应办事宜，著随时具奏"。

实际上，光绪帝这是按照康有为等的建议。采取的一种饥不择食的办法，企图把手握兵权的袁世凯拉到自己一边来。袁世凯很快就洞察了光绪帝的用意，在他被召见和受到封赏之后，对前来祝贺的人说，"以无寸功，受重赏，决不为福"，意识到可能要承担风险。于是袁世凯马上走访了后党的核心人物刚毅、王文韶、裕禄等人，想和这些权贵们拉关系。对于袁世凯的这些的活动，光绪帝并不了解，于次日（9月17日），再次以"谢恩"的方式召见了他。

在第二次召见时，光绪帝就进一步对他说，"人人都说你练的兵、办的学堂甚好，此后可与荣禄各办各事"。言下之意，就是让袁世凯在今后可以不受荣禄的节制，自行其是了，从而光绪帝点出了召见、重用袁世凯的意图。

袁世凯心领神会，他既不愿为走投无路的光绪帝铤而走险，更不会为变法新政而卖力。所以袁世凯在向光绪帝"谢恩"之后，又一头扎进了西太后的砥柱之一、庆亲王奕劻的官邸。当时恰值天空浓云密布大雨倾盆。正好衬托了他们的阴暗密谋。

光绪帝对袁世凯寄予厚望，可是直到这时他连一点儿明确的、口头上的支持表示也未得到，他似乎有点不托底了。相形之下，西太后一伙策划"变政"的活动已是人所共知的事实，连日来在天津荣禄的督署府和在北京颐和园门前，一些负有特殊使命的人络绎不绝。尤其是有些顽固派官员又联名上疏，要求光绪帝出面"请太后训政"。

在这种情况下，光绪帝遂"知事局已败"，不得不把希望寄托于未来了。于是，光绪帝在第二次召见袁世凯的当天（9月17日），一方面，他以公开颁谕的方式说：

工部主事康有为，前命其督办官报局，此时闻尚未出京，实堪诧异。闻康有为素日讲求，是以召见一次，令其督办官报。诚以报馆为开民智之本，职任不为不重。现筹有的款，著康有为迅速前往上海，毋得迁延观

第七章　艰难拼搏话浮沉

望。

另一方面，光绪帝又召见了林旭，命其将一份亲笔密谕传给康有为，谕云：

朕今命汝督办官报，实有不得已之苦衷，非楮墨所能罄也。汝可迅速出外，不可迟延。汝一片忠爱热肠，朕所深悉。其爱惜身体，擅自调摄，将来更效驰驱，共建大业，朕有厚望焉。

一个明诏、一个密谕，说的本是一事。但前者是一派官样文章，看来也是说给他人听的；后者可谓语重心长，既对康有为个人表露了深切的关怀，又对他寄予了无限的期望。如对任命康有为督办官报一事，在明诏中说的是理应如此，但在密谕里却谈"实有不得已之苦衷"，表露的心情截然不同。

种种情况表明，在密谕里说的确是光绪帝的心里话。光绪皇帝为了使康有为迅速地离开北京，所以既送给密谕又发出这样的明诏，其用意显然是给康有为的离京造成正常赴任的样子，避免引起顽固派的怀疑，有利于他的行动。

至于说光绪帝为什么让康有为迅速离京？康有为在逃亡的过程中对外国记者谈话时说，这是"皇上命我到外洋去为他设法求援"。

当时的光绪帝对外国抱有某种幻想，康有为的这种说法或许反映了一定的事实。从康有为这一谈话的特殊背景和具体环境来看，其中加入了他个人的理解和出于某种需要是不应忽视的。

再说，光绪帝在此前给他的密谕，其目的是鉴于"朕位几不保"，命康有为"设法相救"；但这一个密谕，却是催促康有为迅速出京。

可以看出，这前后两个密谕，实际是反映了程度不同的严重事态和光绪帝的思想变化。光绪帝亲自写第二道密谕时的思想状况，是在看到这次变法大势已去的情况下，已把视野向前延伸，将主要着眼点放在未来上面了，希望以后有朝一日再重建维新"大业"。这一份密谕，不完全是消极思想的产物。

应当说光绪帝命康有为尽快离开危险的北京，其首要的用意是为了保存维新派的实力，以备让他在"将来更效驰驱"。在这里，既集中地体现了光绪皇帝的政治抱负。也反映了他与康有为具有牢固的思想基础。

林旭在得到光绪帝的这个亲笔密谕之后，马上来到康有为的住处，但因康有为外出，所以没有及时送到。

直到西太后发动政变后的几天里，在日本驻华代理公使林权助致其本国外相的电报中还说，"皇帝陛下（即光绪帝）及康派之意图虽尚不清，但无疑将对满洲派不利。"他仍然认为，中国围绕变法维新所展开的拼死搏斗只是清朝内部派别的冲突。

事实说明，帝国主义列强皆不愿目睹一个独立富强的中国出现在它们的面前，为维护侵略权益，对中国政局的任何变化都十分敏感。

在变法运动初始之时，英、美在华的侵略分子李提摩太等人，就想方

英法联军占领大沽炮台旧照（清）

第七章 艰难拼搏话浮沉

设法地想打进中国的变法中来以便加以操纵。

由于他们的伪装得很好，曾使一心要学习外国的康有为和要奋起图强的翁同龢以及光绪帝都对他们产生过幻想。

甲午中日战争后，日本帝国主义野心勃勃地要把中国纳入它的势力圈里，对中国怀有突出的"兴趣"。在变法运动进入高潮时，日本政府不仅利用其驻华公使馆密切监视中国的变法动向，还派出特务到中国活动。

在这样的背景之下，在变法维新的末期，下野不久的日本前首相伊藤博文，以所谓"私人游历"的身份，打着"与中国政府共筹东亚安全之策"的幌子来到中国，9月11日（七月二十六日）到天津，9月14日（七月二十九日）进入北京，当时正是新、旧力量进行最后决斗的紧张时刻。

伊藤博文参与过日本明治维新，到中国后，以"维新名臣"自居，到处对维新改革发表评论，还表示，对中国正在进行的改革"甚为欣幸"，把自己装扮成"支持"和"同情"中国变法改革的模样。

历史的复杂性就是这样地呈现在人们的面前，伊藤博文本是在甲午中日战争中侵略和掠夺中国的祸首，但到这时，在力图仿照外国革新祖国的一些中国人面前，他竟然又成了一个颇有吸引力的人物。

自从他进入中国以来，有些清政府的官员即纷纷"奏请皇上留伊藤在北京用为顾问官，优以礼貌，厚其饩廪"。

伊藤博文至北京的当天，宗人府主事陈懋鼎，又奏请光绪帝，"召见日本伊藤博文以显敬贤睦邻之实意"。还有人还在奏折中提出，"我即效彼图自强，不妨消释前嫌，共保同种。"这种情形体现了当时一些中国人希望学习外国的急迫心情，也反映了他们在认识上的历史局限。

当时，处于山穷水尽状态中的光绪皇帝和康有为等维新派人士，在这个突然到来的"不速之客"伊藤博文身上看来也产生了一线希望。在伊藤博文到北京后的第三天，康有为到日本公使馆访见，请他劝说西太后"回心转意",想凭借伊藤博文来帮助挽救变法危局。随后,于次日(9月17日)夜,张荫桓通过在其宅邸宴请伊藤博文,又定于9月20日(八月初五日)"入觐"光绪帝。显然,张荫桓出面与伊藤博文作出这一决定,是由光绪帝授命的。

几天来,新、旧势力双方,一方为了挽救变法事业;一方决心要绞杀维新,在进行着针锋相对的紧张活动。

9月18日(八月初三日),光绪帝先后通过杨锐和林旭带出的密谕,康有为同时看到后悲痛不已。他在立即拟折表示"誓死救圣上"和告知光绪帝他将于近日"起程出京"交林旭代递之余,又将梁启超、谭嗣同、康广仁等人招来"经画救上之策"。

这些缺乏支持力量的维新之士,面对此严重的事态都"哭不成声",当即陷入了手忙脚乱的地步。

在这时,早已看到"今日中国能闹到新旧两党流血遍地,方有复兴之望"的谭嗣同,态度坚毅,豪气凛然,在他的鼓动下进而议定了一个策动袁世凯"杀荣禄,除旧党"的对策。

荣禄,既是西太后的头号心腹,又是手握军政大权的实力派顽固官僚,其他守旧大臣同样是变法维新的严重障碍。

正是这些人又成为西太后策划政变绞杀变法新政的主要依靠者,显然除掉他们,对扭转变法的危机局面和解救光绪帝皆会起到很大作用。但是维新派人士却把实现这一重大决定的希望完全押在了阴险的袁世凯身上,这又暴露了他们自身的虚弱性。

以康有为为首的资产阶级维新派议定的这一对策,只是一种铤而走险的行动,就是持反对态度的王照,也拿不出转危之策。于是,他们为了营救光绪帝和挽救变法新政,谭嗣同带着大家的重托,于当日(9月18日)夜密访了袁世凯。

在他们的密谈中，谭嗣同用尽一切办法进行鼓动和说劝，袁世凯思是躲躲闪闪不作正面回答。

最后，谭嗣同在无奈之下，只要求袁世凯做到"诛荣某（荣禄）、围颐和园"两项。并说，"如不许我，即死在公前，公之性命在我手，我之性命亦在公手，今晚必须定议"，要与他以死相对时，袁世凯才不得已应付道："杀荣禄乃一狗耳。然否营官皆旧人，枪弹火药皆在荣禄处，且小站去京二百余里，隔于铁路，虑不达事泄，若天津阅兵时，上驰入臣营，则可以上命诛贼臣也。"

就这样，维新派人士经过苦心筹划而拿出来的这一最后"绝招"，也只是得到了这么个模棱两可的口头许诺。

当谭嗣同归来将情况告诉梁启超等人之后，他们也已意识到"袁不能举兵"。在这无情的事实面前，这些维新之士便完全陷入了无能为力的困境，康有为不得不准备尽快出京了。

当维新派为营救光绪帝和挽救变法新政趋向走投无路之时，以西太后为首的顽固派，却凭借着封建政权的力量，把绞杀变法改革的链条拉紧了。

9月17日（八月初二日），荣禄在做好了发动政变的军事部署之后，便"杨崇伊，请太后复出听政"。已"揣知太后意"的杨崇伊，为壮其声势又同后党骨干人物庆亲王奕劻，将"请太后再临朝"的密疏"转达颐和园"。

在此之际，善于察言观色的权宦李莲英也出来，跪请西太后训政。

就这样，西太后的心腹、爪牙们，又在为她重新出来"训政"做舆论等方面的准备了。恰在这时，荣禄对光绪帝召见和封赏袁世凯又引起戒心。

因此。还不摸底细的荣禄为牵制袁世凯并为发动政变制造烟幕，于9月

18日（八月初三日），在继续放出各国兵舰开到大沽海口的紧张空气的同时，又通过电报和派出专人赴京敦促袁世凯迅速"回防"。袁世凯在当时因有自己的打算，故借口等待"请训奉旨"，未能及时回津。封建顽固派在加紧推进政变进程的紧急时刻，由于荣禄等做贼心虚，又围绕袁世凯加入了这么一个小小的插曲。但总的来说，到这时西太后发动政变的准备已基本就绪，她可以随时动手了。

几天来，光绪帝或为掌握西太后的动向，到颐和园"问安"的次数也较前频繁了。在9月18日光绪帝从颐和园返回紫禁城之前，西太后已告诉他预定在9月21日（八月初六日）回宫，所以光绪帝回到清宫后便"代传懿旨"，准备到时迎接西太后。

可能就在光绪帝离开颐和园之后，西太后得到了光绪帝在9月20日（八月初五日）接见伊藤博文的消息，从而她大生其疑，认为光绪帝要"勾外国谋我"。

于是，西太后为了"明日监视皇上见伊藤"，以图抓住把柄当机立断，便提前于9月19日（八月初四日）返回清宫。

据说，西太后回到清宫时，荣禄也"于同日化装潜回北京"。荣禄也在这时突然来京。显然不是与西太后还宫的巧合。伴随荣禄的到来，又是十营聂士成的武毅军开进京城。

西太后临时改变原定计划匆忙回到清宫意味着什么？看来光绪帝的心里是有数的。所以他也就在这时对枢臣说："朕不自惜，死生听天，汝等肯激发天良，顾全祖宗基业，保全新政，朕死无憾。"

光绪帝说这一席话时的心境很明显，即一方面，他意识到自己已处于绝境；另一方面，又想尽一切可能争取变法新政能得以保存。

而且光绪帝为了保全变法新政，宁肯把个人的生死置于一边。可见，这与他给康有为的第二道密谕表露的心情是一致的。但是，他想"激发"

第七章 艰难拼搏话浮沉

中国著名帝王 光绪传

慈禧照

那些顾臣出来维护变法新政，同样只不过是一种幻想罢了。

西太后回到清宫以后，光绪帝的行动就置于西太后的监视之下了。不过，这时的光绪皇帝还没有失去人身自由，并且维新变法也没有被公开取缔，在表面上还维持着常态，当时的形势可谓是血雨腥风来临之前夕。

处于这种状态，光绪帝预定接见伊藤博文和召见袁世凯的两项安排仍要按计划进行了。

9月20日（八月初5日），光绪帝便按预先的安排于勤政殿接见了伊藤博文。原来，光绪皇帝准备在这次接见时与伊藤博文进行一次详谈，深入地了解一下日本明治维新的情况，并拟给予较优厚的礼遇。但时到此刻，形势更加恶化，接见的时候西太后就坐在身后监听。在这样的气氛之下、对光绪帝来说，这一接见也只能变成一种过场了。虽然如此，也可以从中窥见一些当时光绪帝的意向。

在光绪帝与伊藤博文的对话中，光绪帝说的大部分内容皆为寒暄之词。如说其要者只有两点；一是要求伊藤博文对中国的维新改革提出意见以备参考；二是表示希望发展中、日两国友谊。

从当时光绪帝的状况来看，一方面他已看到西太后等就要对这场维新改革下毒手了，个人以及维新人士都陷于险境；另一方面他对变法维新的志向并未动摇。

由此可以认为，光绪帝接见伊藤博文，是基于对维新改革仍怀着坚定信念和对伊藤博文产生幻想的结果。

在对话当中，伊藤博文表示愿意协助变法和希望中国"富强"云云，只不过是要把中国纳入其所谓的"东亚安全"范围的政治圈套。

从中国方面来说，要学习外国，就必然要与外国打交道；但是不排除侵略，也就无从谈起中外友谊。

光绪帝希望发展中日"友谊"，显然是包括两层含义，一是想通过伊藤博文建立中日之间的联系；另是幻想从日本方面得到一些帮助。

不过，光绪帝想借助外力，却不仅是为个人寻求出路，更不是乞媚于外国，他的主要目的是为了维护当下的维新改革和准备将来重建维新"大业"。

在此特定的历史条件下，作为光绪皇帝来说，对通过维新迅速强盛起来的日本产生一定的幻想是可以理解的。

当天（9月20日），又按预先的决定第三次召见了袁世凯。因为在这次召见时，新、旧势力的斗争已趋明朗，所以在已经看出政局趋向的袁世凯说了些离间光绪帝和维新派的话以后，光绪帝"无答谕"，只是授予袁世凯一道"于天津阅兵时，倘有他变，命以兵卫圣躬"的密谕，即令其退下。

在光绪帝接见伊藤博文和袁世凯之时，随着大批武毅军的到来，京城一下轰动了，政变的乌云已经覆盖了北京城。

在这种情况下，康有为为了营救光绪帝，又走访了李提摩太，想通过他能得到英、美驻华使节的支援。然而在当时，这些侵略者均"各怀二心"，都已先后离开了北京，使康有为所作的最后努力又化为泡影。眼见大势已去，康有为就在这一天，怀着沉重的心情离京出走了。

时到此刻，阴险狡猾的袁世凯，看透了新旧势力斗争的结局，同时地摸到了维新派的底细，这在他看来似乎又到了"立功"的绝好时机。于是，袁世凯在这次被召见之后，便于当日立即乘火车赶回天津，随后他就

把在北京得到的"详细情形备述"给荣禄，荣禄又把光绪帝给袁世凯的密谕和谭嗣同要围颐和园等情况迅速地转告给西太后。

荣禄密告的情况，到这时无论从哪方面来说，对西太后都已构不成威胁了，但这种情报，倒是西太后迫切需要的。西太后正是以此为口实，于9月21日（八月初六日）晨，趁光绪帝到中和殿阅奏折的时候，一群侍卫太监和一队"荣禄之兵"闯进殿中，声称"奉太后命"将光绪帝押解到中南海的瀛台看管起来，由此政变发生。

紧接着，西太后便按照预先的策谋，于当日又以光绪帝的名义颁谕宣布，自"今日始"重新由西太后"训政"，从而结束了光绪帝的"亲政"时期。立即又颁发上谕，以"结党营私，莠言乱政"的罪名，将工部主事康有为"革职"，并命步军统领衙门捉拿康有为之弟康广仁"交刑部，按律治罪"。

实际上，这就等于宣布了变法维新为非法。到此，通过光绪皇帝报行的变法新政，只进行了一百零三天，在处于步步深入的关键时刻就被以西太后为首的封建顽固势力扼杀了，光绪皇帝为革新祖国所作出的一切努力也就因此而付之东流。

深刻教训

甲午中日战后，民族危机空前严重，经康有为思想和主张的影响，光绪帝的思想发生了日益深刻的变化。

从光绪帝的思想和政治态度的演变趋向及其行动轨迹来看，他确实顺应了救亡图存，改变中国落后地位的时代要求，把康有为、梁启超宣传、组织和发动的变法维新运动付诸实践。并通过他，在近代中国史上绘制了一个较为全面、系统的近代化图案。

在尖锐、激烈的革新与反革新的斗争过程中，光绪帝又以自己的实际行动表明，他坚定地站在了资产阶级维新派一边，并始终沿着维新派的指向和时代的脉搏不断地向前迈进。

可以说，在光绪帝身上体现了一个力图进取、时时向前变化中的人物形象。他在清廷政坛上的主要活动，是与戊戌维新密切相关的。所以，光绪帝也就当之无愧地成为这场变法改革的实际推行者和"百日维新"的公开领导者。

从这个特定的意义上说，也可以说没有光绪皇帝，也就无从谈起"戊戌变法"。

以"百日维新"为高潮的戊戌变法运动，成为近代中国人民逐渐觉醒过程中的一个不可缺少的环节，在中国旧民主主义革命准备阶段中占有其应有的历史地位，也与光绪帝在其中的重要作为分不开的，光绪帝变法改革在中国历史上具有的深远意义。

光绪帝在变法改革中所体现出来的"感情""伟大的凝聚力和向心力"是有目共睹的。他在改革的征途中所表现出来的那种坚定性，固然有各种因素，但归根结底还是源于对祖国的"向心力"。

维新派，当然不是以其成员的个人出身划定的。如果说，它是在甲午中日战后特定的历史条件下形成的、以仿照资本主义国家来改造中国进而挽救民族危机为奋斗目标的一个"代表一部分自由资产阶级和开明地主的利益"的松散政治派别，那么，对于实际推行和公开领导这一改革的光绪帝，说他是一个维新皇帝也未尝不可。后人评价光绪帝，"必将许其为爱国之君，且为爱国之维新党"，这是很有见地的。

光绪皇帝起来变法改革的19世纪末叶，世界上的一些主要资本主义国家都已完成或接近完成向帝国主义阶段的过渡。

就当时的中国来说，一方面，已被深深地卷入资本、帝国主义的漩

涡，半殖民地地位越发深化，而且面临被帝国主义瓜分的严重威胁；另一方面，中国自身不仅已经有了资本主义的经济成分，而且阶级关系也进一步发生了新的变化，中国已不是封建大一统的时代了。

但从总的形势来说，中外比较，先进与落后、国力的强弱却越发突出了。对比的悬殊和时代的变异，也就使人们的思想认识不会继续固定在旧有的模式里。

当光绪帝宣布推行变法新政以后，继维新派的宣传，御史宋伯鲁上奏指出，在当时要变法自强，必须"晓然于天道之变，古今之殊"，他认为"中国之在大地为数十国中之一国，非复汉、唐、宋、明大一统之时，其为治，当用诸国共立流通比较之法，不能用分毫一统闭关卧治之旧"。

一个清政府的官员也认识到，必须证实时代的变化和适应现实的潮流。

绪帝在宣布变法的《明定国是》诏里即明确地指出，"五帝三王，不相沿袭，譬之冬裘夏葛，势不两存"，也肯定必须因时而变。

所以他在变法改革中把模仿外国放在十分突出的地位，而且强调，维新改革"勿蹈宋明积习"，显然这些都不是出于感情上的冲动和好奇，而是体现了时代的制约。

在19世纪末叶的历史条件下，光绪帝要通过变法革新把中国引向"富国强兵"的道路，而历史上那些封建"明君"所走过的旧辙又不能重蹈，只有从强盛的西方资本主义国家那里寻求模式，并且他在这方面已经走出了可观的一程。

所以，光绪帝与资产阶级维新派走到一起，又是时代所促成的。

但是，光绪皇帝终究没有成为一个真正的地主阶级的叛逆者。他痛恨那些"老谬昏庸"的守旧顽臣，坚持走革新道路；可他又始终没有与西太后彻底决裂的勇气。

直到变法末期,光绪帝已清楚地意识到西太后等即将把绳索套在他脖子上的时候,他还在极力寻求既坚持改革又"不致有拂圣意"的所谓"良策"。在顽固势力的进攻下,光绪帝也加大了他的反作用力,采取了一些较为坚决的反击措施,特别是大力鼓励天下"臣民"广泛上书言事,进一步推行开放性政策,充分地体现了他所具有的开明性;光绪帝没有进而认识到依靠广大人民斗争的重要意义。

在这一点上,光绪帝也与资产阶级维新派有着相似之处。仅此足以说明,光绪皇帝的根本的阶级立足点尚未到发生质的变化的程度。

同样,陷入半殖民地半封建社会状态中的日本,通过明治维新确实走上了资本主义发展道路。但三十年后,以日本明治维新为榜样的中国的戊戌维新却失败了,使中国失去了一次走向近代化道路的机会,确实发人深省。

中国和日本这两次相类似的维新所以出现了不同的结果,除了两者具有不同的内外背景等原因之外,也有其深刻的社会根源。

御用青玉雕"体和殿御赏"交龙钮宝玺

第七章　艰难拼搏话浮沉

中国的封建时代，经历了漫长的岁月，比日本长一倍还多，而且基本上是长期处于"专制主义的中央集权"的状态中，皇权"至高无上"。

由此，封建专制的政治体制、经济结构和为其服务的封建思想都发展得极为牢固。固然在中国漫长的封建时代曾创造出大量著称于世的古代文明；但另一方面，"由于长期封建社会的影响和千百年来小农经济的局限，使得保守的惰性相沿成习"，这也是十分突出的。

甲午中日战之后，在中国的朝野内外，涌现了一批要求仿照外国来革新祖国的人，这是有目共睹历史事实。但是，在守旧"惰性"的集中体现者和"皇权"的实际代表者西太后及以她为首的封建顽固势力借用国家政权的力量压制下，使这支革新力量始终没有成长起来，并在最后被无情地扼杀了了。

对此，一些热衷于变法维新的人，后来出自亲身的感受也不得不痛苦地承认，"中华守旧者阻力过大，积成痿痹，商之不理，蟒之不动"，为此而抱以终天之恨。

所以，仅就中国资本主义发展的程度和资产阶级力量的强弱来说明戊戌维新的失败是片面的。

使光绪皇帝在改革的过程中出现曲折和造成可悲的结局，与这场维新夭折一样，除了说明他和维新派自身具有种种弱点及局限之外，更主要的是体现了一场历史的悲剧。

通过维新运动的兴衰，深刻地揭示了在帝国主义控制下的近代中国，守旧势力有着根深蒂固的基础，如若进行任何改革，其道路都会遍布荆棘的。但它留给后世的深刻教训，也是极其宝贵的。

第八章　惊涛骇浪难扬帆

逆流汹涌

西太后依靠手中掌握的至高无上的权力，强行囚禁了光绪皇帝，宣布天下从此由她亲自，又恶狠狠下令向维新人士"开刀"，以此表明她发动的戊戌政变大功告成。

在清廷宣布西太后"训政"的次日（9月22日），步军统领衙门奉命派出的大批武装"官弁"，在紫禁城、西苑与颐和园等处加强了防范，并对维新人士大肆搜捕。

这时的清廷，掀掉了全部斯文的面纱，采用高压政策，对维新人士和支持及参与过变法的官员展开了大规模的残酷镇压，并大搞"连坐"，致使一些关心国家兴衰的人惊恐万分，坐卧不宁。与此同时，又开始向光绪帝推行的变法新政展开了全面的反攻倒算。

这期间，已经被迫先后出逃的维新派领袖康有为、梁启超，被列为"首犯"到处查拿。其他维新之士和一些曾支持或与变法有过某种联系的各级官员，除康广仁已下令被捉拿、宋伯鲁被革职之外，谭嗣同、林旭、刘光第、杨锐、杨深秀、徐致靖、李端棻及陈宝箴、张荫桓、王锡藩、张元济等一大批人，亦先后被逮捕、被革职、被流放、被查抄。

甚至，早在变法之前已被革职逐出北京的原帝党官员文廷式，也被清廷命刘坤一等将其逮捕并送至北京，还要大加其罪。

从而，整个京师顿时陷入一片恐怖之中。

从政变之后，西太后凶残暴虐行径，已在广大官民之中"议论纷腾"，使"民情，颇觉惶惑"。因此，西太后在大肆搜捕维新人士和爱国官员的过程中，又以光绪帝颁谕自省的方式，企图缓解日益浮动的"民气"，以求稳住政变后的局面；又以光绪帝的名义废除新政的一些主要改革措施。在其中特别强调，已被光绪帝裁并的詹事府、通政司、大理寺等衙门"照常设立，毋庸裁并"；时务官报立即停办；严禁士民上书等。

原来，在科举中废除八股改试策论，曾是光绪帝力排干扰在文教战线上取得的一大改革业绩。可能与此有关，随后西太后便直降懿旨宣布，"嗣后乡试会试及岁考科考等，悉照旧制，仍以四书文（即八股文）、试帖、经文、策问等项，分别考试"，恢复八股试士。

至此，光绪帝在推行变法新政期间所进行的重要改革，差不多全被取缔了。

特别是光绪帝在政治思想领域里推行的开放性政策被废除，继而把封建统治的链条又重新拉紧，使人们刚刚获得的一点儿对国事的发言权也被取消了。

不过，在当时的历史条件下，西太后也不可能再原封不动地按照老一套的办法来维护自己的统治了，其所谓通商、惠工、重农、育才及修武备之类仍可继续进行，就是企图使光绪帝推行的变法维新再退回到不触动其统治基础的洋务运动的老路上去。

从中进一步表明，变法维新与洋务运动本是在两股道上跑的车。八月十三日（9月28日），谭嗣同、林旭、杨锐、刘光第、杨深秀、康广仁等"戊戌六君子"便倒在血泊中，为振兴中国而慷慨地献出了自己的生命。

因为西太后原拟通过当年秋天津"阅操"要达到的阴谋企图到此已基本实现，所以在杀害"六君子"之后的次日（9月29日），西太后便授命宣布撤销天津"阅操"的安排。

同时又降谕宣称，在政变中立下"功劳"的聂士成之武毅军、袁世凯的新建军及董福祥的甘军各予赏银"以示体恤"。就在猖狂捕杀维新人士和对变法大翻其案之时，西太后又调整了她的班底。

从而，在发动政变中立了"功"的顽固官僚获得升迁，也使那些因抗拒变法而丢了官的顽臣又重新戴上项戴花翎。

原在政变后的八月十日（9月25日），西太后就把荣禄召进京师，授予军机大臣主管兵部事务并仍统辖北洋三军。在屠杀"戊戌六君子"的当天，授裕禄为直隶总督兼北洋大臣；命被光绪帝革职的怀塔布为都察院左都御使兼总管内务府大臣。

另又整顿礼部，任启秀为该部尚书。

启秀，满洲正白旗人，同治时进士，历任工部侍郎、总管内务府大臣等。其为官"不学"，思想守旧，被顽固派大官僚"徐桐所赏"。

在变法末期，由于他也参与了策划政变阴谋。因而得到西太后的赏识，不久又使其进入军机处。经此调整，一些唯西太后是从的顽固守旧官僚重新得势。与这些昏庸腐败之辈形成鲜明对照的是，爱国者被屠杀、被通缉；光绪帝也成了一个失去自由的阶下囚。

在这令人毛骨悚然、血雨腥风的时日里，西太后已把康有为、梁启超等维新人士视为与其不同戴天的死敌，大兴冤狱。与此同时，光绪帝亦成了弥天的"罪人"，西太后必欲将其置于"死地"而后快。

事实上，从政变的当天开始，西太后就为迫害光绪帝在紧锣密鼓地罗织罪名，随之连续对他进行围攻和训斥（实为审讯）。

当时西太后把奕劻等一大群顽臣召集于便殿，令光绪帝跪于案旁，并置竹杖于座前，特设了这么个杀气腾腾的场面。

西太后即对光绪帝声嘶力竭地咆哮："天下者，祖宗之天下也，汝何敢任意妄为！诸臣者，皆我多年历选，留以辅汝，汝何敢任意不用！乃

第八章　惊涛骇浪难扬帆

光绪传

光绪帝读书像

竟敢听信叛逆蛊惑，变乱典刑。何物康有为，能胜于我选用之人？康有为之法，能胜于祖宗所立之法？汝何昏愦，不肖乃尔！"

从这里可以看出，西太后所以对光绪帝恨之入骨的症结。

继而西太后便面向顽臣道出了自己的心机："以为我真不管，听他（指光绪帝）亡国败家乎？我早已知他不足以承大业，不过时事多艰，不宜轻举妄动，只得留心稽查管束；我虽人在颐和园，而心时时在朝中也。今春奕劻再四说，皇上既肯励精图治，谓我亦可省心。我因想外臣不知其详，并有不学无术之人，反以为我把持，不许他放手办事，今日可知其不行矣。"

随之，西太后暴跳如雷地训斥光绪帝："变乱祖法，臣下犯者，汝知何罪？试问汝祖宗重，康有为重？背祖宗而行康法，何昏愦至此？"从而，西太后便把"离经叛道""变乱祖法"等滔天罪名都加在了光绪帝的头上。

并且她又以倒打一耙的伎俩，把光绪帝指认为"亡国败家"的祸首，真是颠倒黑白无所不用其极。不过，在西太后发狂之时，也暴露了她原来许诺光绪帝变法的虚伪。

在当时，光绪帝已被置于"被告"的位置上，权力完全控制在西太后的手中了。虽然如此，光绪帝也没有向西太后及其帮凶们完全屈服。

其时，光绪帝面对张牙舞爪的群顽仍以委婉的口气说："是固自己糊涂，洋人逼迫太急，欲保存国脉，通融试用西法，并不敢听信康有为之法也。"不言而喻，在当时情况下，这是对西太后的诬蔑之词的一种反驳；谁在祸国，事实俱在。然而新、旧势力斗争的结局既已分晓，光绪帝也只是有口难辩，无可奈何了！

其后，在杀害了谭嗣同等"六君子"之后的八月十四日（9月29日），西太后为配合捉拿康有为、梁启超进一步消除变法影响，又利用光绪帝的名义来攻击康、梁诬蔑变法维新。

因此，在她的授意下炮制了一个所谓的"朱笔谕"。其中云，原来"主事康有为，首倡邪说，惑世诬民。而宵小之徒，群相附和，乘变法之际隐行其乱之谋，包藏祸心潜图不轨。康有为实为叛逆之首，现已在逃。著名直省督抚一体严密查拏，极刑惩治。举人梁启超，与康有为狼狈为奸，所著文字，语多狂谬，著一并严拏惩办。"

于是，在第二次训斥光绪帝时，西太后就命廖寿恒将此谕旨"呈与皇上，皇上转呈太后阅毕，仍递交皇上。皇上持此旨目视军机诸臣，踌躇久之，始发下"。

此时此刻，这件事对光绪来说，确实是一个非常尖锐的难题。当时的光绪帝既已被剥夺了表达自己意志的权力，无力阻挡西太后的倒行逆施。

因此，光绪帝目视顽臣的"踌躇"，只能理解是对西太后等人所表露的一种沉默的义愤。

西太后也加紧镇压维新人士和毁弃变法成果，一边又对光绪帝的迫害步步升级。

到八月中（9月末），她又把群臣召集于便殿，对光绪帝进行第三次审讯。

在这时，西太后将在光绪帝的寝宫、书房和康有为的原住所搜来的奏

第八章　惊涛骇浪难扬帆

文稿等拿出来,"逐条"地逼迫光绪帝认"罪"。于是她又以光绪帝"不敢认",仍把他押解到瀛台的涵元殿。并下令在平时撤除瀛台与岸上连接的唯一通道板桥,命李莲英选派亲信太监轮番监管,光绪帝的处境越发恶化了。

从此以后,光绪帝不仅被剥夺了执政权,亦失去了行动自由,而且还不时地经受西太后的无端训斥。他陷入了与世隔绝的悲惨境地。实际上,至此光绪帝确已变成了一个不带枷锁的囚徒。

此时的西太后,想方设法切断光绪帝与外界的一切联系,为达到这一目的,她不择手段。在政变后的几天之内,她就把过去曾侍奉光绪帝的太监"或处死,或发往军台,无一存者"。

在此之间,西太后对光绪帝挚爱的珍妃也不肯放过。对她施以刑杖,撤去簪环,将其囚于偏僻的钟粹宫后北三所,并给她立下一条规矩,再"不许进见"皇上。

另外,又进而以"串通是非,不安本分"等罪名,对原侍奉珍妃的六名太监,也就给予了"板责""枷号"等处分。而且西太后还责令所有太监,今后不准为珍妃传递事件,如有违者,"查出即行正法,决不姑容"。

就此,珍妃也如同一个犯人,另由西太后派出的宫女进行监管。其被囚处,"门自外锁,饭食自槛下送进",并且每天还得忍气吞声地跪着听从来人的"数罪",备受欺辱。

由于平时珍妃很为光绪帝喜爱,而且他们彼此在思想志趣等方面亦有相近之处,特别是光绪帝在朝中的境况,又与她息息相关,因此,"德宗之变法,妃(即珍妃)实有以赞助之"。珍妃的思想性格比较开朗,她支持光绪帝变法是不足为奇的。但是这种支持,也无非是出自在感情上的共鸣,或尽点为妻的情分罢了。显然,那些无辜的太监和珍妃都受到株连,也是西太后迫害光绪帝的组成部分。

光绪帝身陷囹圄惨不堪言,过着孤独寂寞郁闷的日子,他的亲人珍妃也"窘苦备至",受尽折磨。就这样,光绪帝在政治上的理想、作为受到横暴的摧残,在人身和生活方面也备受欺凌;即使夫妻之间亦是"积不相能"。

在这种情况下,在表面上,光绪帝虽已被慑于西太后的淫威之下了,但对出卖变法维新者,实际上,光绪帝却始终怀恨在心。

后来,在个别太监出自同情感的帮助下,光绪帝曾不只一次地在月夜中偷偷地来到囚禁珍妃的地方。但是,他们隔着被紧紧锁着的门窗,也只能互相抒发些各自徒然的悲愤情怀罢了,真可谓"咫尺天涯"、欣酸交加,令人备感凄楚。

废立风波

西太后在发动政变,并囚禁光绪帝,但只囚禁其并不是西太后的本意。其实,西太后原欲在当时即将其一举"废之"。同时,那些善于猜测上意的见风转舵的朝臣,为了迎合西太后的心意,也不失时机地鼓噪"皇上得罪祖宗,当废"的滥调。

对此叫嚷,当然西太后闻之是"心喜其言"了。然而,要公开废黜一国之君非同小可,这势必要产生颇大反响,甚至会在内外引起波动。

因此,西太后"未敢"马上采取废帝之举,暂将光绪帝囚于瀛台。至此,光绪帝已成为"阶下囚",其支持力量也已完全溃散,他在政治上遭到了毁灭性的打击。

不过在西太后看来,只要光绪帝仍然占据着国君的宝座,她就觉得不舒坦,似乎就是对她的威胁。因此,其废帝的企图始终萦绕于怀。

第八章 惊涛骇浪难扬帆

要废黜光绪帝，必然还要立一个新皇帝，"废"与"立"紧密相连。但对西太后来说，先将光绪帝废掉，即是此事的焦点，而且难度最大。

为此，西太后采取了制造舆论先在内外进行试探的伎俩。从政变以来，西太后在大肆捕杀维新人士的腥风血雨中没完没了地"审讯"光绪帝，就是先在朝廷内部给其罗织罪名、进而为废帝提供依据的举动。与此同时，于八月初十日（9月25日），已被西太后直接控制了的清廷便颁谕宣称："朕（光绪帝）躬自四月以来，屡有不适，调治日久，尚无大效。京外如有精通医理之人，即著内外臣工切实保荐候旨，其现在外省者，即日驰送来京，毋稍延缓。"

随后，又在西太后的授意下"令太医捏造脉案"，并定时公布于外，极力制造光绪帝"患病"的气氛。在此之间，清廷还把这一情况通报给驻京的外国使馆及密电各督抚。西太后企图利用这种手法，为其废掉光绪帝制造借口和以此来观察外界的反映。

但当政变发生，"训政"上谕的颁发，光绪帝在朝廷中的活动骤然消失，已使那些对变法维新寄予希望的人们感到惊疑。到此，在清廷为光绪帝"求医"的上谕颁布后，越发使人思索：从4月以来还在雷厉风行地颁诏变法的光绪帝，为何突然"病"得连太医都不可医治的程度？更使人们为之震惊。

从而，种种传闻和议论蜂拥而起，西太后的废帝阴谋也随之被人识破。首先，便在国内引起一场风波。当光绪帝有"病"的消息传开后，工商人士经元善等人，立刻与一些在上海的华侨联名致电西太后。

经元善是浙江上虞人。他十七岁时即"服贾于沪"，开始在上海经商。数十年来，他怀着使国家"振兴富强"的愿望，历经波折，成为闻名上海的一大商人。

经元善在积极从事公益事业中，不仅扩大了联系，又获得了较高的社会地位。当光绪帝推行变法新政时,他深受鼓舞。

至此,经元善便联合国内外工商界人士,在给西太后的电文中,直接了当地提出"请保护圣躬(即光绪皇帝)"的要

清代民窑好碗

求。实际上,这是对西太后蓄谋废帝的一种公开挑战。

鉴于这种情况,就连原先在基本上站在变法对立面的洋务派官僚张之洞、刘坤一,也不敢公开支持西太后的暴虐行径了。以"老成"相标榜的张之洞,对西太后发来的试探密电"依违不剧答",采取了观望的态度;刘坤一复信给荣禄却说,"君臣之义已定,中外之口难防,坤一为国谋者以此,为公谋者亦以此。"

当然,刘坤一说这些话的用意是为了稳定局面,在根本上亦是为西太后和荣禄着想的,但他对废帝却投了反对的一票。而且在刘坤一、张之洞的影响下,东南其他一些督抚,对废帝的态度也趋向暧昧。

特别是处于关键地位的荣禄,政变后他已成为在西太后之下的一个一手遮天的人物。其实,荣禄既不愿有违于太后的意图,又不希望因废立皇帝而打破已形成的清廷权力格局。因此,在废立皇帝的问题上,后来他的态度有所改变。于是与刘坤一等人"益相亲",又"谋阻废立"了。荣禄倾向保留光绪帝的虚名,是为避免发生新的权力之争。

另外,原在西太后发动政变,随着光绪帝的踪迹之消失,也已在列强各国驻华使馆和人员当中引起了广泛关注。在变法维新期间,英、美、

第八章 惊涛骇浪难扬帆

283

日等国在华的一些人，曾在光绪帝、原帝党官员和维新派身上作过一些打算。

但从这些国家的政府来讲，当时还没有对中国的变法维新形成确定的方针。

当变法维新运动被绞杀，随之而来的是顽固派的全面复旧活动。至此，列强各国的在华势力才越发强烈地感到，西太后的复旧有可能使中国"回复到四十年前排斥外国人的时代"的危险。对比之下，他们认为还不如支持光绪皇帝出来建立一个较为开明的清政府，似乎对其更为有利。

基于此，列强各国才对光绪帝产生了特别的"兴趣"。特别是在得到光绪帝"患病"的消息之后，英、日等驻华公使一再要求进见光绪帝，想一探究竟。

同时，英国驻华公使窦纳乐和日本驻华代理公使林权助，都频繁地向其本国政府电告政变后的中国政局和光绪帝的情况，加紧商量对策。在此期间，英国在华的舆论工具《字林西报》等，连续发表抨击西太后和赞扬光绪帝的文章。其国内的《泰晤士报》驻京记者，也连续发回报道光绪帝的消息。并且，一些外国的兵舰也驶进中国沿海进行示威性的游弋。

关于光绪帝的去向问题，又在列强方面产生了强烈反响。事实说明，从戊戌政变后，一些帝国主义国家，出自维护它们在华的侵略利益的需要，的确想在光绪帝身上下点赌注。

由于西太后"看到国内舆论人情的反抗"，尤其是看到其亲信荣禄等人在废帝态度上产生的变化，一些地方实力派督抚亦未响应，这些情况，都使她心绪不宁。而列强方面的动向，西太后也不敢大意。

因此，西太后经与荣禄再度密谋，感到不得不暂且收敛一下废帝活动。于是议定，在加强囚禁光绪帝的同时，仍继续以利用其名义号令天下的办法，再徐图计议。正是在此内外形势的压力下，在此后一年来的期间里，她除了严密囚禁光绪帝之外，再也不敢大肆进行废帝活动了。西太后的废立之谋，至此告一段落。

光绪帝在朝廷中即使只剩下一个空名，但他仍如一个"魔影"在困扰着西太后的心神。在她的心里，康有为、梁启超是其两大不共戴天之敌，但他们远逃在天涯，眼不见心不烦；而光绪帝却在自己的身旁，感到沉身都不舒服似乎是她的直接隐患。因此，在西太后的心中，光绪帝一日不去，似乎她就时刻不得安宁。

到光绪二十五年（1899）冬，西太后看到外界对废立皇上的反响有所平缓，从而其废帝之念又重新涌上心头。

正是在这种情况下，以前曾两次想"承大统"而未得到的端郡王载漪、"久废在私第"但又野心勃勃的承恩公崇绮、"觊政地綦切"之大学士徐桐以及另一个别有用心的启秀等人，摸透了"太后之意"。

因此，这些人都想利用废立皇帝的机会，以捞取更大的权势和尊荣。恰恰是基于这种缘故，载漪等人便勾结在一起"日夕密谋"，极力策划废立活动。

显然，他们的这种活动是正中西太后下怀的。但是，已在这件事上碰过壁的西太后，到这时还没迅速表态。而是故技重演，仍采取了利用他人之口表达己意、然后再出面定局的伎俩。

于是，当经载漪、崇绮、徐桐等人谋定，遂由崇绮、徐桐拟就请求废立的奏疏以后，他们为了壮大声势，又拉拢最受西太后宠信的实权派官僚荣禄署名。企图让他领头，搞联名奏请。从而，"换皇上"的风声，响遍清廷上下。

荣禄原是一个废帝的主谋者之一。是西太后的头号"大红人"，答于两江总督刘坤一等的活动，其"废立"态度有所改变。尤其是对立新皇帝，他又恐在朝内掀起轩然大波，从而危及自身利益。

第八章 惊涛骇浪难扬帆

285

同时，对列强的反应更有所顾忌。因此，这时荣禄既不愿立即废掉光绪帝，更不主张立新帝。但对此，他又不便公开表露，以免得罪西太后。后来，荣禄对崇绮、徐桐的再三鼓动，没有给予明确回应。至光绪二十五年十一月二十九日（1899年12月31日），荣禄才亲自与西太后密商大计。

他们便在秘密之中议定了以立皇储的办法，来逐步替代光绪帝的主意。显然，这对荣禄来说，一方面，对西太后的已被卡住的废立之谋，可起到为之圆场的作用；另一方面，又能缓解皇位之争。而且如此较为隐秘，似乎还可以减轻对外界的影响。

因此，当时西太后、荣禄认为这是一个万全之计。

原来，在清代前期康熙皇帝在位时，曾在宗室内因争皇储互相倾轧几乎演成彼此火并。因此，康熙帝到其末年，为避免重演这种纷争，作为"家法"颁立了"永不建储之谕"。但到此时，这个把"祖制""家法"视为命根子的"老佛爷"西太后，为了达到自己的卑鄙目的，也居然要置"家法"于不顾了。

经过一段时间的物色，西太后认为载漪的儿子是合适人选，因为载漪善于献媚、钻营，颇能取得了西太后的"欢心"。因此，他的儿子溥儁（时年15岁）被选中了。

到光绪二十五年十二月二十四日（1900年1月24日），西太后把王公大臣们召集于仪鸾殿，向他们公布了以光绪帝的名义颁发的朱谕，正式宣布立"端郡王载漪之子溥儁继承穆宗毅皇帝为子"，以备在将来承继"大统"。并定明年正月初一日（1900年1月31日），为立溥儁为大阿哥举行典礼。

随后，溥儁便被接入清宫，辟弘德殿为其书房。从此，这个终日以玩犬为乐的花花公子溥儁，便成了事实上的新皇上。光绪皇帝在清朝政坛上，只是暂且留下一个空名而已了。

溥儁被立为实际上的皇帝，当然其父载漪父因子贵，而因之而身价百倍。同时，为此卖过力的崇绮被任命为溥儁的师傅；徐桐受命照料弘德殿事宜，皆受到了西太后的特殊封赏。

西太后和荣禄的如意算盘又打错了，当立大阿哥的上谕公布后，继"都中人心大为震动"，上海、湖北等地的广大绅商士庶亦都"人心沸腾"，起来揭露西太后的这种行径是"名为立嗣，实则废立"的阴谋。人们几乎同时发出："我皇上二十五年励精图治，深入人心"，甘愿与君共"存亡"的怒吼声。

当时，上海各界一千二百多人"合词电奏"强烈反对立大阿哥；湖北官绅五十多人亲赴北京"拼命力争"。甚至南洋各埠和美国旧金山等地的华侨，闻讯之后亦均"异常哗愤"，接连电达总理衙门"谏阻此事"。

事实说明，通过维新变法，光绪皇帝的影响确已遍及海内外。与此同时，英、日、美等国的驻华公使，也纷纷表示要出面"干预"，各国兵船先后自上海北驶。

从而，在国内外又激起了一场来势迅猛的大波澜。

次年年初，清廷正式立大阿哥时，一些国家的公使又拒不致贺，不断向西太后施加压力。对于来自国内人民中的抗议当然西太后有办法对付，但列强的抵制，她虽然极为愤怒，却又毫无办法。

总之，这种来从不同方面反对废弃光绪帝的强烈反响，的确对西太后的废帝活动产生了一定的牵制作用。她虽然立起了大阿哥，但短时期内却不敢废掉光绪帝。可是，光绪皇帝的可悲处境，并未因此而得到的改变。

第八章　惊涛骇浪难扬帆

阴谋决策

国家处于内忧外患之际，强烈的民族自尊心和高度的保家卫国的责任感，使许多爱国人士走到一起，商讨抗击列强之策。这时，燃烧在直、鲁交界等地的义和团反侵略斗争星火已在迅速蔓延,预示着淤积在广大劳动人民心中的对侵略者的深仇大恨,即将猛烈地迸发出来。

继挽救民族危机的变法维新运动失败之后,在中国广阔的土地上又出现了群情激奋,共同抗敌的局面。

西太后对来自人民群众中的反抗斗争从不心慈手软,"剿""抚"兼施,亦是她对付人民斗争的惯用伎俩。

在光绪二十六年四月(1900年5月)以前,在西太后看来,这种人民群众的反抗斗争还只不过是"散贼""股匪""小鱼焉能掀起大浪",不会构成什么严重威胁。而已成为西太后死敌的康有为、梁启超还"逍遥法外";被她视为眼中钉的光绪帝仍占据着皇上的位置,这一切,不能不引起她极大的关注。因此,她依然醉心于朝廷中的权位之争。

至当年五六月间,义和团的反帝烈火已燃烧到中外反动势力集结的京、津一带。同时,帝国主义列强也剑拔弩张。

这时,一方面,列强的驻华公使在越发蛮横地迫使清政府镇压义和团;另一方面,其各国政府正在加紧策划,要对中国人民的反侵略斗争进行武装干涉了。从而,内外矛盾错综交织,形势急剧紧张。

因为内外形势出现了日趋复杂的尖锐局面,所以西太后也就不得不面对这种现实了。不过在复杂的局面

义和团勇士

中，她向来均以对其皇太后统治地位的威胁程度，来决定对策的。

在6月上旬之前，西太后因在废立皇帝的问题上，对列强各国产生的怒火还没有平息；并且她越来越感到，这一牵动其心的悬案不能落实，其症结还在于列强的干预。

与此同时，义和团的事又越闹越大，而且这还需要其迅速作出决断。因此，正如当时控制中国海关的总税务司、英人赫德所说："中国朝廷（实为西太后）处于进退两难的地位，如不镇压义和团，则各国使馆将以采取行动相威胁；如准备镇压，则这一强烈的爱国组织将转变为反抗清朝的运动。"

的确，如果清政府采取坚决镇压措施，有可能迫使义和团转向"抗清"，这也确是西太后的一大顾虑。她所以在四月十五日（6月4日）派出刑部尚书赵舒翘等出京"宣抚"团民，说明西太后对义和团还处于举棋不定的状态中。

显然，这又为义和团民大批进入北京城，在客观上提供了有利条件。这时的西太后，虽对外使怀有强烈的怒气，但她依然缺乏与列强对抗的胆量。

在五月初四日（5月31日），英、俄、美、法、日等国的侵略军先遣队三百多人之所以进入北京，是因为得进入北，是因为得到西太后"准该兵来京"的。

五月二十日（6月16日），当西太后召集群臣商讨对策时，她还旨令发布上谕，"著荣禄速派武卫中军得力队伍，即日前往东交民巷一带，将各使馆实力保卫，不得稍有疏虞。"直到西太后决定要对列强同时宣战的最后时刻，她还是"执定不同洋人破脸的"。

在当时，西太后曾向天津、北京调集了一些军队，但其目的又是为了准备"攻剿拳民"，根本不是准备抵抗侵略的措施。随后，由于八国联军

第八章 惊涛骇浪难扬帆

不断向大沽口海域集结，无疑这又给她加重了压力。

另一方面，反帝斗志益愈高昂的义和团群众，也加速向天津、北京推进，进一步使西太后陷入"剿抚两难"的困境。在这样的情况下，西太后似乎认为这是决定对策的时候了。

其实，当义和团反侵略斗争的烈火燃至京津之际，在如何对待义和团的问题上，清廷统治集团发生了分歧。其间，在他们当中，军机大臣荣禄、吏部侍郎许景澄、总理衙门大臣袁昶、联元等人，均主"剿"。端郡王载漪、庄郡王载勋、贝勒载濂、大学士徐桐、军机大臣刚毅、刑部尚书赵舒翘等人竭力主"抚"。

在主"剿"派中，如许景澄，多年任驻法、德、俄、奥等国公使，了解外情；荣禄、联元等在总理衙门任职中，也多与外使打交道。

其中，多为原顽固派官僚，他们的思想并非完全闭塞。这些人，基本是从维护清王朝出发，主张坚决镇压义和团。

后者，以原来不得志的满洲贵族为中心，载漪即是大阿哥之父。他们和一些居心叵测的原顽固官僚勾结在一起，形成一个为满足其私欲的阴谋集团。

正当西太后有意在义和团上打主意而又犹豫不定时，载漪"颇怙揽权势，正觊国家有变，可以挤摈德宗（光绪帝），而令其子速正大位"。企图利用义和团反侵略斗争的混乱时机，完成皇帝的废立，从而争夺权势。

同时，经管溥儁学习事务的大学士徐桐、吏部尚书刚毅、刑部尚书赵舒翘以及贝勒载濂等人，也都怀心腹事，在见风转舵，"竭力阿附"西太后。通过这些人的鼓噪，如热锅上蚂蚁的西太后更"意已为动"。

但西太后清楚地知道，如若采取利用义和团的计谋非同小可，其中有着极大的风险，特别对列强她更不敢轻举妄动。因此，西太后既要准备押下赌注，又想为以后可能出现的不测之局留下嫁祸于人的借口。

正是出于这种卑鄙的用心，西太后在准备作出阴谋决策时，居然声称，"此国家大事，当问皇帝"，又要把已被囚禁起来的光绪帝拉出来表态。

五月二十日（6月16日），西太后于仪鸾殿召集、主持的御前会议，就是她要公开施展一个前所未有的重大政治阴谋的开始。

到会的除大学士及六部九卿之外，受西太后之命光绪皇帝也出场了。实际上，对西太后召集这次御前会的用意，一些人是有所觉察的。所以在会上，围绕着战、和及如何对待义和团等重大问题，群臣纷起陈词，展开了激烈的争论。

曾出使过外国的吏部侍郎许景澄，想先发制人当即进言，他认为"中国与外洋交数十年矣，民教相仇之事，无岁无之，然不过赔偿而止。惟攻杀使臣，中外皆无成案。今交民巷使馆，'拳匪'日窥伺之，几于朝不谋夕，倘不测，不知宗社生灵，置之何地"？

太常寺卿袁昶更明确地说，"衅不可开，纵容'乱民'，祸至不可收拾，他日内讧外患，相随而至，国何以堪？"太常寺少卿张亨嘉，也持以同见。

这些人之所言，皆从敌视人民反抗斗争和维护清王朝出发的。主张对义和团应继续坚持"剿"的方针，镇压不了就"设法解散"，不主张利用义和团对外开战。

对于他们的这些议论，已心中有数但尚未拿定主意的西太后没有公开表态。不过，她对反战者却有倾向地以"目慑之"。从而，载漪、载濂兄弟等人便会意地奢谈起"人心不可失"的阔论来了。

他们竟冠冕堂皇地说，"义民可恃，其术甚神，可以报雪仇耻"；载濂甚至满脸杀气地建议，"时不可失，敢阻挠者请斩之"，态度蛮横地煽动利用团民对列强宣战。

第八章 惊涛骇浪难扬帆

或许是鉴于这场斗争事关紧要，已被剥夺了执政、议事权的光绪帝，也未失时机地表明了自己的态度。他说："人心何足恃，祇益乱耳。今人喜言兵，然自朝鲜之役，创钜痛深，效亦可睹矣。况诸国之强，十倍于日本，合而谋我，何以御之？"他进而明确地指出"断无同时与各国开衅（之）理"。

在这次的御前会议上，西太后没有公开作出决定。但她在当时虽已有了倾向，但不过还没有最后形成定见。再从这次议论的情况看，野心家的主张还未取得明显的优势。但是，载漪并未因此而甘拜下风。他抓住了西太后内心活动的症结，在这次会后的当天，即唆使"军机章京连文冲伪造"了一个以"请太后归政，废大阿哥"等为内容的所谓"外交团照会"，连夜派人通过荣禄把它传到了西太后手里。

这一办法果然奏效，对西太后犹如火上浇油。她看到伪照立即火冒三丈，大发雷霆地说："彼族竟敢干预我家事，此能忍，孰不能忍！外人无理至此，予誓必报之。"

到这时，西太后才真要对帝国主义列强翻脸了。因此，她于次日（6月17日），再次召开了御前会议，企图利用"会议"来施展她的政治手腕了。

在这次的御前会议上，因光绪帝仍在场，所以，西太后又不得不暂且自我心虚地按捺住心头的怒火。她在委婉地宣布了伪照后即表示，"今日之事，诸大臣均闻之矣，我为江山社稷，不得已而宣战，顾事未可知，有如战之后，江山社稷仍不保，诸公今，日皆在此，当知我苦心，勿归咎予一人"。西太后说这些话的用意十分明显，那就是她既要押宝，又不想承担由此可能产生的严重后果，充分暴露了这个政治赌徒的丑恶灵魂。在这种情况下，光绪帝更为急切地感到"国命安危，在此一举"。当时他几乎忘掉了自己的处境，进一步阐述了自己的见解和主张。他认为，"战非不可言，顾中国积衰，兵又不足恃，用"乱民，以求一逞，宁有幸乎？"又说，"'乱民'皆乌合，能以血肉相搏耶？且人心徒空言耳，奈何以民命为儿戏？"光绪帝还进而指出，"忠义之气，虚而不实，况未经训练，一旦临阵，枪林弹雨之中，徒手前敌，其能久恃乎？是以不教民战，直是弃之。"很清楚，光绪帝的如是之说，是直接针对西太后和载漪等人而来的。

可是，老奸巨猾的西太后，没有从正面给予反驳，想通过对光绪帝将军的办法来套他的口气，故问曰："为今之计将安出？"这时，光绪帝也毫不含糊地道出了他的见解："寡不可以敌众，弱不可以敌强，断未有以一国，能敌七八国者。为今之计，惟有停战议和为上策，其次则迁都。"

正当光绪帝说到迁都之时，一个紧紧追随西太后的贝勒立即跳出来，当面歪曲光绪帝准备抗战的原意，指责这是畏敌潜逃。对此光绪帝也没有让步，他据理反驳说："朕岂惜一身，然如太后及宗庙何？且古未有京城糜烂如此，尚能布置一切者。"在遭到光绪帝的有力批驳后，这个无言以对的贝勒遂"拂衣径出"。

因为在这次御前会议中仍存有尖锐的分歧，特别西太后尚未得到可在日后为逃脱罪责的借口。因此，西太后虽亮出底牌，却仍没有公开作出决定。

天坛

第八章 惊涛骇浪难扬帆

由于在第二次御前会上，对垒的双方仍然争执不下，难以定论，因此，西太后没敢立即作出最后的决断。但是对她来说，既然主意下定，就要顽固地走下去了。

五月二十二日（6月18日）举行的第三次御前会议。开始，西太后以及载漪等人就专横地控制了场面。载漪提出围攻"使馆"，西太后当即"许之"；总理衙门大臣联元说出点不同意见，他们就予以顶回。

在这时，权臣荣禄，实际也是从维护西太后的统治地位着想，怕她仓促蛮干造成不可收拾的后果，也不同意对外宣战，主张保护外国使馆。看来，西太后对其心腹的劝告也置之不顾了。

于是，她怀着不可告人的目的，又问光绪帝："圣意如何？"在这种情况下，"圣（光绪皇帝）颜悲戚，默然颇久，似乎欲言而不敢言，后云以应请太后允从荣禄所请，使馆不可攻，洋人亦应送津，惟是否有当，出于太后圣裁，非朕所敢做主者也。"

既然事态如此，光绪帝只得借荣禄之见再重新表示一下自己的态度了。其所谓由"太后圣裁，非朕所敢作主"云云，无非是不让西太后抓住以后出乱子时再嫁祸于自己的借口。看来，他只能做到这一步了。

其时，后党官僚协办大学士王文韶，也忧虑"何以善其后"，请求"三思"；可是西太后依然大为反感，竟以"手击案骂之"。就这样，西太后等人的阴谋决策便强行通过。

鉴于这种情形，光绪帝无可奈何地拉住许景澄的手沉重地说，"兵端一开，朕一身不足惜，特苦天下苍生耳"；他要求许景澄再出面"设法救之"。

但是，当这一情景被西太后发现后，她竟厉声强令光绪帝"放手，毋误事"。直到此时，这个清廷主宰者凶相毕露。看来，她要决心下赌注了。

294

在此关系到国家存亡的紧要时刻,光绪帝不计前嫌,散会时他对荣禄言:"我兵全不可恃,事宜审慎,好在兵权全在你手。不宜浪开衅"。光绪帝又企图通过荣禄来劝说皇太后,不要对外宣战。

在连续召开御前会议之后,西太后又观察了一下内外的动向,并经其单独召集会议进一步策划,遂在五月二十五日(6月21日)便正式颁布了对列强同时宣战的上谕。在谕中表示,要与列强各国"一决雌雄",改称"团匪"为"义民",命各省督抚将其"招集成团,藉御外侮"。至此,一贯无视国家与民族利益和极端仇视人民反抗斗争的西太后,曾几何时,现在她竟然要"联团抗洋"、向列强各国宣战了。

西太后为何如此一反常态,决意与列强抗衡?实际上,这正是体现了她以私欲为核心而阴险、狡诈的特性。

在五月上旬(6月中旬)之前,西太后对来自列强及义和团两大不同的压力,在权衡对策时尚处于犹豫不定的状态中。对于列强,她既有在废立皇帝问题上的积怨,后来又因外使逼迫镇压义和团过急而加重了反感。

但对帝国主义各国,西太后还的确不敢轻易"翻脸"。高举"灭洋"旗帜的义和团民,仅在京师一带即已"处处皆是"。从而使西太后越发感到,如果对其大力"剿之,则即刻祸起肘腋",他们自己也有迅速灭亡的危险。加上去涿州"宣抚"团民的赵舒翘等于五月二日(6月9日)返京后的蓄意回奏,更加重了西太后要借义和团之手打击列强的意向。

其实,这就是她举行御前会议的基本心态。但是西太后又明知,她要下的是一步险棋。而且,西太后从来均把自己的罪责借口转嫁在别人身上,因此,在她看来,能于事后做其替罪羊的人,还只能是挂名皇上光绪帝。

显而易见西太后举行的御前会议,所以又把光绪帝召来,同样又是企图让其上钩的一大阴谋。实际上,这也是她召开御前会议的另一个不可告

第八章 惊涛骇浪难扬帆

中国著名帝王

光绪传

人的主要目的。

光绪帝自从他参与清廷政事后，在其所经历的中外战争中，出于反抗侵略维护朝廷，向来都站在清廷统治集团主战的一边。到此，经过甲午中日战争和戊戌变法锤炼过的光绪帝，却又展现出一种新的精神面貌。

当时，光绪帝察觉到了西太后召开御前会议的用心。但在事关国家大局等一些重要问题上，他没有考虑个人的处境与安危，仍利用得到的这点有限发言权"侃侃而谈"，尽力表述自己的见解和主张。

当然，在对于义和团的问题上，光绪帝是站在了它的对立面，且对其怀有明显的偏见。显而易见，他虽然遭到皇太后的打击又处于被禁的地位，但还毕竟占着皇帝的位置。因此，光绪帝没看到人民群众中蕴藏的巨大反帝力量，对之持以蔑视的态度，在敌视人民斗争这一基点上，他与西太后并无本质的区别。

光绪帝之见，是基于认识到列强在"合而谋我"这一总的前提下，依据"中国积衰"、敌我力量对比悬殊，并鉴于甲午中日战争"创巨痛深"的教训，认为"寡不可以敌众，弱不可以敌强"，反对同时与八国开战，主张只有议和。

固然在八国侵略军已气势汹汹扑向中国的情况下，即使与敌议和，也会给国家和人民带来深重的灾难。然而，这却能使中国取得一定的主动地位。

于是光绪帝强调，以团民"徒手前敌"根本抵挡不住列强侵略军。光绪帝虽然说了些蔑视团民的话，但又讲出了一个实情。义和团反侵略的正义性及其英勇之气、爱国之情和它对敌所起到的巨大威慑作用，都是抹杀不了的。

不过，由于其本身所具有的种种严重弱点，加上他们还是孤军奋战，所以义和团的斗争，是不能把帝国主义侵略者赶出中国的。随之光绪帝又说，"奈何以民命为儿戏"！甚至他又一针见血地指出，把未经"训练"的徒手团民推到"枪林弹雨"的战场"直是弃之"，如此等等。可以认为，这是光绪帝在愤怒尖锐地揭露与痛斥西太后一伙的险恶用心。

在当时的那种特定的情况下，光绪帝的"侃侃而谈"，其实是从力图维护朝廷与"民命"的大局出发的。他与西太后及载漪等人的出发点，是根本不同的。这就是他们主战、主和分歧的焦点。但是，由外交使团伪照激起的"火气"，西太后又终究抑制不住。于是，她就在载漪等野心家的大肆煽动下，不顾一切地横下一条心，与洋人宣战。

西太后一伙，无视内外大势；不做认真的抗战部署，不计可能给国家和民族带来的严重后果，孤注一掷，向八个帝国主义国家同时宣战。因此，这纯粹是西太后"以快其私愤"的巨大冒险之举。

同时西太后还有以此转移人民群众的斗争锋芒进而暗算义和团的恶毒用心。实际上，西太后的对外宣战，确实是她以广大团民和整个国家与民族的根本利益为赌注的一场政治大赌博。在八国联军祸乱中华之后的多年里，许多人都把西太后斥之为国内的"庚子祸首"，显然是不无道理的。

在近代中国抗击外来侵略的斗争中，由于内外形势复杂，各种因素多有变化。所以的确不能简单地以主战、主和来判断爱国或卖国。

由于西太后等人的"宣战"阴谋越发明显，因此当光绪帝得知这个所谓的"宣战"上谕即将颁布时，他又怀着极为沉痛的心情说道："可惜十八省数万万生灵，将遭涂炭"。在国家与民族又将蒙受深重灾难之际，已身陷囹圄的光绪帝，仍在心系祖国与民众的命运。

双重灾难

西太后宣布对列强同时开战，原因是多方面的，其主要有两方面，

第八章 惊涛骇浪难扬帆

一是功漪唯恐天下不乱，使其子"速正大位"；二是西太后"以快其私愤"，所以西太后在宣战时之时埙论"招集团民御侮"等高调和采取了一些小动作之外，很快显露出真实面目。

在西太后等一伙阴谋家、野心家，企图利用义和团民仇恨侵略者的爱国义愤及其自身弱点，大肆煽动盲目排外的同时，清政府又以制定"团规"和派大学士刚毅、庄郡王载勋统辖义和团等手法，来控制广大团民的反抗斗争。并颁谕命"载勋等严加约束"义和团群众，对所谓"借端滋事之'匪徒'，驱逐净尽"。

一些团民被不幸杀害。在西太后等人利用、欺骗和控制之下，既给义和团反帝爱国运动蒙上层层阴影而把它引向歧途；又使义和团的成分越发复杂，加速了这个战斗群体的分化和瓦解，特别是很大程度上地削弱了义和团反封建斗争的锐气。

当八国联军大举侵入，义和团广大爱国群众和部分清军在与强敌展开浴血奋战、处于抗击敌军的紧急时刻，西太后与载漪等人还按其预谋，演出了幕幕干扰抗战的丑剧，他们企图利用一些被欺骗的义和团群众加害光绪帝，仍在进行废帝活动。继载漪在义和团民中煽动"杀一龙（光绪帝）"的活动之后，五月二十九日（6月25日），载漪、载勋一伙又带领六十余名义和团民闯到光绪帝临时居住的宁寿宫门。

玉器

这些人，口称寻找"二毛子"，"大声呼噪，请皇帝出宫，群呼杀洋鬼子徒弟，杀洋鬼子朋友"，欲对光绪帝下毒手。甚至大阿哥溥儁也仗势欺人，当面"呼帝为鬼子徒弟"，对光绪帝肆意污辱。

由于野心家载漪、载勋兄弟的这种活动过分拙劣，使清宫中陷入一片混乱。因而西太后便以二十来个义和团的大小头目作为牺牲品，把他们杀掉来掩人耳目。

更令人难以忍受的是，在对外宣战的上谕墨迹未干之时，西太后就通过各种渠道向其帝国主义主子频频奉迎，想给自己处处留条退路。这时，她除了在北京不断向外使献殷勤之外，六月初三日（6月29日），通过驻外使节向列强各国政府解释其所谓的"苦衷"。说什么"朝廷非不欲将此种乱民（即指义和团群众）下令痛剿，而肘腋之间，操之太蹙，深恐各使保护不及，激成大祸"。

这就是向帝国主义者交了底。随后、西太后即以奴才的脸谱、乞求的口气向列强各国政府说，"且中国（实为西太后）即不自量，亦何至与各国同时开衅，并何至持'乱民'以与各国开衅。此意当为各国所深谅"。

原来，此前在清廷统治集团举行御前会议时，光绪帝即鉴于敌我力量对比悬殊，一再指出不应同时与列国开战。而当时的西太后，竟气壮如牛似的非要蛮干下去。

曾几何时，现在的西太后却把此话以求饶的口吻向帝国主义者道出了相同的话，在不同的时间与场合、说给不同的人听，当然体现了说者的不同用意。其效果，固然亦会有异。

几天之后，西太后控制下的清政府，继以递交"国书"的郑重方式，再次向俄国、日本以及英国政府表示，希望彼此在共同对付中国"乱民"的前提下"暂置小嫌，共维全局"。

到此，西太后丑态百出的奴相暴露无遗。她公开向帝国主义者表明：

第八章 惊涛骇浪难扬帆

宁肯叛卖国内人民，也绝不愿切断与其主子的连线。在国内军民正与帝国主义侵略军进行殊死搏斗的时刻，西太后的这种言行，无疑在事实上即已构成了一种出卖国家和人民的罪行。不过，这时的帝国主义侵略者已经紧紧地咬住中国，他们岂肯轻易松口。

历史事实验证，西太后的对外宣战，在她的骨子里还主要是消灭义和团和实现其废立之谋。在这期间西太后的所作所为，同样还是围绕着她的统治地位这条基线在左右摆动的。

西太后根本没有联合义和团抗击侵略者的诚意，她不仅没有全力组织抗战，反而还想方设法、或明或暗地在破坏各地军民的反侵略斗争。致使八国侵略军于六月十八日（7月14日）攻陷天津，接着又长驱直入，七月二十日（8月14日）犯至北京城。到此，西太后便完全成了一个输光了的赌徒，要仓皇地逃跑了。

西太后准备携带其心腹臣属离京出逃之际，光绪帝曾请求留下，准备"亲往东交民巷向各国使臣面谈"，以求议和。他产生这种想法，与其对西方列强存有幻想有关。当时光绪帝的主要目的，是力图在争取议和尽量减轻国家损害的同时，乘机摆脱西太后的控制，重执朝政，继续推行其变法新政。

但是，诡计多端的西太后马上意识到，"帝留之不为己利"，于是拒绝了他的要求，决意也要把光绪帝带走。当八国联军兵临城下，西太后在仓皇出逃的前夕，她又命太监二总管崔玉贵（桂），把禁锢近两年的珍妃推到宁寿宫外的井中害死。珍妃，时年仅二十四岁。

据有关资料记载，当珍妃从北三所被"召"出后，她也提出"帝应留京以镇人心"的要求。不过，自从政变之后，光绪帝与珍妃曾时有在密中会面的机会。

在此之前，其彼此之间趁便沟通一点儿心情，也在情理之中。另外，

300

在西太后已知光绪帝有留京之念的情况下，她又向珍妃下毒手，绝非只是其凶残性的暴露。要清除一切有助于光绪帝东山再起的苗头，以稳住自己的统治地位，是西太后的要害所在。

正因如此，后当《辛丑条约》签订，西太后回到北京保住其女皇宝座之后，她又以另一副面孔于光绪二十七年十一月二十九日（1902年1月8日）降"懿旨"宣称："上年（实为1900）京师之变，仓猝之中，珍妃扈从不及，即于宫内殉难，洵属节烈可嘉。加恩著追赠贵妃位号。"可见，在其皇太后权位保住之后，西太后又挂起羊头卖狗肉了。

光绪帝得知珍妃被害的噩耗之后，"悲愤之极，至于战栗"，在其思想感情上又受到极大挫伤。事实上，这也是西太后施展的杀鸡给猴看的伎俩。

当然，"颖敏"的光绪帝会从中意识到，似乎自己也只有服服帖帖地顺从西太后的摆布了；否则，个人的生命亦同样操在她的手中。

因此，国难、亲仇以及其有志不得伸的积怨，均一并压在了他的头上。从此，光绪帝更犹如失去"灵魂"，"变成完全像木头人一样"。无疑，这正是其悲愤至极的心态之集中体现。

西太后在出逃之前，授于李鸿章全权，命其迅速来京承办乞降事宜。当她于七月二十一日（8月15日），挟持光绪帝、带着其臣属逃走之后，又一直与李鸿章保持着密切的联系。

西太后宁愿只要保住自己的女皇宝座就不惜一切来取得帝国主义的宽恕。

八月十四日（9月7日），西太后等逃至山西太原附近时，她又派出庆亲王奕劻回京"会同"李鸿章办理投降事宜。并同时颁谕宣称，"此案初起，义和团实为肇祸之由，今欲拔本塞源，非痛加划除不可"。

至此，西太后便彻底地现出了原形，她把罪责一并都推到了义和团群

第八章　惊涛骇浪难扬帆

众身上，将自己洗得清清白白。

继而，就便在许多地区出现了中外反动武装联合镇压义和团的局面。

至光绪二十六年十二月二十六日（1901年2月14日），逃到西安的西太后，看到她的统治地位又得到帝国主义列强的确认，就降谕公开宣布，甘愿进一步采取"量中华之物力，结与国之欢心"的彻底卖国方针。

西太后为了满足帝国主义的侵略欲望，决心拍卖国家和民族的所有权益。

光绪二十七年七月二十五日（1901年9月7日），经西太后批准，清政府的全权代表奕劻、李鸿章便在《辛丑条约》上签了字。

清廷与帝国主义侵略者的奴、主关系，就在中国人民的血泊中进一步确定了。中国人民所得到的是一具更为沉重的奴役枷锁。从此，又把中华民族拖入更为苦难的深渊。

至此，西太后"宣战"的真实含义也就随之而昭然于天下了。

在《辛丑条约》签订后的八月二十四日（10月6日），西太后又挟带光绪帝自西安返京。至光绪二十七年（1902年1月7日），西太后踏着人民的血迹回到了北京的清宫，在帝国主义的卵翼下，继续其万恶的统治。

心系国家

光绪帝长期精心缔造的变法图强事业，被以西太后为首的封建顽固势力用血腥与高压政策毁灭了。但在光绪帝心中"改造之中之观念，并未因此而消灭"。

当光绪帝被囚禁以后，他"心底上，始终确认那些新政的策划是绝对合理的，绝对可以推行的。但须等到老佛爷（西太后）撒手西归的时候，他一定就可以很顺利地干一番"。

的确，在戊戌政变之后，光绪帝革新祖国的愿望并未消失，他只不过在西太后的强大压力下，把它埋藏在心里罢了。

在义和团运动期间，光绪帝之所以反对向列强宣战，以及后来要求留京，以便摆脱西太后的控制。除了为抵制西太后的祸国阴谋之外，又因为他始终怀有待机重建维新"大业"的缘故。

当然，光绪帝没有成功，但他其维新图强之志，在此之后仍未动摇。即使在光绪帝被西太后挟持出走的途中，他终日郁郁寡言，说明在其心中还存有种种难言之隐。

但是，光绪帝深怀的满腔忧国之愤和强烈的图强之念却依然时有表露。在当时，光绪帝每至一地总好独自"坐地作玩耍，尤好于纸上画成大头长身各式鬼形无数，仍拉杂扯碎之。有时或画成一龟，于背上填写项城（即袁世凯）姓名，粘之壁间，以小竹弓向之射击，即复取下剪碎之，令片片作蝴蝶飞，盖其蓄恨于项城至深"。

在这里，光绪帝画的那些各式"鬼形"，如果说可能是比作破坏变法维新的大小顽固派权势者，这只是出于推测，但他痛恨袁世凯却是确凿无疑的。

这时的光绪帝之所以如此，表明他对袁世凯在戊戌政变中的出卖行径还深恶痛绝之外，亦反映出他还在怀念变法维新的往事。光绪帝采取

清代黑漆嵌软螺钿山水人物长方几

第八章 惊涛骇浪难扬帆

这种动作，无非是在抒发自己的郁愤之情。

直到光绪二十七年八月末至九月中（1901年10月），当光绪帝又被西太后带着自西安返回北京之际，他还在设想回京以后能够继续"大行新政"呢。但是，光绪帝的这一念头，同样只不过是一种幻想而已。

翌年初，光绪帝在随从西太后自西安回到北京时，当他沿途看到被帝国主义联军蹂躏后的惨景，便使其"立刻感到一种不能形容的耻辱"。进而，光绪帝"见外患日逼，大局垂危，宵旰忧劳，遂婴心疾"，不断地自言自语："外国人如此闹法，怎么了？怎么了？"又激起他深深的忧思。

按照《辛丑条约》的规定，仅就清政府向列强各国的赔款而言，即达创记录之巨。

当时以中国四万万人口计算，从刚生下来的娃娃到尚有一息的老人，平均每人承担一两多白银；如加上利息便人均二点四两多了。

当时，清政府国库空虚，全国广大劳苦群众更是挣扎在饥寒交迫的死亡线上。在这种情况下，西太后仍旧沉醉于穷奢极欲之中。而且她为了粉饰其建筑在人民的血与泪之上的罪恶统治，回京不久，又下令筹集款项修建被八国联军破坏了的正阳门城楼。

然而，光绪帝却认为，"何如留此残败之迹，为我上下儆惕之资"！这个被敌炮火摧毁了的城楼，变成八国联军侵华的罪证，亦是西太后等祸国行径给京城带来的伤痕。它确也具有启示后人不忘国耻的作用。

西太后及光绪帝，在庚子事件后回到北京时，其在心情和表现上形成的反差，可以说是体现了他们对当时的国难和国家的前途所怀有的不同心态。

戊戌变法后，变成囚徒般的光绪帝，竟然成了一个在国内外颇有影响力的人物。直到庚子事件发生后，一些帝国主义国家出自它们的需要，仍在关注着光绪帝的去向。

在中国人当中，那些希望通过变法维新来振兴祖国的人，对光绪帝的不幸遭遇更深为同情。

至于流亡到日本的康有为、梁启超，于光绪二十五年五月（1899年6月）在日本成立了"保皇会"，打起了保卫光绪帝（即"保皇"）的旗号。他们之所以又把光绪帝高高地抬出来，除具有在感情与理想上的联系之外，在实际上康、梁也主要是为适应在新形势下的政治需要。

他们力图以此作为继续推行改良路线，以抵制日益发展中的民主革命运动服务的。

至光绪二十六年（1900年庚子年）夏，在义和团反帝爱国运动进入高潮、八国联军大举侵入中国及西太后在施展政治阴谋之际，康有为、梁启超企图利用国内空前动荡的局面，策动唐才常等回国发动营救光绪帝的起义。

唐才常回国后，即运动会党成立"自立会"、组织自立军，准备在长江中游一带发动反清的武装起义。

在这时，唐才常等便在国内揭起了"讨贼勤王"的旗帜，并以让"光绪帝复辟"作为起义的"宗旨"之一。由于这些人仍站在广大劳动人民的对立面要另起炉灶，所以他们的失败同样是不可避免的。

与此同时，已把立足点转移到革命方面的章太炎，认为唐才常"一面排满一面勤王，既不承认满清政府，又称拥戴光绪皇帝，实属大相矛盾"。

自此，章太炎为反对"保皇"、力争实现推翻清王朝的政治目标，把光绪帝也列为革命的对象，当然是可以理解的。

除此之外，在当时正与英国进行政治交易中的刘坤一等人，也想利用光绪帝的名号来与英国等列强搞"东南互保"。显然，这些内外的各种势力对光绪帝采取的不同态度，除了在社会一般人中具有感情因素之外，其

他无不怀有各自的政治目的。而这种情况的出现，只能说明光绪帝影响的扩大。

因为光绪帝的影响不断扩大，这又给西太后增加了威胁感；又对她起到了较大的牵制作用。因此，西太后的"废帝"棋子更迟迟不敢落下了。

事实上，随着国内外形势的演变，光绪帝就成了西太后的一大政敌；亦变成了她的一个不可或缺的政治筹码。另外，西太后原来准备取代光绪皇帝而立起来的大阿哥溥儁，自从被接入宫内以后，在她的庇护下其行为放荡，极不检点，无所建树。就是溥儁在随同西太后逃到西安期间，他仍然"顽劣日甚，时与宦官等私出冶游，甚至在宫中拔取皇后之簪珥以为戏乐"，在宫内时而激起风波。

特别是在光绪二十六年年末（1901年2月），西太后为了满足帝国主义提出的"惩凶"要求，以便尽快完成新的卖国交易来保住自己的地位，又采取了"舍车马保将帅"的手法，把她原来的追随者载漪、载澜等也给以了"惩治"。

于是在西太后看来，载漪已经没有用了，那么他的儿子溥儁，在清廷也就失去了存在的价值。此外，刘坤一、张之洞等地方实力派官僚，也越发感到光绪帝的名位不可弃，并为此而反复向西太后疏通。

正是鉴于上述各种缘由，西太后在从西安返京的途中，于1901年11月30日（光绪二十七年十月二十日），降懿旨颁谕宣告："已革端郡王载漪之子溥儁，前经降旨立为大阿哥，宣谕中外。慨自上年'拳匪'之乱，肇衅列邦，以致庙社震惊。推究变端，载漪实为祸首，得罪列祖列宗。既经严谴，其子岂宜膺储位之重。自应更正前命，溥儁著撤去大阿哥名号，立即出宫"。

就此，西太后借"惩治"载漪之名废去了大阿哥。其实，这是她在内外不断增强的压力下，不得不放弃其原来的"废立"企图。

从而，西太后改变了手法，又以光绪帝作为纯粹的傀儡，继续牢牢地控制着清廷。当西太后1902年初回到北京后，为了进一步给自己装潢门面，在表面上"稍给"光绪帝一些行动"自由"。每当其临朝或有接见事宜时，亦把光绪帝拉去作为陪衬；凡是发布政令继续利用光绪帝的名义。

但是，西太后对光绪帝的"监视仍严"。在之后的多年里，光绪帝不仅依旧对朝政根本没有发言权；就是在平日的言行也照样受到严密的监视和控制。特别是西太后唯恐光绪帝与外界发生联系，又命其亲信太监严戒外人"跟皇帝说话"。

庚子事件以后，光绪帝的皇位虽然保住了，但他的实际处境并未改变。事实上，光绪帝完全成了西太后的一个会说话的工具。

原来，西太后在逃至西安期间，当她看到与帝国主义列强进行的一场空前的卖国交易即将有绪，为了掩饰其卖国求荣的丑恶嘴脸，改变一下统治方式，笼络浮躁不安的那些在向资产阶级转化中的上层人士，尤其是想给帝国主义露一手，以便博得其主子的信赖。

于是，在光绪二十六年十二月初十日（1901年1月29日）颁谕宣布，她也要起来"改弦更张"、利用"西法"，采取"补救"措施了。那么怎样"改"和如何"补救"呢？西太后在这个谕旨里说得非常清楚，那就是"世有万祀不易之常经，无一成不变之治法，不易者三纲五常，昭然如日星之照世；而可变者今甲令乙，不妨如琴瑟之改弦"。

这就清楚地道破了西太后高唱的改革论调，不过是张之洞之《劝学篇》的翻版，还是洋务运动的那一套。因此，她在此后四五年间进行的这种改革，除了为帝国主义列强掠夺中国的矿藏、进一步控制中国的财政等大开方便之门外，还花样翻新，如奖励商办实业、废除科举，等等。在经济、文化领域采取了一些较为宽松的措施，对社会的发展具有一定的积极作用。但对于封建专制体制和维系它的思想链条，还是拉得紧紧的。

第八章 惊涛骇浪难扬帆

太和殿露台上的铜龟

可以看出，西太后推行的这种改革，确是洋务运动在新条件下的继续。其根本的目的，是为了适应帝国主义的需要和"修补"她的封建统治躯体。至于较之戊戌维新，可谓有进有退。尤其在目的与导向上，两者截然不同。

总之，从20世纪开始以后，随着民主革命运动的勃兴，西太后进行的这种改革，越发明显地露出了它的欺骗性。对于西太后的改革，光绪帝是有自己的看法的。

光绪二十九年（1903），他曾在私下向对其怀有同情感的德龄说："我不信太后有力量有本领能够改变中国的情形。就是太后有本领，也不情愿做。恐怕离真正改革的时候远得很呢。"

直光绪三十年（1904），光绪帝又对德龄言："你说劝太后推行新政，我没有看见什么效验。"当然，光绪帝对西太后的改革持以否定态度，是出于他对西太后顽固劣性的认识。

其实，就在西太后"更张"期间，光绪帝每天都抽出一定时间坚持"阅视时宪书"，表明他依然有着自己的追求。可以看出，直到这时，光绪帝与西太后在政治见解上仍然存在着相当大的距离。

他们都要改革，但其所走的道路和想以此达到的目标却大相径庭。

西太后在贩卖自己的货色时，却又不忘诋毁康有为、敲打光绪帝和诬蔑变法维新。每当她在发布"更张"诏令之前,总要逼迫"皇上先自骂两句,曰:"'康有为之变法,非变法也,乃乱法也;夫康有为一小臣耳,何能尸变法之名?'"就这样,光绪帝对西太后的假改革,却又不得不被迫说些违心的话。

当时的光绪帝,为何对西太后仍如此屈从?自光绪二十九年至光绪三十年(1903-1904)到清宫为西太后画相,并趁机见过光绪帝的美国人卡尔女士的口中,我们知道光绪帝之所以这样"非帝之懦弱无能,盖被处于万钧压力之下,固不得不尔,以为自全之计"。

在光绪帝身上的确具有明显的懦弱性,这是由于他的特殊成长过程及其所处的具体环境造成的一个致命弱点。

如说光绪帝在西太后面前的屈从表现并非出于无能,可以说是基本符合实际的。在当时的情况下,对于光绪帝来说,只要还想保存自己,以备东山再起重建维新大业,他也不可能有别的选择了。

在深陷逆境的岁月里,光绪帝依旧在"朝夕研求"古籍时书,在其中"于西学书尤留意"。

同时光绪帝还每日坚持以一定的时间"学习英文",光绪帝虽然被禁于高墙之中,但却未阻塞住他那面向世界的目光。

除此之外,还可见到,光绪帝对20世纪初年帝国主义对中国的激烈争夺也深感忧虑。在光绪三十年至光绪三十一年(1904-1905)的日俄战争期间,无视国家和民族利益的西太后,竟然宣布中立、划定战区。让日、俄两个帝国主义者在中国的神圣领土东北地区任意火并、厮杀,给自己的同胞带来无尽的苦难。

与此同时,西太后依旧在宫中"极度挥霍",不断地大摆戏台,终日拉着光绪帝在成群的宫女、太监陪伴下寻欢作乐。

但是,在这当中"唯皇帝一人,总无笑容"。光绪帝在公开场合"默

第八章 惊涛骇浪难扬帆

309

无所言，若不介然于怀，斯岂光绪帝之本意哉！然而不知光绪帝者，则诚将以光绪帝为不识不知之庸主矣。安能见其操心虑危，实有不得已之苦衷，存于其间耶。"

被长期软禁的光绪帝，还在埋头攻读、密切注视外界动向、关心国家的危亡，仍在不断的追求，其原动力，是来自他的忧国之忧和从未动摇的复兴祖国之志。随着时代的前进和国内政治形势的变化，特别是民主革命的波澜到光绪三十一年（1905）已形成汹涌澎湃的滔滔洪流，清王朝处在风雨飘摇之中。

在这样的历史情况下，光绪帝还在幻想重新操政，继续走他的维新治国之路。就光绪帝自身的处境来说，他也根本无力再扬起政治风帆了！

光绪帝在政治上的行迹早已消失。在此后的数年间，光绪帝除了作为西太后的陪衬参加一些祭祀、接见等活动之外，他自己在瀛台唯以录书"表明心迹"了。光绪皇帝的末年，其存在的价值，仅仅体现于西太后的需要而已。

抱恨归天

久久沉浸于无限悲愤与忧伤之中的光绪帝，至光绪三十四年十月二十日（1908年11月13日），在西太后患病之后他也"疾甚"，于次日（11月14日），光绪帝便饮恨逝于瀛台涵元殿，终年（虚龄）三十八岁。时隔二十小时，清王朝在实际上的最高当权者、统治中国将近半个世纪的"女皇"西太后，也相继病死。

由于"宫掖事秘"，对于光绪帝的神秘之死，从事发起即连宫内的一些大臣也"莫知其详"。因而死后，就对光绪帝的死因众说不一，成为晚清史的又一大疑案。

前些年，中国从事医学、医药学研究工作的同志，据中国第一历史档案馆收藏的光绪帝临终前之脉案、药方等原件的验证与研究，确认光绪帝"死于结核病"。

当然，就这一新的研究角度而言，是值得欢迎的。但在封建专制时代的宫廷脉案及药方，并不都是御医对患者诊治的真实记录。

据在当时给光绪帝治病的医师记述，他患有"遗泄（即遗精）"，"头痛（神经衰弱等）""发热""脊骨痛""无胃口（无食欲）""痨症（结核）"等多种疾病。

另在其他有关资料中，也有关于光绪帝患"虚痨"等记载。因此认为光绪帝身患"结核病"，当是无误的。

但从光绪帝临终前的脉案来看，却没有结核病恶化的症状。所以，仅据清宫的脉案、药方，还难以揭示光绪帝的真实病情，更不能探明与此相关的内幕。

据记载，在西太后患病期间，十月初二日（10月26日），光绪帝接见日使伊集院彦吉于勤政殿；十月初六日（10月30日），赐达赖宴于紫光阁；十月初十日（11月3日）西太后寿辰，光绪帝又亲"率百官晨贺太后万岁寿"。也在当日"突传圣（光绪帝）躬不豫"，但"入诊者金云六脉平和无病也。"

另据《清宫琐记》载，太（御）医周景濂亦曰，初"帝无大症，诸臣皆以平和剂进之"。再参照此间光绪帝的活动情况，可见他即使发病，但其病情也不会严重，何况光绪帝患的均为慢性病。不过，从此之后，光绪帝的病，却引起西太后的格外关注。

西太后在病中，还命其亲信、庆亲王奕劻为光绪帝寻医。西医师屈桂庭，就是在奕劻授意下由袁世凯推荐进宫为光绪帝治病的。

另外，在帝身边任职近二十年的起居注官、翰林院侍讲恽毓鼎记云，

第八章　惊涛骇浪难扬帆

311

在此之间"有潜上者,谓帝闻太后病,有喜色"。

太后怒曰:"我不能先尔(指光绪帝)死"。唯恐在其死后光绪帝重新上台操政,无疑是西太后的最大顾忌。

至十月十八日(11月11日),当屈桂庭再次进宫护理光绪帝时,他发现其"忽患肚痛,在床上乱滚",而且当时的光绪帝"面黑,舌黄黑"。

这时,屈桂庭也感到难以理解,认为"此系与前病绝少关系"。

但是,他见此情况后却匆匆离开了清宫。遂即在光绪帝死去的前一天十月二十日(11月13日),西太后在授意公布帝"病甚"的同时,又降懿旨宣布,醇亲王载沣之子溥仪在宫中教养,复命载沣监国为摄政王。

对光绪帝的继承人及其之后的执政者,都作出了安排。至于光绪帝之死的确切原因,尚有进一步探究的必要。据西太后的亲信"侍从"说,"皇帝殡天之后,(西)太后闻之,不但不悲愁,而反有安心之状。"

总之,光绪帝在清廷中长期遭受的控制与打击;无论在精神和志向上都受到了压抑与摧残;在身心上经受的折磨,甚至其骨肉亲情也被人拆毁,真可谓,光绪帝的一生"未尝一日展容舒气也"!

其实,这亦为光绪帝"多病柔弱"的根源。可以认为,光绪帝英年早逝,与西太后控制下的清王朝黑暗腐败是密切相关的。假如说光绪帝入主清宫,是出于一种政治需要;那么他的死去,也未必不是清廷政治腐败的必然。

随着光绪帝与西太后的相继死去,清王朝的末日亦随之来临了。

清朝职官表

部门	职位	员限	品秩	职掌
军机处	军机大臣	大学士、尚书、侍郎特旨诏入无定员		掌军国大政，以赞机务
	军机大臣上行走			
内阁	大学士	满汉各二人	正一品	掌均国政，赞诏命，厘宪典。议大礼，大政，裁酌可否入告。纂修书籍，充任会试官、阅卷官，掌票拟
	协办大学士	满汉各一人	从一品	
	学士	满二汉四	从二品	
六部	吏部 尚书	满汉各一人	从一品	铨选官员，以布邦职
	吏部 侍郎	满汉各二人	从二品	
	户部 尚书	满汉各一人	从一品	军国支计，以足邦用
	户部 侍郎	满汉各二人	从二品	
	礼部 尚书	满汉各一人	从一品	掌五礼秩叙，典领学校贡举，以布邦教
	礼部 侍郎	满汉各二人	从二品	
	兵部 尚书	满汉各一人	从一品	厘治戎政，简核军实，以整邦枢
	兵部 侍郎	满汉各二人	从二品	
	刑部 尚书	满汉各一人	从一品	折状审刑，简核法律，各省献疑，处当县报，以肃邦纪
	刑部 侍郎	满汉各二人	从二品	
	工部 尚书	满汉各一人	从一品	工虞器用，辨物庀材，以饰邦事
	工部 侍郎	满汉各二人	从二品	
理藩院	管院务大臣			内外藩蒙古、回部及诸番部，制爵禄、定朝会、正刑罚、控驭抚绥，以固邦翰
	尚书	满一人		
	侍郎	满二人		
大理寺	卿正	满汉各一人	满二品汉三品	平反重辟，以贰邦刑
都察院	左都御史	满汉各一人	从一品	掌察核官常，参维纲纪，率科道官矢言职，并豫参朝廷大议
地方	总督	辖两省至数省	正二品	综理军民要政
行省	巡抚	每省一人	从二品	掌一省之治
行省	布政使	每省一人	从二品	掌一省之民政、财政
行省	按察使	每省一人	正三品	掌一省司法

光绪大事年表

1871年　光绪帝载湉出生于北京醇王府。

1875年　同治皇帝载淳病死。西太后召集群臣会议,决定以醇亲王奕譞之子载湉继帝位,改明年为光绪元年。命内阁学士翁同龢、侍郎夏同善教授光绪帝。李鸿章与英使威妥玛签订《烟台条约》。东太后突然死去。中俄签订伊犁条约。翁同龢入军机处。

1883年　李鸿章与法国代表福禄诺签订《法越简明条约》。清政府对法宣战,中法战争正式爆发。

1885年　法军攻陷谅山。法军侵占中国镇南关。清政府派李鸿章为全权大臣与法议和。李鸿章与法使巴德诺签订中法《会订越南条约》。

1886年　在西太后授意下公布《训政细则》,把光绪帝公开置于傀儡地位。

1887年　在清宫举行名为光绪帝亲政实为西太后训政的仪式。

1889年　正式于清宫为光绪帝举行"亲政"典礼。

1890年　清政府颁谕对日宣战。

1895年　《马关条约》签订。康有为发动公车上书,要求拒和、迁都、变法。中、日代表双方在烟台完成换约手续,《马关条约》正式生效。

1896年　签订《中俄密约》。订立中东铁路合同。德国舰队强占胶州湾。德国舰队强占旅顺大连湾。

1898年　德国强迫清政府订立《胶澳租界条约》。中俄签订《旅大租地条约》。中俄续订旅大租地条约。中英签订沪宁铁路合同。中英签订《展拓香港界址专约》。中英签订《威海卫租界专约》。光绪帝拟就给康有为和杨锐的密诏。谭嗣同等"戊戌六君子"被杀。

1899年　康有为、梁启超在日本成立保皇会。山东义和团在平原大败清军。

1900年　清政府宣布对英美等八国同时"宣战"。八国联军攻入北京城。西太后挟光绪帝离京出逃。

1901年　《辛丑条约》签订。西太后挟带光绪帝自西安回北京。

1902年　中俄签订《交收东三省条约》。

1904年　日俄战争爆发。清政府宣布对日俄战争中立。

1908年　光绪帝逝于瀛台涵元殿。